결국엔 믿음이 이긴다

결국엔
믿음이 이긴다

© 생명의말씀사 2016

2016년 4월 5일 1판 1쇄 발행
2022년 9월 21일   4쇄 발행

펴낸이 | 김창영
펴낸곳 | 생명의말씀사

등록 | 1962. 1. 10. No.300-1962-1
주소 | 서울시 종로구 경희궁1길 6 (03176)
전화 | 02)738-6555(본사) · 02)3159-7979(영업)
팩스 | 02)739-3824(본사) · 080-022-8585(영업)

지은이 | 화종부

기획편집 | 서정희, 김세나
디자인 | 윤보람
인쇄 | 영진문원
제본 | 다온바인텍

ISBN 978-89-04-16542-1 (03230)

저작권자의 허락 없이 이 책의 일부 또는 전체를
무단 복제, 전재, 발췌하면 저작권법에 의해 처벌을 받습니다.

결국엔
믿음이 이긴다
faith

화종부 지음

생명의말씀사

차례

추천사   6
서문 『결국엔 믿음이 이긴다』를 내면서   10

1부   우리 시대에 믿음으로 산다는 것은

1. 지금 여기에서, 믿음으로 산다는 것은 무엇인가?   15
2. 믿음의 맨 처음 주제, 예배   27
3. 하나님의 관심은 '우리와의 동행'에 있다   40
4. 하나님을 기쁘시게 하는 자 누구인가?   52
5. 하나님을 깊이 사랑하면 경외와 순종이 흘러나온다   65

2부   '다른 삶'으로 부름 받은 인생들

6. 우리는 '다른 삶'으로 부름 받은 사람들이다   79
7. 약속의 땅에도 아픔과 시련이 있을 수 있다   89
8. 잠시 머물다 떠날 나그네처럼,
   그러나 목적지가 있는 나그네처럼 살라   101
9. 우리를 해석되지 않는 삶의 자리에 두실지라도   110

3부   많은 것을 내려놓으나 더 행복한 삶이 있다

10. 부르신 그곳에서, 그분의 뜻을, 그분의 방식으로 따르는 삶   129
11. 인생에서 한 번은 '나의 하나님'을 만나야 한다   140
12. 믿음에서 더 깊은 믿음으로 들어가는 또 다른 세계   153
13. 형통한 삶에 관한 우리의 오해   170
14. 신앙에는 포기, 내려놓음, 낮아짐, 종 됨이 반드시 들어있다   184
15. 믿음은 두려움의 대상을 명확히 아는 것이다   197

4부   결국엔 믿음이 이긴다

16. 기생 라합이 기록된 성경, 이것이 기독교다   213
17. 계속 넘어지고 실패하는 시대에도 우리에겐 소망이 있다   218
18. 스스로 믿음의 싸움을 감당하라   247
19. 결국엔 믿음이 이긴다   263
20. 구름같이 많은 증인들이 응원하는 삶   278
21. 예수를 바라보자   291

추천사

믿음 외에는 사람을 일으킬 수 있는 것이 없다

스스로 설 수 있다고 믿으며 앞만 보고 달리다가 한 번씩 넘어질 때마다 깊은 좌절에 빠지곤 했습니다. 그렇게 주저앉아 한탄하다가도 정작 나를 다시 일으키고 살리는 힘은 내 몸의 근육이나 내 마음의 의지가 아님을 알게 되었습니다. 위로부터 오는 '믿음' 외에는 사람을 진정으로 일으킬 수 있는 것이 없다는 것을 깨달았기 때문입니다.

미쁘신 하나님은 우리에게 믿음을 주셔서 세상을 이기게 만드십니다. 화종부 목사님의 『결국엔 믿음이 이긴다』는 바로 그 역사의 기록입니다. 이 책을 읽다보면 약한 나를 어떻게 일으키셔서 사용하실지 가슴 벅찬 기대에 젖게 됩니다. 위대한 신앙 선배들의 이야기는 곧 오늘 내게 살아서 다가오는 현실이 되기도 하기 때문입니다.

인남식, 집사, 국립외교원 교수

믿음은 자녀에게 전수해야 할 유산이다

이 책을 읽고, 믿음은 개인 한 사람의 문제가 아니라 반드시 다음 세대에까지 이어져야 하는 영광의 유산임을 깨닫습니다. 자녀들에게 이 땅의 성공과는 비교할 수 없는 풍성한 영광의 삶이 있다는 것을 알려줘야 한다는 사명감이 가슴 벅차게 다가왔습니다. 아울러 주변에 믿음의 경주를 시작하고 싶지만 두려운 사람이 있다면 이 책을 읽고 용기 있게 한 발자국을 내딛으라고 등을 두드려 주고 싶습니다.

김세진, 집사, 주부

비틀거리며 믿음의 길을 걸어가는 이 땅의 성도들에게

책을 한 장 한 장 읽어가면서 제 마음은 십수 년 전 그 허름한 예배당에서 화종부 목사님의 말씀을 들으며 가슴을 치던 젊은 시절로 다시 돌아간 듯 했습니다. 세상 무엇과도 비교할 수 없는 그리스도의 부요함, 너무나 놀라운 복음의 은혜와 영광, 죄인을 성도와 제자로 부르시는 감격이 되살아나는 시간이었습니다. 이 책은 비틀거리며 믿음의 길을 걸어가는 이 땅의 성도들에게 선명한 좌표와 눈물어린 위로가 되리라 믿습니다.

권일, 집사, 부부한의원 원장

문장의 세련됨도 없는 이 책이 가슴을 먹먹하게 합니다

기본은 항상 중요합니다. 암 수술을 하는 의사로서 기본 원칙을 한 순간이라도 지키지 않으면 환자가 위태로워지는 것을 보게 됩니다. 우리의 구원이 걸린 신앙의 기본은 그래서 더더욱 중요하다고 생각됩니다. 『결국엔 믿음이 이긴다』는 화목사님 특유의 그 꺼칠꺼칠한 문장으로 믿음과 신앙의 기본들을 다시금 깨우쳐 주는 책입니다.

믿음에 관한 한, 화종부 목사님의 말씀과 문장은 타협이 없기에 언제나 꺼칠꺼칠하다는 느낌이 듭니다. 문장의 세련됨도 별반 없어 보입니다. 하지만 가슴이 먹먹합니다. 30년을 한결같이 말씀을 좇으며 성도들의 기본인 믿음을 일깨우고자 하는, 예배를 바로 세우고자 하는, 믿음으로 사는 것이 얼마나 복된 것인가를 알려주고자 하는 간절한 열망을 이 책을 통해 고스란히 느낄 수 있었습니다.

늘 전쟁터 같은 병원의 일상에서 "삶이냐, 죽음이냐?"로 신경을 곤두세우고 그들을 지켜보는 외과의사로서 느끼는 감정과 비슷하게, 성도들이 믿음을 사용하여 세상이 감당치 못할 사람으로 살기를 간절히 바라며 한국교회의 부흥을 사모하는 영적 치료자로서의 저자의 심정이 절절하게 담겨있는 책이라 더더욱 귀하게 여겨집니다.

신동규, 집사, 서울적십자병원 외과 과장

목적이 있는 나그네로 살아가며 믿음의 경주를 꿈꾼다

이 책을 읽고, "믿음은 하나님과의 흥미진진한 동행이다"라는 나만의 정의를 내려 봅니다. 『결국엔 믿음이 이긴다』는 요즘같이 치열하고 각박한 세상에서 그리스도인이 믿음으로 사는 것이 무엇인지를 깨닫게 해 준 귀한 책입니다. 이 땅에서 이방인이자 나그네로, 그러나 목적이 있는 나그네로 살아가면서 끝까지 믿음의 경주를 꿈꾸게 해 주었습니다. 같이 근무하는 신앙의 동료들과도 꼭 함께 나누고 싶습니다.

구태곤, 집사, 회사원

하나님의 애타는 심정이 전해져 오고 마음이 꿈틀거립니다

가장 훌륭한 설교는 하나님의 의도에 근접하게, 하나님의 심정으로, 누구나 알아들을 수 있게 전하고, 듣는 이의 삶을 변화시키는 열매가 있는 설교일 것입니다. 부드러우면서도 강렬하게, 거침없이, 치열한 삶으로 전하는 저자의 설교를 듣노라면 하나님의 애타는 심정이 전해져 오고 마음이 꿈틀거립니다.

저는 30년이 넘게 교회에 다녔는데 화종부 목사님의 설교를 들으면서 복음을 바로 알게 되고, 하나님나라에 대한 눈이 열려 세상과 사람을 보는 관점이 바뀌었습니다. 화 목사님의 설교는 성경 본문에 충실하고, 예수님에게 초점이 맞춰져 있으며, 영적 감화력이 있으며, 신앙인으로서의 삶의 원리를 분명하게 제시한다는 점에서 우리에게 얼마나 큰 복인지요.

이 책은 우리와 똑같이 연약함과 한계를 지닌, 그러면서도 하나님께 사용 받은 위대한 믿음의 전사들의 생을 그대로 전해줌으로써 평범한 크리스천들에게 희망과 용기를 선사합니다. 이 생명력 있는 말씀이 흘러가는 곳곳마다 생명들이 살아나고 회복되며 귀한 열매들을 풍성하게 맺힐 것을 생각하니 마음에 기쁨이 가득합니다. 이 책이 한국 교계의 거룩하고 위대한 신앙의 유산이 되어 두고두고 사람들의 영혼을 일깨우고 바로 세우는 귀한 하나님의 도구로 사용될 것을 믿습니다.

전신지, 권사, 작가

서문

『결국엔 믿음이 이긴다』를 내면서

　오늘 조국 교회는 여러 가지 도전과 아픔에 직면하고 있습니다. 다양한 분들이 다양한 진단을 하며 대안을 내고 있지만 결국 조국 교회의 문제는 본질과 내용의 문제가 아닌가 생각해 봅니다. 조국 교회가 이 문제를 해결하는데 마치 지름길이 있는 것처럼 여기지 않았으면 좋겠습니다. 오직 복음에 충실하고, 말씀에 착념하며, 믿음으로 세상 살기를 결심하는 일만이 우리가 살 길입니다.

　부족한 이 책이 혼란스러운 시대에 조국 교회와 성도들을 본질과 내용에 충실한 성도들로 무장시켜서 믿음으로 세상을 살기로 다짐하고 결심하도록 돕는데 작은 유익이라도 드릴 수 있기를 기대합니다.

　히브리서 11장에 등장하는 믿음의 인물들이 우리에게 소망을 주는 이유는, 이들이 인간적으로 특출하거나 우리와는 다른 재능으로 무장된 잘난 인물들이 아니라는 점에 있습니다. 이들은 전적인 하나님의 은혜에 믿음으로 반응했기에 영광스러운 삶을 살았던 사람들입니다. 오늘 이 시대를 사는 우리 성도들도 믿음으로 은혜로우신 하나님의 손에 붙들려 그처럼 영광스럽게 삶을 살아내는 신실한 성도들이 되길 간절히 바랍니다. 나아가 조국 교회에 하나님의 영광을 드높이는 복된 부흥이 오는데 작은 보탬이라도 되기를 기대합니다.

이 책은 남서울교회에서 설교했던 히브리서 11장의 내용을 책으로 묶은 것입니다. 설교를 최대한 원형 그대로 실었기에 구어체적인 문체상의 결점이 드러나 보일 수도 있어 읽으시는 분들의 마음이 상하지 않을까 염려됩니다. 그럼에도 '읽는 설교'로 봐주시는 아량을 독자들께서 널리 베풀어주시기를 기대하며 감히 이 책을 출판합니다. (분량상 다 수록되지 못한 다른 설교들은 저희 교회 홈페이지를 참고하시면 됩니다.)

아울러 이 책을 위해 추천사를 써 주신 성도들께 깊은 감사를 전합니다. 제가 목회하며 만났던 귀한 성도들이 부족한 사람의 책을 위한 추천의 글들을 써 주었습니다. 그분들의 글이 여러 독자들께 이 책을 가깝게 여기게 하는 좋은 계기가 되기를 기대합니다. 부족한 사람의 설교를 사랑해 주고 책으로 만들기 위해 수고를 아끼지 않았던 생명의말씀사 편집부와 모든 분들께도 감사와 사랑을 전합니다.

하나님 우리 아버지께서 이 보잘것없는 책을 많은 사람들이 풍족히 먹고도 남는 은혜의 책이 되도록 오병이어 같은 기적을 베풀어 주시기를 기대합니다.

2016. 4
화종부 목사

1부

우리 시대에 믿음으로 산다는 것은

1

지금 여기에서, 믿음으로 산다는 것은 무엇인가?
실상과 증거를 주는 믿음

히 11:1-3

    기독교는 은혜의 종교입니다. 하나님께서 자격 없는 사람들에게 큰 은혜를 베푸셔서 우리는 용서와 구원과 하늘에 속한 모든 신령한 복을 값을 치르지 않고 얻게 되었습니다. 이러한 성도의 삶에서 가장 중요한 특징은 믿음으로 사는 것입니다. 믿음은 성도의 삶에서 처음이자 마지막입니다. 하나님을 범사에 인정하고 의지하며 그 생명의 말씀을 늘 우리 삶에 비추어 보는 일, 이것이 은혜를 아는 하나님 백성들의 삶의 방식인 것입니다.

    한 학자가 성경을 연구해 보니 성경에 '믿음'이란 말이 무려 250번 이상, '믿는다'라는 말은 무려 500번 이상 등장한다고 합니다. 그 정도로 믿음은 성경이 가르치는 아주 중요한 교훈 중 하나입니다. 믿음은 성도가 세상을 사는 가장 핵심적인 방법입니다. 믿음이 없이는 하나님의 은혜와 복이 우리의 것으로 적용되지 않을 정도로 너무 중요합니다. 문제는 그 믿음이 과연 무엇인가 하는 것입니다.

히브리서 11장에 나오는 믿음에 대한 정의는 믿음을 총체적으로 정의한다기보다 히브리서 기자가 서신을 받는 성도들의 삶에 꼭 필요하다고 여기는 믿음의 도덕적 특성을 강조하는 것이라 볼 수 있습니다. 갈라디아서나 로마서는 믿음을 구원의 통로로 설명합니다. 하나님의 모든 은혜가 믿음이라는 통로와 도구를 통해 우리에게 공급되어지는 것입니다. 그런데 히브리서는 그 믿음이 어떤 도덕적인 속성을 갖게 되는가에 근거해서 정의하고 있습니다.

그분의 사랑에 의지해
현실을 다른 눈으로 볼 수 있는 힘, 믿음

히브리서 11장 1절을 보면 "믿음은 바라는 것들의 실상이요 보이지 않는 것들의 증거니"라고 기록되어 있습니다. 성도들이 '믿음으로 산다', '믿음이 중요하다'라는 말을 자주 하는데 제가 "그 믿음이 대체 뭡니까?" 하고 물으면 대부분 이 본문을 인용하곤 합니다. 그러면 저는 한 번 더 물어봅니다. "그래서 그게 무슨 뜻입니까?"

우리가 '믿는다'라고 할 때의 믿음은 믿음의 대상이신 하나님과 그분의 말씀, 그리고 약속을 믿는다는 것입니다. 그런데 그 약속과 말씀이 우리가 살아가는 동안 다 성취되는 것이 아닙니다. 어떤 약속은 분명히 주셨음에도 불구하고 아직 이루어지지 않아서 계속 기다리고 사모해야 합니다. 믿음은 우리 속에 있었던 것이 아니라 우리가 예수님을 믿을 때 하나님이 우리 밖에서 선물로 주신 것입니다.

어떤 사람은 이발소에 가서 이발사에게 내 턱을 맡기거나 버스를 탈 때 어디까지 가는지 의심하지 않고 타는 것을 믿음이라고 착각합니다. 그것은 믿음이 아니라 통계입니다. 습관적으로 통계를 따라 행동하는 것이지 믿음을 행사하는 것이 아닙니다.

믿음은 언제나 약속에 근거합니다. 그저 막연히 '이렇게 되면 얼마나 좋을까?' 하고 생각하는 것이 아니라 '틀림없이 약속대로 되는구나!' 하고 확신하도록 합니다. 하나님이 우리 속에 믿음이라는 선물과 씨앗을 떨어뜨려 주시면 우리는 그 믿음을 평생 동안 사용하면서 '그 약속이 틀림없이 이루어지겠구나!' 하고 확신하며 살아가는 것입니다. 우리는 믿음이 가져다주는 실상, 실제적인 모습들로 인해 앞으로 이루어질 것을 확신하고 견고히 붙들 수 있습니다.

히브리서 기자는 믿음을 "보이지 않는 것의 증거"라 기록하고 있습니다. 믿음은 눈에 보이지 않는 하나님과 하나님의 나라와 영적인 실체들에 대해 믿도록 해 줍니다. 보통의 사람들은 눈에 보이고 경험할 수 있는 것만 인정합니다. 그러나 하나님은 믿음을 우리에게 선물로 주셔서 눈에 보이지는 않지만 실재하는 것들에 대한 증거를 주십니다.

신앙은 모호하거나 막연한 기대가 아닙니다. 신앙은 선명하고 분명합니다. 마치 우리가 사랑하는 사람과 얼굴을 마주 보고 교제하는 것처럼 신앙은 눈에 보이지 않는 하나님을 보는 것처럼 믿고 예배하게 합니다. 그저 막연하게 정성을 다하면 신적인 존재가 감동해서 내 인생을 잘되게 해 주려니 한다면 그것은 신앙생활이 아닙니다.

신앙생활이란 믿음이 주는 실상과 증거를 통해서 예배를 받으시는 하나님을 알고, 비록 하나님의 약속이 현실적으로 다 성취되지 않을지라도 그것이 하나님의 때에 틀림없이 이루어질 것임을 믿고 확신하는 것입니다. 사람들은 이렇게 말합니다. "목사님, 사람들이 죽고 난 이후의 일을 어떻게 압니까? 겪어봐야 알지 겪어보지 않은 일을 어떻게 알 수 있습니까?"

그런데 신앙은 우리가 겪어보지 않은 것임에도 믿음이 가져다주는 증거와 실상을 통해 하나님이 계시고, 하나님의 나라와 죽음 이후 영원한 세계가 있다는 것을 확신하는 것입니다. 우리는 그 분명한 확신과 증거들로 인해 눈만 뜨면 우리에게 끝없이 외쳐대는 세상의 외침을 거슬러 이기는 힘을 갖게 됩니다. 세상은 끝없이 우리에게 외쳐댑니다. "네 눈에 보이고 만져지는 것만이 실체이고 전부다."

과학과 문화의 발전으로 사람의 관심이 온통 이 세상을 향하고 있습니다. 사람들의 마음은 이 세상의 화려함을 누리지 못할까 봐, 도태될까 봐 정욕과 탐욕으로 온통 세상에 함몰되어 있습니다. 그러나 믿음은 눈에 보이는 것만이 아닌 눈에 보이지 않는 영적 실체와 오고 있는 나라에 대한 증거를 줍니다. 그래서 우리가 이 땅에 함몰되지 않고 오고 있는 나라에 대해 사모하게 하며 이 땅의 방법으로 살지 않도록 힘을 줍니다.

이 서신을 받고 있는 히브리서 성도들처럼, 핍박과 실패와 고난의 자리에 있으면서도 그것들만을 보지 않고 그 너머에 계신 하나님을 인정하는 것입니다.

비록 현실 속 눈에 보이는 증거는 없지만 성도들은 믿음이 주는 실상과 증거를 붙들고 실패와 고난을 다른 잣대로 해석합니다. 하나님의 선하신 손의 역사와 우리를 향한 그분의 영원한 사랑을 붙들고 현실을 다른 눈으로 볼 수 있는 힘, 그것이 믿음인 것입니다.

하나님이 우리를 평가하시는 기준

사도 요한은 그의 서신에서 "무릇 하나님께로부터 난 자마다 세상을 이기느니라"라고 말했습니다. 그리스도인들의 중요한 특징은 세상을 이긴다는 것인데 요한은 "세상을 이기는 승리는 이것이니 우리의 믿음이니라"라고 말하고 있습니다.

예수를 믿는 사람은 믿음이 가져다주는 증거와 실상을 붙들고 세상의 유혹과 세파 앞에 무너지지 않으며 오히려 세상을 거슬러 올라갑니다. 또한 범사에 하나님을 인정하고 하나님의 보이지 않는 세계와 다스리심을 신뢰합니다. 이 사람들을 향한 하나님의 평가는 이것입니다.

"믿음은 바라는 것들의 실상이요 보이지 않는 것들의 증거니 믿음의 선진들이 이로써 증거를 얻었느니라"(히 11:1-2).

앞서 살았던 믿음의 사람들이 믿음을 통해서 '증거'를 얻었다고 했는데 이 '증거'를 '칭찬' 혹은 '인정'이라고 번역하면 더 좋을 것 같습니다. 다시 말해서 우리 앞선 사람들은 믿음으로 칭찬과 인정을 얻었습니다. 하나님은 이 세상 모든 사람들이 다양하게 섬길 수 있도록 그들에게 각자의 분깃과 은사와 재능을 주셨습니다. 그런데 세상 사람들은 능력과 재능을 너무나 귀하게 생각합니다. 그리고 그것의 외적인 표시인 지위와 신분으로 사람을 평가합니다.

한국 사회엔 호칭이 없습니다. 부모님이 어릴 때 지어준 이름은 나이를 어느 정도 먹으면 거의 쓰지 않습니다. 한국에서는 '사장님', '이모님', '목사님' 등 전부 지위와 신분으로 사람들을 부르고 평가합니다. 심지어 외모를 가지고도 평가합니다. 주님이 우리를 평가하시는 중요한 기준은 믿음으로 사는가 하는 것입니다. 측량할 수 없을 정도로 큰 은혜와 사랑을 받은 백성들이 범사에 하나님을 인정하고 세상의 논리나 경험이 아닌 하나님의 말씀에 근거해서 사는가를 보십니다. 여러분의 재능이 어느 정도인지, 부름 받은 자리가 어디인지는 중요하지 않습니다. 하나님이 부르신 삶의 자리에서 어떤 방식으로 반응하며 살아가는가 하는 것이 하나님이 우리를 평가하시는 중요한 기준입니다.

우리는 맡겨진 일들을 최선을 다해 감당하며 살아가지만 때때로 우리의 판단을 넘어서는 삶의 순간을 경험합니다. 우리의 판단과 다른 하나님의 생각을, 세상의 보편적인 관점과 다른 하나님의 말씀을 기준으로 붙들고 그것에 나의 삶 전부를 던지는 믿음의 결단을 해야 하는 순간들이 있습니다.

부활하신 주님은 제자들이 모여 있던 그 자리에 없었던 도마가 제자들에게 했던 말을 들으셨습니다. 도마는 "내가 주님의 못 박힌 손을 보고, 창에 찔리신 주님의 옆구리에 내 손을 넣어 보기 전에는 (주님이 부활하신 것을) 믿지 않을 것이다."라고 말했습니다. 얼마 후 주님은 도마에게 나타나셔서 말씀하셨습니다. "도마야, 네가 말한 그대로 이 손을 보고 네 손을 내밀어 내 옆구리에 넣어 봐라." 그러자 도마는 무릎을 꿇고 고백합니다. "나의 주님이시요 나의 하나님이시니이다." 예수님은 그런 도마에게 이렇게 말씀하십니다. "너는 나를 본 고로 믿느냐? 보지 못하고 믿는 자들은 복되도다."

주님께서는 보지 않았지만 말씀으로 약속하신 그대로를 믿는 자에게 복이 있다고 말씀하십니다. 그 사람은 약속의 말씀이 아직 실현되지 않았지만 요동함 없이 그 약속을 붙들고 하나님을 신뢰하며 사는 사람입니다.

오늘 조국 교회는 지극히 현세적으로 기울어졌습니다. 성경이 말하는 믿음을 사용하지 않아도 되는 믿음이 없는 시대가 되어 버렸습니다. 너무 많은 사람들이 현세적입니다. 그들은 하루 중 대부분의 시간을 세상을 들여다보는 데 사용합니다. 하나님께서 우리의 영혼 속에 묻어 두신 믿음을 통해 주님의 때에 이루어질 일들을 사모하고 기다려야 하건만 그들은 믿음으로 사는 삶의 영광이 무엇인지 모른 채 살아갑니다.

많은 사람들이 신앙 혹은 믿음이라는 이름으로 편안한 삶을 추구하고, 즉각적으로 문제를 해결하려 합니다. 그러나 그것은 신앙도 믿음도 아님을 알아야 합니다. 너무나 많은 사람들이 거센 세파를 거슬러가지 못하고 쉽게 세상 앞에 무릎 꿇습니다. 현세에 마음을 모두 빼앗겨 버렸기 때문입니다. 그렇게 살다보니 믿음의 눈으로 볼 수 있는 이 세상의 허망함과 하나님 나라의 영광을 보지 못합니다.

아직 이루어지지 않았을 뿐 하나님의 약속이 얼마나 견고한지 믿음으로 경험해야 하는데 그것이 무엇인지도 모르고 그저 땅에서 손에 쥐는 것, 눈에 보이는 것이 실체라고 생각합니다. 우리는 남들이 보지 못하는 것을 볼 수 있어야 세상을 거슬러 가는 힘을 갖게 됩니다.

믿음은 우리의 눈을 열어준다

지금 우리는 세상이 보지 못하는 것을 믿음으로 보며 살고 있습니까? 손에 만져지고 경험하는 것 안에서만 살지 않고 믿음이 주는 실상을 붙들며 살아가고 있습니까? 하나님의 칭찬의 기준이 '믿음으로 사는가'에 있다는 것을 허투루 듣지 마십시오. 우리는 능력이나 경험, 보고 만져지는 것으로 사는 사람이 아닙니다.

"…보이는 소망이 소망이 아니니 보는 것을 누가 바라리요 만일 우리가 보지 못하는 것을 바라면 참음으로 기다릴지니라"(롬 8:24-25).

이 말씀처럼 우리의 신앙 안에는 믿음이 주는 실상과 증거를 가지고 오래 기다릴 수 있는 요소가 있습니까? 자식 잘 기르고 보란 듯이 잘되는 것이 전부가 아니라 이 땅 너머에 계신 하나님 앞에 설 순간이 틀림없이 있다는 것을, 이 땅의 잠시와 비교할 수 없는 영광이 우리를 향해 달려오고 있다는 것을 믿고 이 땅의 것들을 절제하고 있습니까? 믿음의 눈이 열리는 것은 결정적인 일 중의 하나입니다. 이런 믿음을 히브리서 저자는 처음으로 창조에 적용하고 있습니다.

"믿음으로 모든 세계가 하나님의 말씀으로 지어진 줄을 우리가 아나니 보이는 것은 나타난 것으로 말미암아 된 것이 아니니라"(히 11:3).

이 말씀은 무슨 뜻입니까? 눈에 보이는 모든 세계는 눈에 볼 수 있는 것으로 말미암은 것이 아니라는 것입니다. 진화론자들은 원래부터 무언가 있었고 그것이 덜 진화된 상태에서 점점 진화되면서 제대로 된 것이 나왔다고 말하는데 성경의 얘기는 다릅니다. 성경에서는 눈에 보이는 것은 볼 수 있는 것으로 된 것이 아니라고 말합니다. 눈여겨볼 것은 그것을 믿음으로 안다는 것입니다.

신앙은 무조건 아무것이나 믿어 버리는 것이 아닙니다. 우리가 예수를 처음 믿을 때 믿음의 씨앗이 우리 영혼 속에 선물로 떨어지면 이 믿음은 끝없이 우리의 눈을 열어줍니다. 그래서 눈에 보이는 모든 세계가 볼 수 있는 것으로 말미암은 것이 아니라는 것을 알게 해 줍니다.

하나님이 살아 계시다는 것 외에 하나님이 세상을 만드실 때 이미 있던 어떤 재료를 쓰신 것이 아니라 '무'(無)의 상태에서 생명의 말씀으로만 지으신 것을 믿음으로 아는 것, 이것이 신앙인 것입니다. 신앙은 눈에 보이는 세계만이 아니라 그 이상으로 실존하는 영적 세계, 즉 하나님과 하나님의 나라와 영적 실체를 지각하도록 눈을 열어줌으로써 세상을 사는 참된 지혜와 지식을 줍니다.

땅만 보는 사람들의 삶을 보십시오. 그 속에 윤리와 도덕의 아름다움과 고매함이 간혹 있는 것 같아 보이지만 이 땅과 현재만 보는 사람들은 진정으로 바르게 살 수가 없습니다. 믿음으로 약속을 붙들고 사모하는 자들이 진정 바른 삶을 살게 됩니다. 신앙을 말할 때 단순히 많은 종교 중에 기독교를 선택하는 것을 신앙이라고 말하지 않습니다. 온 천지와 사람의 근원과 기원에 대해 철학과 과학과 기술이 절대 설명할 수 없는 것들을 믿음의 눈을 열어서 보게 하고 알게 해 주는 참 진리가 바로 기독교 신앙입니다.

예수님이 세상에 오셨을 때 마귀의 시험을 받으셨습니다. 마귀는 예수님께 돌덩이로 떡을 만들어보라고 했습니다. 그때 예수님은 마귀에게 "사람이 떡으로만 살 것이 아니요. 하나님의 입으로부터 나오는 모든 말씀으로 살 것이라"고 대답하셨습니다.

이 말씀은 주님이 지금의 우리에게 주시는 메시지입니다. 지금 우리가 사는 세상은 "사람은 떡이 있어야 한다"고 말합니다. 사람이 종교를 가지고 아무리 고상한 삶을 산다 해도 떡을 먹는 가장 본질적인 것이 채워져야 사람이 사람답게 살 수 있다고 말하는 세상을 향해 하나님이 말씀하십니다.

"사람이 떡으로만 살 것이 아니요. 하나님의 입으로부터 나오는 모든 말씀으로 살 것이라"(마 4:4).

사람의 실존에 떡처럼 근본적인 것이 하나님의 말씀이라는 것입니다. 사람의 존재 자체가 말씀으로 시작되었습니다. 떡이 사람의 육체를 위해 반드시 필요한 것처럼 사람의 됨됨이를 위해서도 말씀이 필요합니다. 또한 말씀은 믿음으로 사는 자들에게 주시는 선물입니다. 여러분은 "사람은 하나님의 입에서 나오는 모든 말씀으로 산다"는 이 말씀을 어떻게 받아들이고 있습니까? 여러분에게 묻고 싶습니다. 여러분은 일주일에 몇 번 성경을 먹고 듣고 입고 마시는지요? 일주일에 딱 한 번 주일 설교를 듣는 것이 전부이면 여러분은 믿음을 부정하는 것입니다.

사람들은 떡이 삼시 세끼 없으면 안 되는 것처럼 생각합니다. 나이 오십이 넘은 아내들이 남편들에게 눈치를 주면서 "제발 삼식이 좀 그만해요. 이식이나 일식이나 영식이면 제일 좋겠어요." 하고 아무리 신호를 줘도 끝없이 "나는 집밥이 최고야!" 하며 삼식을 고수합니다. 음식은 그렇게 챙겨 먹으면서 말씀을 그렇게 안 먹는 이유가 무엇입니까? 예수님은 사람이 말씀으로 살 것이라고 하셨는데 우리가 주일날 한 번 설교 듣는 것 외에 말씀을 사모하거나 목말라하지 않는다면 그것은 전혀 신앙생활을 하지 않고 있다는 증거입니다. 여러분의 자녀들도 마찬가지입니다. 교육부를 섬기는 교역자들이 저에게 이런 얘기를 합니다. "목사님, 시험 기간이 되면 아이들의 1/3이 우수수 떨어져 나갑니다."

아이들이 주일날 안 오는 것만 해도 속상한데 부모가 시험 때문에 못 가게 한다는 말을 들으면 더욱 마음이 아픕니다. 이런 부모들은 교회는 나가고 있지만 신앙이 뭔지 모르는 사람입니다. 하나님을 아는 눈이 열려서 인생을 어떻게 살아야 하는지 깨닫고 삶의 중요한 결정들을 바르게 해야 할 텐데 영적인 기아 상태에서 아이들이 바른 선택을 하리라 기대하는 것을 이해할 수 없습니다. 그것은 교회만 다닐 뿐 하나님을 믿지 않는 것이며 신앙생활을 하지 않는 것입니다.

세상을 제대로 살지 못한다는 평가를 받고 있는 여러분은 오늘 하나님 앞에 믿음으로 서 있습니까? 성경이 말하는 바른 믿음을 가지고 보지 못하는 것을 보고, 듣지 못하는 것을 듣고, 이루어지지 않은 것을 믿으며 하나님께 맡기는 삶을 살고 있습니까? 우리 모두가 그렇게 살아서 이 땅을 치료하고 하나님이 기뻐하시는 복된 일이 여러분의 삶에 일어나기를 바랍니다.

2

믿음의 맨 처음 주제, 예배
믿음으로 더 나은 예배를 드린 아벨

히 11:4, 창 4:1-8

히브리서 11장에 나오는 믿음의 사람들을 보면서 단순히 '참 훌륭한 사람들이니 본받아야겠다'라고 생각하면 안 됩니다. 우리가 본받아야 할 분은 예수님 한 분이면 충분합니다. 이 사람들은 우리와 똑같이 죄인이고 우리와 똑같이 약함과 한계를 가진 사람들입니다. 성경은 이런 사람들이 믿음으로 은혜 안에서 얼마나 귀하게 쓰임 받았는지를 보여 주며 우리도 그런 삶을 살도록 초대하고 있습니다.

신앙의 선진들의 열전 가운데 가장 먼저 나오는 사람은 아벨입니다. 아벨은 드린 제사를 통해 소개되고 있습니다. 아벨은 아담과 다릅니다. 그의 부모 아담과 하와는 하나님께 그냥 들어갔고 하나님 앞에서 마음껏 그들의 자유를 누렸습니다. 그러나 죄가 들어온 이후부터 가인과 아벨은 아담과 하와가 들어갔던 방법과 다르게 하나님께 들어가야 했습니다. 가인과 아벨은 죄를 덮어서 가리는 제물이 필요했습니다. 그 제물을 가지고 제사 곧 예배를 통해서 하나님을 만나고 하나님 앞으로 들어갈 수 있었습니다.

아벨은 양을 치는 자로서 양의 첫 새끼와 기름을 가지고 예배에 들어갔고 가인은 농사짓는 자로서 땅의 소산물을 가지고 하나님께 예배를 드렸습니다. 본격적으로 내용을 보기 전에 먼저 우리가 주의해서 보아야 할 것은 믿음의 첫 번째 주제로 등장하는 것이 제사, 곧 현대적인 의미로 예배라는 점입니다. 믿음의 열조들의 삶을 얘기하면서 가장 먼저 말하는 주제가 예배입니다.

삶의 첫 시작은 예배다

예배는 성도들의 삶에서 제일가는 우선순위이자 핵심 자리를 차지합니다. 저는 성도들이 함께 모여서 드리는 예배만 예배라고 생각하지 않습니다. 로마서 12장이 말하는 것처럼 우리의 삶을 하나님이 기뻐 받으시는 산 제물로 드리는, 삶의 예배가 중요하다는 것에 100% 동의합니다. 그러나 그렇게 중요한 삶의 예배를 가능하게 하는 힘이 어디에 있습니까? 성도들은 함께 모여 드리는 이 예배를 통해서 삶의 예배를 살아낼 동력과 출발을 얻게 됩니다.

온 성도들이 함께한 자리에서 어떤 일도 일어나지 않는데 우리가 삶의 자리에서 무슨 일을 할 수 있겠습니까? 그런 면에서 온 회중들이 함께 모여 드리는 이 예배는 정말 중요합니다. 그런데 오늘 조국 교회가 약해져 가면서 많은 성도들이 예배를 상대화시키고 있습니다. 예배를 드려도 되고 안 드려도 되는 것처럼 상대화시키면서 예배의 자리가 자꾸 바뀌어 갑니다.

지난 30년 간 목회 하면서 느낀 점이 있다면 성도들이 주일예배를 연속으로 세 번 빠지면 장사가 없다는 것입니다. 연속으로 빠지면서 믿음이 지켜지는 사람을 거의 보지 못했습니다. 어지간히 믿음이 좋은 사람도 연속해서 예배를 빠지면 심령이 싸늘하게 식어지는 것을 수도 없이 봐 왔습니다. 여러분의 예배는 어떻습니까? 예배가 여러분에게 제일 중요한 자리이고 우선순위입니까?

하나님이 받지 않으시는 예배가 있다

히브리서 저자는 예배가 가장 중요하다는 것뿐 아니라 놀랍게도 모든 예배가 다 똑같은 예배가 아니라고 말합니다. 가인과 아벨 둘 다 하나님께 예배를 드렸는데 하나님은 가인의 예배는 받지 않으시고 아벨의 예배만 받으셨습니다. 이것은 같은 예배를 드린 것 같아도 하나님이 어떤 예배는 받으시지만 또 어떤 예배는 전혀 받으시지 않는다는 것을 알게 해 줍니다. 이런 면에서 예배는 정말 어렵고 두려운 주제입니다.

가인은 예배를 잘못 드리면서 심령이 더 굳어지게 되었고 더 심한 죄를 짓습니다. 아우를 쳐서 죽이고 하나님께 불평과 원망을 쏟아 놓습니다. 차라리 예배를 드리지 않았으면 훨씬 더 나았을 뻔했습니다.

오늘 조국 교회 안에서도 너무나 많은 사람들이 예배의 본질을 잃어 가고 있습니다. 형식적인 예배를 드리고 '나는 하나님께 예배를 드렸다'는 그 만족감만을 가진 채 세상과 죄를 맘껏 추구하는 어리석음을 범합니다.

하나님께 바른 예배를 드리지 않으면 그것이 예배가 바르지 않은 것으로만 끝나는 것이 아니라 그로 인해 우리가 더 악해진다는 것을 알아야 합니다. 우리가 신앙생활을 바르게 하지 못하면 교회 안에 있어도 세상 사람들보다 더 나쁠 수 있다는 것을 잊으면 안 됩니다.

그동안 저는 교회를 다니면서도 불신자보다 훨씬 못한 사람을 수없이 봐 왔습니다. 1, 2차 세계 대전을 제외하고 인류가 아는 가장 잔인한 전쟁은 종교 전쟁인 30년 전쟁입니다. 그들은 신앙의 이름으로 사람들을 죽이며 불신자들보다 더 못한 일을 하면서도 조금도 두려워하지 않았습니다.

바른 예배는 참 중요합니다. 성경은 하나님이 예배를 구별하시고 다르게 취급하시기 때문에 바른 예배를 드려야 한다고 말합니다. 그럼 왜 하나님은 가인의 예배가 아닌 아벨의 예배를 받으셨을까요? 하나님이 우리에게 기대하시는 더 나은 예배, 바르고 참된 예배는 무엇입니까? 학자들에 따라서 많은 논의가 있지만 세 가지 정도로 요약할 수 있습니다.

개혁주의 교단에서 말하는 보편적인 해석은 하나님이 제물을 보신 것이 아니라 제사를 드리는 예배자의 내적인 태도와 자세를 보셨다는 것입니다. 창세기를 보면 "여호와께서 아벨과 그의 제물은 받으셨으나 가인과 그의 제물은 받지 아니하신지라"(창 4:4-5) 하고 사람을 먼저 앞세웠습니다. 제물에 우선순위가 있는 것이 아니라 사람의 내적인 자세, 하나님 보시기에 정말 바른 예배자인가를 먼저 보셨다는 것입니다. 이것이 칼빈(J. Calvin)을 비롯한 많은 사람들의 해석입니다.

하나님이 제물을 보시고 예배의 옳고 그름을 결정하신다고 하면 하나님의 은혜보다도 사람의 자격이나 공로를 강조하는 것 같은 위험이 있을 수 있기 때문에 많은 학자들이 이렇게 해석합니다. 그러나 어떤 학자들은 반론을 제기합니다.

예배를 드리는 내적인 자세도 중요하지만 예물에도 중요한 포인트가 있을 것이라는 해석입니다. 그들은 가인이 드린 예물은 피가 없는 예물이었고 아벨이 드린 예물은 피가 있는 예물이었기 때문에 하나님이 피 있는 제물을 받으셨다고 말합니다. 모세 시대에 하나님은 죄를 속하는 제사에서 반드시 피가 있어야 할 것을 요구하셨습니다. 그래서 많은 학자들이 '피 있는 제물이냐 아니냐'를 분별하려고 합니다.

개인적으로 제물도 주의해서 보아야 한다는 말에는 동의하지만 피가 꼭 있어야 한다는 해석에는 동의하기 어렵습니다. 왜냐하면 모세 시대에 피 없는 제물, 즉 곡물을 드리는 제사도 있었기 때문입니다. 그러나

이 학자들은 창세기 3장 후반부에 나오는 내용, 즉 죄를 지은 아담과 하와가 나뭇잎으로 그들의 몸을 가린 것을 하나님이 불쌍히 여기시면서 가죽옷을 지어 입히신 내용을 근거로 듭니다. 그때 하나님이 짐승을 잡으신 것이 예표로 나오기 때문에 하나님이 짐승을 잡는 피 있는 제사를 원하셨을 것이라는 것입니다. 이러한 해석도 상당히 호소력은 있지만 저는 동의하기 어렵습니다.

세 번째 해석은 세계적인 석학 칼 델리치의 관점입니다. 그 역시 하나님이 제물도 보셨다고 해석합니다. 그 근거로는 "가인은 땅의 소산으로 제물을 삼아 여호와께 드렸고 아벨은 자기도 양의 첫 새끼와 그 기름으로 드렸더니"(창 4:3-4) 하고 성경이 제물에 대해 구체적으로 밝혀 놓았다는 것입니다.

가인은 아무렇게나 제물을 가져왔지만 아벨은 양의 첫 새끼와 기름을 구별해 드렸습니다. 기름은 하나님께만 드리는 귀한 제물입니다. 첫 새끼는 자신의 가장 귀한 소유이자 자신의 소유물 전체를 상징합니다. 칼 델리치는 아벨이 자기 전부를 담아 제물을 드린 반면 가인은 제물에 대해 구별하는 과정이 없는 것을 볼 때 제물 자체에도 의미를 두어야 한다고 해석합니다.

이런 해석들을 대할 때마다 머리가 좋으신 분들은 참 피곤하겠다는 생각이 듭니다. 저는 이분들처럼 총명하게 잘 분별하지 못합니다. 저는 세 가지의 해석이 전체적으로 볼 때 다 맞지 않을까 생각합니다.

은혜가 아니면 하나님의 얼굴을 뵐 수 없는 죄인들

히브리서 저자는 창세기의 이 내용을 "믿음으로 아벨은 가인보다 더 나은 제사를 드렸다"라고 표현했습니다. 그는 아벨의 제사를 "믿음으로"라는 말로 묶었습니다. 세계적인 석학들의 세 가지 해석과 히브리서 저자가 "믿음으로"라고 말한 내용도 충분히 묶을 수 있다고 봅니다. 하나님이 가인과 아벨에게 제사를 통해 제물을 가지고 나오라 하실 때 제물은 무엇을 보여 주는 것입니까? "너는 죄를 지은 자이기 때문에 죄인은 하나님 앞에 그냥 올 수가 없다. 그래서 죄를 덮어주는 제물이 있어야 한다."는 것을 이 제물은 끝없이 상기시킬 것입니다.

가인과 아벨이 제물을 가지고 나올 때 하나님이 기대하시는 것은 '나는 죄인으로서 감히 하나님의 얼굴을 뵈올 수 없는 자'임을 인식하는 것입니다. 그런 죄인이 멸망하지 않도록 제사와 제물을 통해 하나님 앞에 나아오는 길을 열어 놓으신 하나님의 은택을 의지하는 것입니다. 다시 말해 믿음은 죄에 대한 자백과 동시에 나 같은 죄인이 은혜가 아니면 하나님 앞에 설 수 없다는 사실을 알고 하나님의 은택을 전심으로 의지하는 것입니다.

마태복음 7장에 나와 있듯이 모든 성도들이 말하는 믿음은 마음 중심에 있기 때문에 내적인 태도도 중요합니다. 그러나 그 믿음은 반드시 행위로 드러납니다. 믿음에 행위를 더하는 것이 아니라 믿음 자체에 행위가 내포되어 있기 때문입니다. 한마디로 내적인 자세는 구체적인 제물을 통해서 드러나게 돼 있습니다. 그러므로 하나님이 기쁘게 받으시는 제사와 제물에 대해 얼마든지 델리치처럼 해석할 수 있습니다. 가인이 아무렇게나 제물을 드렸다면 아벨은 가장 좋은 것, 자기 전부나 다름없는 제물을 드린 것입니다.

성경이 말하듯 하나님은 모든 예배를 다 받으시지 않습니다. 종을 치면 예배가 시작되고 목사님이 축도하면 끝나는 모든 예배들이 하나님 앞에 열납된다고 말하지 않습니다. 하나님은 믿음으로 드리는 예배를 받으십니다. 죄에 대한 인식, 죄인으로서 하나님 앞에 감히 설 수 없다는 두려움과 상한 마음을 가지고 있지만 그럼에도 불구하고 그 죄인을 부르시는 하나님의 은혜를 붙들고 믿음으로 드리는 예배를 하나님은 원하고 찾으십니다. 예수님도 세상에 계실 때 그런 예배와 예배자를 찾으신다고 말씀하셨습니다. 하나님의 말씀을 붙들고 그분 앞에 나오는 믿음을 가진 자의 예배를 찾으시는 것입니다.

그렇다고 마음만 있는 예배여서는 안 됩니다. 아벨이 드린 양의 첫 새끼와 기름에 비유할 수 있는 것이 함께 드려져야 합니다. 그것은 하나님이 내 삶에 전부임을 고백하는 것입니다. 하나님을 사랑하고 기뻐하며 자기 드림이 담겨 있는 예배를 하나님은 받으십니다. 조국 교회가 잃어가고 있는 것도 이것입니다. 그저 교회가 착한 일을 많이 하고 덜 하고에 달려 있는 것이 아닙니다. 예배의 현장에서 하나님을 향한 가슴 떨리는 사모함과, 죄인으로서의 고백과 그럼에도 불구하고 죄인을 부르시는 아버지에 대한 은택에 대한 감격이 전심으로 드려져야 합니다.

우리 교회는 헌금을 드릴 때 "하나님께 헌금만 드리는 것이 아니라 저도 여기 있습니다. 제 생애 가장 중요한 것은 주님입니다" 하는 마음으로 모든 성도들이 일어섭니다. 하나님은 이런 예배를 받으십니다. 그런데 오늘날 너무나 많은 사람들이 예배의 소비자로 전락하고 있습니다. 많은 사람들이 예배를 빨리 드리고 나갑니다. 내가 할 기본적인 것은 다 했다고 생각하고 열심히 세상으로 내 욕망으로 달려가고 싶어합니다. 이것은 예배가 아닙니다. 예배를 드리고 면죄부를 받은 마음으로 세상에 달려가면 양심이 굳어진 악한 자리에 던져지게 됩니다.

하나님이 받으시고 인정하시는 예배란

아벨의 예배에 대해 어떻게 말하고 있는지 히브리서 11장 4절을 보십시오.

"믿음으로 아벨은 가인보다 더 나은 제사를 하나님께 드림으로 의로운 자라 하시는 증거를 얻었으니 하나님이 그 예물에 대하여 증언하심이라 …"
(히 11:4).

하나님이 아벨의 제사를 받으시고 그에게 의롭다 하는 증거를 주셨습니다. 이처럼 하나님이 칭찬하시고 인정하시는 것, 이것이 예배입니다. 바르게 드려진 예배는 하나님이 받으시고 증거해 주십니다. 이런 예배는 저 또한 가장 사모하는 바입니다. 회중들이 함께 모여 주님의 말씀을 듣고 함께 기도하고 찬양하고 예배당 문을 나설 때 '하나님이 우리의 예배를 받으셨구나! 우리의 예배를 기뻐하고 즐거워하시는구나!' 하고 깨달아지는 마음이 회중들 가운데 있기를 원합니다.

이것은 우리가 최선을 다해 드리면 받으시겠거니 하고 짐작으로 드려지는 예배가 아닙니다. 성령을 통해 하나님께서 우리에게 증거를 주시는, 실체가 있는 예배입니다. 예배는 일방통행이 아니라 하나님과 성도의 만남이 있는 현장이기 때문입니다.

제가 지난 30년 동안 목회하면서 사람들이 말하는 그 어떤 성취나 업적보다도 정말 목마르게 사모했던 것은 그런 예배였습니다. 회중들이 예배를 드릴 때 '하나님이 받으셨구나' 하는 증거가 있는 예배를 드리고 싶었습니다. 모일 때마다 목마름과 사모함이 있는 예배, 그저 한 편의 따뜻한 설교를 듣기 원하는 것이 아니라 우리 가운데 임재하시는 하나님의 음성을 듣고 만나기를 사모하는 그런 예배를 드리는 것이 제 소망이자 기대였습니다.

여러분은 맨숭맨숭 예배를 드려서는 안 됩니다. 정말 우리 내면은 성령을 통해 하나님이 증거 하시는 예배를 사모하고 목말라해야 합니다. 또한 그런 일이 일어날 때 우리가 하나님이 증거 하시는 것을 분별할 줄 아는 예배를 드려야 합니다.

지난 30년 동안 그런 예배가 한 번도 없었다고 말하고 싶지 않습니다. 제 목회의 현장에서 예배드릴 때의 모습이 생생하게 기억납니다. 매번의 예배가 그랬던 것은 아니지만 그냥 입으로만 전해지는 것이 아닌, 하나님의 생생한 증거가 있는 예배가 있었습니다. 저는 조국 교회마다 그런 경험을 하게 되기를 원합니다. 너무나 약해진 조국 교회에서 하나님은 그런 예배를 드리는 백성들을 찾으시고 기다리십니다. 하나님이 예배를 받으셨고 기뻐하시는 것을 회중들이 경험으로 알고 그 예배의 감격을 그대로 삶의 자리에 가져가는 것입니다. 이것은 저 혼자 할 수 없고 여러분과 같이 해야 합니다.

예배 한번 잘 드리는 게 무슨 가치가 있을까?

히브리서 저자는 "그가 죽었으나 그 믿음으로써 지금도 말하느니라"라고 기록하고 있습니다. 가인이 아벨을 죽였습니다. 예배를 바로 드리지 않은 그 악한 자가 하나님이 기뻐하시는 예배를 드린 아벨을 죽였습니다.

예배 한번 잘 드리는 게 무슨 가치가 있습니까? 그런데 우리 믿음의 선배들은 예배를 제대로 드리고 싶어서 주일날 있는 고시도 보지 않았습니다. 고시를 합격 못하는 한이 있어도 주일예배를 지키려고 몸부림치면서 조국 교회를 지켜왔습니다. 어떤 사람들은 한 시간도 아까워서 주일날 종일 공부합니다. 그런데 또 어떤 사람들은 주일 다 지켜가면서,

그것도 예배만 드리고 다시 공부하는 게 아니라 정말 주일을 제대로 지키려고 애씁니다. 그런 그들에게 뭐가 기다리고 있습니까?

가인이 아벨을 죽인 것처럼 온전히 예배를 드리는 우리 삶에도 그러한 일들이 틀림없이 있습니다. 조국 교회는 그저 하나님께 예배만 드리면 어두움은 면해지고 좋은 일이 있을 것처럼 말합니다. 그러나 성경은 절대 그렇게 말하지 않습니다.

가인이 아벨을 죽였다고 말합니다. 이 말씀대로라면 하나님께 바른 중심의 예배를 드리고, 삶의 중심에 예배를 두면 도태되고 실패할 수 있습니다. 그런데 여기서 주목할 것은 성경이 그런 아벨에게 "그가 죽었으나 그 믿음으로써 지금도 말하느니라"라고 기록했다는 것입니다. 아벨은 죽었지만 지금도 여전히 우리에게 메시지를 주고 있습니다. 이게 마지막이 아니라고 말입니다.

가인은 어떻습니까? 그는 아벨을 죽인 후부터 누군가 자기를 죽일지 모른다는 공포감에 사로잡혔습니다. 날마다 밀려드는 두려움 속에서 가인은 이곳저곳을 방황하다 마침내 정착한 곳에서 성을 쌓고 그 속에서 살아갑니다. 그는 아마도 이 땅에서 장수했을 것입니다.

가인과 아벨 둘 다 똑같은 죄인이기에 하나님께 거절 받을 수밖에 없는 존재입니다. 그러나 아벨은 믿음으로 바른 예배를 드렸고 그 예물까지 하나님이 기뻐 받으셨다는 보증을 받았습니다. 그리고 아벨은 인류의 역사에서 첫 번째로 죽은 사람입니다. 그러나 인류 역사에서 처음으로 천국에 들어간 사람입니다. 가인과 아벨의 삶, 어떤 것이 복이 있습니까? 많은 사람들의 시선이 현세에 빼앗겨 있는 오늘, 성경은 여전히 우리에게 말하고 있습니다. 죽었지만 지금도 말하는 목소리가 있다는 것을 말입니다.

　여러분은 삶을 어떻게 살아가고 있습니까? 방황하고 불안해하며 나를 보호해 줄 성을 쌓고 살아가고 있습니까? 아니면 그저 예배 하나 제대로 드리고 죽은 것 같지만 지금도 여전히 살아서 우리에게 말하고 있는 아벨처럼 차원이 다른 실제적인 삶을 살고 있습니까? 저는 여러분 모두가 아벨처럼 믿음으로 바르고 온전한 예배를 드림으로써 하나님이 기뻐하시고 증거 하시는 복과 은혜의 감격을 누리시기 바랍니다.

3

하나님의 관심은 '우리와의 동행'에 있다
믿음으로 하나님과 범사에 동행한 에녹

히 11:5, 창 5:18-24

    에녹은 셋 계열에 속한 아담의 7대손으로서 65세에 성경에서 가장 오래 산 인물인 므두셀라(969세)를 낳았습니다. 그 후 그는 300년을 하나님과 동행하며 자녀들을 낳다가 365세에 하나님께서 죽음을 통하지 않고 그를 다른 영역으로 옮겨가셨으므로 사람들이 세상에서 찾아보아도 전혀 발견할 수 없었다고 말합니다.

    에녹이 살았던 당시 평균 수명은 800~900세였습니다. 요즘 수명이 늘어 100세를 산다 해도 지금과 비교하면 영생하는 것과 같은 삶을 사는 사람들 속에서 에녹은 그 절반에도 미치지 못하는 365년을 살았습니다. 그럼에도 그가 주목을 받는 것은 그가 죽음을 보지 않고 하늘로 데려가심을 받았기 때문입니다.

창세기 5장은 오랜 수명을 살다 간 사람들의 족보 같아 보이지만 재미있게도 이 장이 강조하는 것은 "죽었더라"의 반복입니다. 아무리 오래 살아도 죽고 마는 것입니다. 그런데 사망이 중심을 이루고 있는 창세기 5장에서 사망과 아무런 관계없는 사람을 소개합니다. 이것이 중요한 이유는 죽음이 죄의 삯이며 저주이기 때문입니다. 성경은 죽음이 자연적인 현상이라고 절대로 말하지 않습니다. 우리는 영생을 위해 지어진 존재입니다. 그러나 우리 삶 속에 죄가 들어옴으로써 그 형벌로 죽음이 들어오게 되었습니다. 이 죄의 형벌인 사망은 아무도 이길 수 없습니다.

우리가 젊어 보이기 위해 아무리 관리를 한다고 해도 나이가 들면 죽게 돼 있습니다. 이처럼 사망은 모든 인생을 예외 없이 거쳐 가는데 성경은 예외적인 인물을 보여 줍니다. 그는 제한된 시간의 세계에서 영원의 세계로 옮겨진 사람입니다. 성경은 우리에게 "누구든지 예수를 믿으면 영생을 얻으리라"라고 말합니다. 그러나 대부분의 사람들은 영생의 의미를 잘 모른 채 이 세상에서만 잘 살면 된다고 생각합니다. 에녹은 그런 우리에게 사람이 영생으로 지음 받았음을 생생하게 보여 줍니다.

우리가 모두 가야 할 진짜 고향이 있다

사람은 이 땅에서 사랑하는 사람을 만나 결혼하고 아이 낳고 남을 도와주면서 편안하게 살면 되는 그런 존재가 절대 아닙니다. 우리는 영생을 위하여 부름 받았습니다. 우리가 아무리 사랑하는 사람을 만나고, 또 우리에게 착하고 모범적이고 위로가 되는 자녀가 있다 해도 삶은 충분한 만족을 주지 못합니다. 인생살이 자체가 우리가 원하는 만큼 길게 만족을 주지 못합니다. 우리 삶에는 행복한 순간에도 기쁨과 눈물이 같이 있습니다. 정말 기쁜데 안타깝게도 그런 순간은 짧습니다.

우리는 이 땅의 짧은 생애가 아닌 영생을 위해 부름 받았기 때문에 이 땅에 살아가는 동안 채워지지 않는 중심이 있을 수밖에 없습니다. 우리가 부름 받은 영생에 나아가기 전까지는 어떤 성취로도 만족되어지지 않는 것이 우리의 본질입니다. 이것을 보여주는 인물이 바로 에녹입니다. 히브리서 11장 5절에는 에녹에 대해 이렇게 말하고 있습니다.

"믿음으로 에녹은 죽음을 보지 않고 옮겨졌으니 하나님이 그를 옮기심으로 다시 보이지 아니하였느니라 그는 옮겨지기 전에 하나님을 기쁘시게 하는 자라 하는 증거를 받았느니라"(히 11:5).

여기서 세 번 반복되는 말이 있습니다. "옮겨졌으니", "옮기심으로", "옮겨지기 전에"입니다. 히브리서 저자는 눈에 보이지 않지만 하나님이 계시는 그 어딘가로 에녹을 들어서 옮겼다는 사실을 세 번이나 강조합니다. 여기서 다른 곳으로 옮겨 갔다는 것은 성경의 해석을 따르면 본향으로, 우리의 참 집으로, 우리가 거해야 할 영원한 처소로 옮겼다는 것입니다. 우리에게는 고향이 있습니다. 하나님이 우리를 옮겨갈 집이 있습니다. 그런데 안타깝게도 우리는 집을 짓고 집을 사고파는 것에 대한 신화들을 만들어 가는 시대 속에 살고 있습니다.

에녹은 옮겨짐으로써 우리 모두에게 가야 할 본향과 집이 있다는 것을 선명하게 보여 줍니다. 이 땅에서의 삶이 전부인 것처럼 살지 않는 것, 하늘에 보화를 쌓고 에녹처럼 주님께 옮겨질 것을 목마르게 기다리는 것이 성도들이 세상을 사는 방식이어야 합니다.

하나님의 관심은 우리와 다르다

에녹의 삶의 특징은 무엇일까요? 히브리서에서는 "믿음으로 에녹은 죽음을 보지 않고"라고 되어 있습니다. 그러나 이 내용의 근거가 되는 창세기 5장 22절은 이것을 약간 다르게 표현하고 있습니다.

"므두셀라를 낳은 후 삼백 년을 하나님과 동행하며 자녀들을 낳았으며"
(창 5:22).

창세기에는 에녹이 므두셀라를 낳은 후 300년간 하나님과 동행했다고 기록되어 있습니다. 24절에도 "에녹이 하나님과 동행하더니"라고 되어 있습니다. 히브리서에는 "믿음으로"라는 말로 요약해 놓았지만 창세기에는 그 믿음의 내용을 구체적으로 "하나님과 동행했다"고 해석하고 있습니다. 곧 믿음으로 사는 것은 하나님과 범사에 동행하는 것입니다. 여기서 주목할 점은 그가 전 생애 동안 하나님과 동행했다기보다 그의 생애에 하나님과의 동행을 시작한 시점이 있었다는 것입니다. 그는 므두셀라를 낳은 이후부터 300년간 하나님과 동행을 시작했습니다. 므두셀라를 낳을 당시 무슨 일이 있었는지 모르지만 에녹도 65살까지는 남들과 똑같이 살았습니다. 다른 사람들이 가치 있게 여기는 그대로의 삶을 살던 중에 분명하게 구분되는 다른 형태의 삶이 그의 생애 속으로 밀려들어 왔습니다.

창세기 5장은 셋의 후손들의 이야기를 기록하고 있는데 하나같이 그가 몇 년을 살았고 몇 년을 살다가 아이를 낳았고 몇 살에 죽었다는 내용입니다. 그런데 4장 20절 이후를 보면 라멕의 후손들에 대해 이렇게 기록하고 있습니다.

"아다는 야발을 낳았으니 그는 장막에 거주하며 가축을 치는 자의 조상이 되었고"(창 4:20).

야발 때부터는 짐승을 데려와서 가축을 치기 시작했습니다. 오늘 말로 말하면 산업을 일으킨 것입니다.

"그의 아우의 이름은 유발이니 그는 수금과 통소를 잡는 모든 자의 조상이 되었으며"(창 4:21).

이것은 악기와 음악을 발전시켜 사람들의 삶에 풍성한 기쁨을 누리게 해 주었다는 것입니다.

"씰라는 두발가인을 낳았으니 그는 구리와 쇠로 여러 가지 기구를 만드는 자요 두발가인의 누이는 나아마였더라"(창 4:22).

가인의 후손들은 구리와 쇠를 만들어서 산업과 기술을 발전시켰습니다. 가인의 후손들의 이야기는 이처럼 많은 업적과 성취가 나옵니다. 우리가 사는 세상이 관심을 가지는 것과 똑같습니다. 재벌 가문에 누가 시집을 갔는지, 예술과 문화 분야에서 누가 엄청난 업적을 이루었는지에 대해 사람들은 관심을 둡니다.

가인의 후손들은 그런 기록들을 가지고 있습니다. 그런데 셋의 후손들과 에녹에 대해서는 아무것도 나오지 않습니다. 물론 그들도 악기를 연주하고 목축을 하고 기계를 발전시켰을 것이라 생각합니다. 그런데 성경은 그들의 삶을 기록할 때 그런 것들을 기록하지 않습니다. 이게 바로 성경입니다. 세상의 관심은 성취와 업적, 즉 '최초로 뭘 했다 하더라', '사람들 중에 최고다' 이런 것들에 있습니다. 그러나 하나님의 관심은 어디에 있습니까? 하나님의 관심은 '그가 믿음으로 행하였는가?', '그가 하나님과 살아있는 관계 안에서 그러한 일을 했는가?'에 있습니다.

아무리 사람들이 찬사를 보낼 만한 일이라도 믿음으로 하지 않는 것은 죄라고 성경은 말합니다. 하나님이 가라 하시면 어디든지 가고, 멈추라 하시면 멈추고, 가지 말라 하시면 가지 않으며 모든 삶에서 하나님과 동행하는 것이야말로 하나님이 성경을 통해 남기고 싶은 핵심인 것입니다. 이것은 또한 여러분과 저의 삶을 향한 하나님의 기대입니다.

에녹도 이전까지는 다른 사람들이 생각하는 그런 삶을 살았을 것입니다. 산업을 일으키고, 예술을 발전시키고, 집안도 일으키고, 좋은 일도 좀 하며 살았을 것입니다. 그런데 무엇이 계기가 됐는지 모르지만 삶의 어떤 순간에 인생을 보는 눈이 달라집니다. 그는 삶의 가치와 영광이 그런 것에 있지 않다는 것을 깨달았습니다. 어쩌면 그가 깨닫고 나서도 똑같은 일을 했을 수 있습니다. 여느 때처럼 농사를 짓고 목축을 하고 악기를 연주하면서 살았을 것입니다. 그런데 분명 그전과는 다른 삶입니다. 하나님과 함께했기 때문입니다.

하나님이 함께하시면 목축도 행복하지만 하나님이 함께하지 않으면 아무리 행복한 목축도 그만둡니다. 자녀 양육이 보람 있는 것임에도 하나님이 함께하지 않으면 행복하지 않습니다. 선하고 보람 있는 일도 하나님이 함께 계시지 않으면 무엇도 기쁨이 될 수 없는 삶, 이처럼 삶을 바라보는 그의 눈과 기준이 달라졌습니다. 이것이 성도입니다. 성도는 삶의 한순간에 삶을 방향을 바꾸어 본 경험이 있는 사람입니다. 직업을 바꾸는 그런 종류의 것이 아니라 인생을 보는 잣대와 기준이 완전히 달라지는 변화를 경험하는 것이 성도의 삶인 것입니다.

에녹은 65살에 아이를 낳고 난 이후부터 삶의 분명한 전환이 있었습니다. 성경은 그것을 회심, 회개라고 말합니다. 회개라는 말은 돌이킨다는 말로 방향을 바꾼다는 것입니다. 지금까지 살아왔던 삶의 방향을 뒤집어서 다른 삶의 방향으로 가는 것입니다. 여러분도 에녹처럼 삶의 한 순간에 선명하게 구별되는 차이를 경험할 수 있기를 바랍니다.

모든 삶의 자리에서 천국과 영생의 흔적이 묻어나다

동행의 중요한 요소는 친밀한 사귐과 교제를 통해 얻는 기쁨과 감사와 행복입니다. 에녹이 믿음으로 하나님과 오랜 세월 동행할 수 있었던 것은 동행하는 기쁨과 행복을 충분히 알았기 때문입니다. 오늘 조국 교회는 "믿음으로"라는 말은 많이 하지만 그 내용이 너무 약합니다. 믿음으로 산다는 말은 주일날 교회 와서 예배드리고, 헌금하고, 도덕적으로 산다는 의미가 아닙니다. 에녹은 믿음으로 산다고 할 때 그 알맹이가 무엇인지 우리에게 보여 줍니다.

에녹은 하나님과의 동행이 주는 행복이 너무 감격적이어서 삶의 모든 자리에 하나님과 함께했습니다. 예배드릴 때 하나님 앞에서 벅찬 감격과 임재를 누리고, 말씀으로 우리를 찾아오시는 하나님 앞에 인격적으로 반응하고 기뻐하다가 문을 열고 나가면서 "이제 내 할 도리는 다 했다"라고 생각한다면 그것을 동행이라 말할 수 없습니다.

신앙생활을 열심히 하다가도 어느 순간 하나님께 "하나님 이만큼 하면 됐지요. 여기서 더 요구하시면 제가 섭섭할 수 있습니다."라는 마음이 생기고 "주님, 저와 우리 아내 두 사람이면 충분하지 않습니까? 자식들보고 목사를 하라 선교사를 하라 하시면 상당히 상처받을지 모릅니다."라고 한다면 여러분은 신앙생활의 맛을 모르는 것입니다.

주님과 함께 있는 것이 너무 좋고, 예배 가운데 주신 은혜의 여운과 벅찬 가슴을 그대로 가지고 삶의 모든 자리에 주님과 함께 가고 싶은 것, 주님이 없는 자리는 삶의 어디도 만들고 싶지 않은 것, 이것이 성도의 참된 신앙생활이자 동행의 모습입니다.

예배 가운데 하나님과의 생생한 만남을 그대로 가지고 가정에 가서 믿지 않는 배우자를 주님을 대하는 것처럼 대하는 것, 주님이 바로 옆에서 같이 행하시는 것처럼 자녀들과 일터의 동료들과 맡겨진 일들을 섬기고 대하는 것, 그것이 믿음의 삶의 본질입니다.

하나님이 우리를 예수님의 값없는 보혈로 구원해 놓으시고 일주일에 한 번만 예배 시간에 찾아오는 여러분을 원하실까요? 마지막 날 심판대 아래 섰을 때 "주님, 제가 믿은 거 충분히 아시죠? 옛날에 제가 믿었던 거 기억하고 계시죠?" 이렇게 말하면 "그래, 그때 그랬지. 그럼 봐줄게. 천국으로!!" 이러시려고 구원해 주셨을까요? 하나님이 원하시는 백성은 어떤 시간이든, 무슨 자리든 하나님과 함께 있어야 행복이고 영광이고 기쁨임을 아는 그런 백성일 것입니다.

저의 대학 4년은 하나님의 은혜를 많이 누렸던 시간입니다. 그 시절 하나님의 은혜를 많이 누리며 "평생 주님을 위해서 살아야지."라고 다짐했습니다. 그런데 수백 번 다짐했는데도 다짐하고 나면 '어떻게 해야 주님이 원하는 일을 할까?', '뭐가 주님이 원하시는 일일까?' 하고 마음에 의심이 일어났습니다. 그때 주님이 이런 말씀을 주셨습니다.

"무슨 일을 하든지 마음을 다하여 주께 하듯 하고 사람에게 하듯 하지 말라 이는 기업의 상을 주께 받을 줄 아나니 너희는 주 그리스도를 섬기느니라" (골 3:23-24).

그 말씀을 받고 얼마나 감격스러웠는지 모릅니다. '목사가 돼야 하나', '선교사가 돼야 하나' 고민하고 있는 저에게 주님은 말씀하셨습니다. "범사를 주께 하듯 하라. 네가 하고 있는 모든 일을 주님의 면전에서 섬기는 것처럼 하라" 그 말씀이 제게 주어졌을 때 눈이 조금 열렸습니다. '내가 지금 대학생이고 정치외교학을 공부하고 있지만 이 공부가 주를 위하여 할 수 있는 것이다'라고 깨달아지는 순간, 삶의 질서가 만들어지기 시작했습니다. 그 말씀을 받은 후로 공부가 미래나 장학금이나 인생의 성공을 위한 방법이 아니라 사랑하는 주님을 위한 도구라는 사실을 깨달았습니다. 그렇게 공부의 가치와 의미를 갖게 되었습니다.

그전에는 그냥 남들과 경쟁하는 공부였습니다. 그런데 그 공부가 주님을 섬기는 도구라는 생각이 들자 인생의 자리가 잡히기 시작했습니다. '나중에 훌륭한 사람이 되어서 하나님의 일을 해야지' 하는 마음이 아니었습니다. 진리가 딱 깨달아지는 그 순간부터 내가 범사에 주를 섬기는 마음으로 살아갈 수 있다는 사실이 깨달아지니 너무나 감격스러웠습니다. 그때부터 공부가 얼마나 행복했는지 모릅니다. '공부를 행복하게 하니까 성적이 좋았다' 이런 말이 아닙니다. 공부를 하는 눈이 달라졌습니다. 비록 작은 공부지만 주께 하듯 했습니다. 주를 위하여 공부하고, 주의 도움을 받으며 공부하고, 주님 때문에 공부하는 것입니다. 그렇게 중심이 바뀌니까 삶이 살아나기 시작했습니다. 그것이 영생입니다. 죽어 있던 의미 없는 일들이 주님과의 관계 안에서 재해석되기 시작하면서 생명을 가지고 꿈틀거리기 시작했습니다. 그러면서 삶을 사는 기쁨과 감격이 회복되기 시작했습니다.

업적과 성취가 없어도, 남들에게 내놓을 어떤 자랑거리가 없어도 기쁨이 밀려왔고 삶을 사는 지혜와 눈이 열리게 되었습니다. 이처럼 주님과 동행하고, 주께 하듯 하고, 주님 때문에 하고, 주와 함께하고, 주님 도움 받아 하고, 그렇게 주와 동행하는 그 삶이 신앙생활의 핵심입니다.

이런 분별력들이 떨어지기 때문에 오늘 조국은 남들이 보기에 보람 있는 일만 하고 싶어 합니다. 남들이 보기에 괜찮아 보이는 일들로 자신의 가치를 평가하려 합니다. 그러나 주님이 계시면 어디든지 천국 같은 삶, 이것이 신앙생활의 핵심입니다.

우리나 에녹이나 다 죄를 갖고 태어났습니다. 우리는 다 죄의 대표급입니다. 한 나라를 대표해도 될 만큼 악한 자로 태어났습니다. 따라서 에녹에게도 혼란이 있었을 것입니다. 그가 하나님과 동행하며 눈과 뜻과 마음을 맞추고 살아 있는 기쁨을 누리는 과정에서 어떤 일이 있었을까요? 왜곡되어 있는 수많은 하나님에 대한 개념, 죄가 와서 깨뜨려 놓은 수많은 하나님에 대한 개념들이 다가왔을 것입니다.

"하나님은 내가 원하는 것은 다 못하게 하고 하나님이 원하는 것만 하라고 하시는 분인 것 같습니다. 내가 싫어하는 것만 하라고 하셔서 마음이 어렵지만 하나님은 절대자이시기 때문에 어쩔 수 없이 따라야 합니다. 하나님은 나를 진짜 행복하게 해 주실 것 같지 않습니다." 절대자에 대한 이러한 왜곡된 견해들 때문에 치열한 자기와의 싸움, 자기 부정, 자기 죽음을 통과하며 동행했던 에녹의 300년을 생각해 보십시오.

여러분은 믿음으로 하나님과 동행하기 위해 자기를 부정하는 게 뭔지 아십니까? 나를 위해 하나님을 이용하는 것이 아니라 하나님의 하나님 되심을 알고 그분의 뜻과 마음을 맞추기 위해 나를 부정하는 게 뭔지 아십니까? 그리고 자기를 부정하는 그 자리에 천국이 임하는 것을 보신 적이 있습니까? 가정에 누구든지 은혜를 먼저 깨달은 사람들이 먼저 잘 죽으면 천국이 오는 것입니다.

믿음으로 하나님과 동행한 에녹처럼 우리도 범사에 주와 함께 동행하기를 소망합니다. 주께 하듯이 평생 우리 모든 삶의 자리에서 천국과 영생의 흔적이 묻어나길 바랍니다. 그래서 의미 없던 일이 하나님을 섬기는 일이 되고, 그 일의 가치와 의미가 살아서 숨쉬기 시작하는 영생의 복을 누릴 수 있길 축복합니다.

4

하나님을 기쁘시게 하는 자 누구인가?
하나님을 기쁘시게 한 에녹

히 11:5-6

　성도인 우리들의 생애 속에서 가장 중요한 관심사와 가치는 하나님을 기쁘시게 하는 것입니다. 우리도 예수님을 만나고 믿기 전에는 주변의 많은 사람처럼 나를 기쁘게 하고 나를 행복하게 하는 데 모든 관심을 쏟으며 살았습니다. 서로 다른 배경에서 자란 남녀가 부부가 되어 한 몸을 이루고 서로를 사랑한다는 것이 하나님의 특별한 은혜인데 그 부부조차도 각자 나를 위해서 살아가고 상대방 역시 나를 행복하게 하고 기쁘게 하는 방식에 맞추기를 기대합니다.

　우리가 성도가 되고 나면 많은 변화가 있지만 그중에 가장 핵심적인 변화는 더 이상 나를 기쁘게 하는 삶을 살지 않고 '어떻게 하면 하나님을 기쁘시게 할까' 하는 것에 가치와 목표를 둔다는 것입니다. 물론 예수님을 믿는다고 해서 저절로 그렇게 되는 것은 아닙니다. 매주 설교하는 저 역시도 예수님을 믿고 나서 저절로 하나님 중심의 삶으로 바뀌었다고 말하지 못합니다. 돌아보면 '어떻게 하면 내가 편하고 행복할까'를 중요하게 생각했고 지금도 여전히 그런 생각을 하는 저를 봅니다. 그러나 타협하지 않는 것입니다.

나를 기쁘게 하거나 나를 행복하게 하는 데 생애 가치와 의미를 두지 않고 주님이 보여주신 그대로 '어떻게 하면 하나님을 기쁘시게 할까', '하나님이 좋아하시고 즐거워하시는 게 무엇일까'를 생애 가운데 가장 중요한 가치와 목적으로 삼는 것입니다. 그렇게 함으로써 이웃들을 기쁘게 하고 바르게 섬기는 그것이 우리 삶의 중요한 방식입니다.

왜 하나님은 에녹을 기뻐하시는가

성경은 에녹이 하나님을 기쁘시게 했다고 기록하고 있습니다. 그의 어떤 모습이 하나님을 기쁘시게 한 것일까요? 히브리서 저자는 그 근거로 6절에서 "믿음이 없이는 하나님을 기쁘시게 하지 못하나니"라고 말하고 있습니다. 에녹의 믿음이 하나님을 기쁘시게 했다는 것입니다. 하나님을 기쁘시게 한다고 생각하면 우리는 흔히 마더 테레사 같은 삶을 떠올립니다. 다른 사람들이 꺼려하는 일, 그래서 사람들 눈에 두드러져 보일 수밖에 없는 훌륭한 일을 하는 모습을 떠올립니다. 그러나 성경이 말하는 '하나님을 기쁘시게 하는 삶'은 어떤 일을 하느냐에 달려 있는 것이 아니라 그 일을 믿음으로 했다는 것에 있습니다. 믿음이 없이는 어떤 일을 해도 하나님께 기쁨이 될 수 없습니다. 반대로 믿음으로 하면 어떤 일이라도 하나님께 기쁨과 감격이 될 수 있습니다.

로마서 5장에서는 하나님을 영화롭게 하는 방법도 '믿음'이라 말합니다. 이 말은 그저 불교가 "나무관세음보살" 하면서 어떤 주문을 외우듯 우리도 "믿음으로 믿음으로" 이렇게 외워야 한다는 것이 아닙니다. 이 말 속에는 사람의 본성을 잘 보여주는 의미가 내포되어 있습니다. 우리는 모태에서부터 죄인으로 태어납니다. 그렇기 때문에 우리 내면에 악함과 부패와 죄성이 우리 인생의 제일 본질적인 문제입니다.

예수님은 신앙 생활한다는 명분 아래 열심히 손을 씻고 죄인들과 함께 어울리지 않으면서 자기를 거룩하게 지킨다고 여기는 유대인들을 향해서 "입으로 들어가는 것이 사람을 더럽게 하는 것이 아니라 입에서 나오는 그것이 사람을 더럽게 하는 것이다." 하고 말씀하셨습니다. 이 말씀인즉 사람이 가지고 있는 문제의 근원은 어머니의 태에서부터 우리가 가지고 태어난 부패하고 악하고 타락한 본성에 있다는 것입니다. 이처럼 타락한 본성을 가진 우리가 최선을 다하고 어떤 훌륭한 일을 한다 해도 하나님께 기쁨이 되지 못한다는 것입니다. 우리 내면에서 진정한 변화가 있기 전에는 우리가 어떤 일을 할지라도 하나님을 기쁘시게 할 수 없습니다.

믿음으로 사는 것이 하나님을 기쁘시게 하는 이유는 자신의 부패와 악함을 전심으로 인정하기 때문입니다. 자신의 최선을 가지고 하나님께 나아가거나 하나님을 설득시키려 하지 않고 우리 밖으로부터 오는 예수님의 완전한 공로와 그것에 근거한 하나님의 은혜를 의지하는 그 믿음으로 나아갈 때 하나님은 기뻐하시고 즐거워하십니다. 그렇지 않으면 우리의 악한 본성으로 인해 우리가 어떤 업적을 가지고 나아가도 하나님을 전혀 기쁘시게 할 수 없습니다. 하나님의 부요한 은혜를 전심으로 의지하는 그 믿음으로 범사에 행하는 것이야말로 하나님께 큰 기쁨이 되는 것입니다.

믿음으로 말미암는 구원과 삶을 가르칠 때 기독교가 그저 여러 종교 가운데 최고로 좋은 것을 가르치고 있다고 생각하면 안 됩니다. 기독교는 단 하나밖에 없는 길을 가르치고 있습니다. 그것은 하나님을 인정하고 바르게 사는 하나밖에 없는 길입니다. 믿음으로 구원받아 평생을 사는 이 길 외에는 하나님과 바른 관계 안에 사는 길이 전혀 없습니다.

세상이 우리를 보고 "왜 너희만 옳다고 하느냐?" 하고 아무리 조롱해도 이 주제에 관해서는 절대로 한 걸음도 뒤로 물러서거나 타협할 수 없습니다. 기독교는 이 세상에 단 하나밖에 없는 길을 가르치는 유일한 종교입니다. 사람이 구원을 받고 또 구원받은 존재로서 하나님을 기쁘시게 하며 영화롭게 하는 길은 오직 믿음으로만 가능합니다. 그런데 오늘 조국 교회는 믿음으로가 아니라 세상이 감동할 만한 큰일을 해야만 하나님을 기쁘시게 하는 것처럼 자꾸 오해합니다.

다시 한 번 강조하시만 믿음으로 사는 삶이 아니고는 하나님을 기쁘시게 할 수 없습니다. 남들 보기에 아무리 훌륭해 보여도 믿음으로가 아니면 아무런 가치가 없습니다. 우리 자체가 이미 부패와 악함을 가지고 있기에 하나님께 기쁨이나 영광이 될 수가 없습니다.

거기 계시며 말씀하시는 하나님을 믿다

성경은 믿음의 대상과 내용을 분명하게 말해 주고 있습니다. 히브리서는 그중에서 두 가지를 강조합니다. 우리는 무엇을 믿어야 합니까? 6절을 보면 "믿음이 없이는 하나님을 기쁘시게 하지 못하나니 하나님께 나아가는 자는 반드시 그가 계신 것과"라고 기록되어 있습니다. 모든 신앙의 기본은 하나님이 계신 것을 믿어야 한다는 것입니다. 어찌 보면 이상한 표현입니다. '하나님이 계시니까 하나님께 나아가는 거 아닌가?', '예배와 기도를 드릴 때 하나님 계시니까 드리는 것이 아닌가?' 이렇게 생각할 수 있습니다. 그런데 한 걸음 더 깊이 들어가 보면 이 말씀은 '하나님이 어딘가에 계신다'라고 막연하게 생각하는 믿음을 말하는 것이 아닙니다.

히브리서 기자가 유대인들에게 이 표현을 썼을 때 유대인들이 무엇을 느꼈을지 생각해 봅니다. "하나님이 계신 것과"를 영어 성경으로 보면 "Who he is"라고 되어 있습니다. 유대인들은 이 표현을 들었을 때 모세에게 나타나신 하나님을 떠올렸을 것입니다. 하나님이 모세에게 나타나셨을 때 모세가 이스라엘 백성들에게 하나님을 누구라고 말해야 할지 묻자 하나님께서는 "I Am Who I Am"이라고 말씀하셨습니다.

우리가 하나님이 계신 것을 믿을 때, 우리 쪽에서 먼저 믿어주고 인정해 줌으로써 존재하시는 하나님을 믿는 것이 아닙니다. 우리보다 먼저 계셨던 하나님, 우리를 비롯한 모든 만물이 존재하도록 만드신 존재의 근원이신 하나님, 모세가 믿었고 그 시대에 사람들이 모두 믿었던 그 하나님을 믿는 것입니다.

프란시스 쉐퍼(Francis A. Schaeffer)는 "거기 계시며 말씀하시는 하나님"이라는 표현을 제일 좋아했습니다. 이처럼 우리가 하나님께 나아갈 때는 만세 전부터 거기 계시고 우리에게 말씀하시고 찾아오시는 하나님이 계신 것을 믿는 것입니다. 이 신앙의 고백은 기독교가 생긴 이래부터 지금까지 똑같습니다. 동서고금을 막론하고 모든 시대에 진실한 성도들은 그와 똑같은 신앙고백을 합니다.

우리가 믿어야 할 대상과 내용의 두 번째는 "또한 그가 자기를 찾는 자들에게 상 주시는 이심을 믿어야 할지니라"입니다. 하나님은 자신을 찾는 자들을 얼마나 좋아하시는지 그런 자들을 빈손으로 돌려보내지 않으십니다. 이 말씀 뒤에는 자신을 찾는 자들의 손에 반드시 무언가를 들려 보내고 싶어 하시는 하나님의 성품에 대한 신뢰를 가지고 살기 원한다는 의미가 내포되어 있습니다. 우리가 마음을 담아 우리의 목소리로 하나님을 찾고 부를 때 너무 좋아하셔서 상 주시기를 즐거워하시는 분이신 줄 믿어야 한다는 것입니다.

우리가 죄인으로 태어나 겪는 중요한 문제 중 하나는 하나님에 대한 왜곡입니다. 우리는 세상에 살면서 우리가 습득한 지식으로 하나님을 평가하려고 합니다. 우리는 이 땅에서 힘 있고 탁월한 어떤 존재를 만나기가 얼마나 어려운지 다 경험하고 있습니다. 그래서 하나님께 나아갈 때도 '하나님이 우리 같은 미물을 받아주실까' 하는 생각을 하기도 합니다. '내가 좀 탁월하고 특별하면 하나님이 내게 관심을 주시겠지만 평범하고 보잘것없는 지금의 나 같은 사람에게 하나님이 반응하실까' 하고 생각하는 것입니다.

그러나 성경은 우리에게 그렇게 말하지 않습니다. 하나님은 하나밖에 없는 아들의 몸을 가지고 우리를 찾아오신 분이십니다. 우리는 이해할 수 없지만 하나님은 그 넘치는 사랑으로 우리를 사랑하시고 존귀하게 여기십니다. 하나님을 찾는 자라면 누구도 예외 없이 상 주시기를 좋아하시는 분이라는 믿음으로 나아갈 때 정말 상을 주신다는 것입니다.

하나님은 우리가 주님을 찾고 믿고 신뢰할 때 기뻐하십니다. 하나님이 주신 그 귀한 은혜와 예수님의 완전한 공로를 붙들 때 좋아하십니다. 세상에서 힘 있고 능력 있는 사람이 우리를 대하는 것과는 너무 다릅니다. 하나님이 우리 같은 미물을 얼마나 극진히 사랑하고 아끼시는지를 믿음으로 알고 그분 앞에 나아갈 때 하나님은 기뻐하시고 영광을 받으십니다. 잠언과 예레미야에서도 이것을 말해 주고 있습니다.

"나를 사랑하는 자들이 나의 사랑을 입으며 나를 간절히 찾는 자가 나를 만날 것이니라"(잠 8:17).

"여호와의 말씀이니라 너희를 향한 나의 생각을 내가 아나니 평안이요 재앙이 아니라 너희에게 미래와 희망을 주는 것이니라 너희가 내게 부르짖으며 내게 와서 기도하면 내가 너희들의 기도를 들을 것이요 너희가 온 마음으로 나를 구하면 나를 찾을 것이요 나를 만나리라"(렘 29:11-13).

우리는 이 말씀을 읽다가 보통 한두 번 기도해 보고 안 되면 하나님께 나아가기를 멈추곤 합니다. 이 세상을 살아가며 습득한 지식으로 하나님을 바라보며 마음으로 낙심합니다. 저도 이 본문을 대하면서 많이 넘어졌습니다. '기도 응답을 받지 못하는 이유가 내가 하나님을 찾기는 찾는데 간절히 찾지 못해서 그런 게 아닌가?' 생각되었습니다. '내가 하나님을 구하고 있는데 전심으로 구하지 않기 때문에 응답되지 않는 게 아닌가?' 의심이 되었습니다. '하나님이 원하는 간절함, 하나님이 원하는 전심이라는 기준에 내가 못 미치고 있기 때문에 하나님이 내게 응답하시지 않는다'고 생각되는 좌절과 눌림이 너무 많았습니다.

그런데 성경을 연구하면서 바르게 보게 되었습니다. 하나님이 우리에게 주시는 "간절히 나를 찾으라"는 말씀은 '하나님이 원하시는 수준이 채워져야 응답하신다' 이런 이야기가 아니라 한두 번 기도해 보고 안 되면 말고 하는 식으로 포기하지 말라는 것입니다. 하나님이야말로 나의 하나밖에 없는 길이다 생각하고 그분을 찾고 부르짖을 때 하나님은 기쁘게 상을 주시고 가장 좋은 것들로 공급해 주시기를 조금도 주저하지 않으신다는 것입니다. 주님은 로마서를 통해 이런 말씀을 주셨습니다.

"자기 아들을 아끼지 아니하시고 우리 모든 사람을 위하여 내주신 이가 어찌 그 아들과 함께 모든 것을 우리에게 주시지 아니하겠느냐"(롬 8:32).

성경은 "모든 것"이라고 표현합니다. 에베소서 1장에서도 "하나님 곧 우리 주 예수 그리스도의 아버지께서 그리스도 안에서 하늘에 속한 모든 신령한 복을 우리에게 주시되"(엡 1:3)라고 말하고 있습니다. '일부', '조금', '어떨 때' 이렇게 말하지 않고 '하늘에 속한 모든 좋은 것'들을 주셨다고 성경은 말합니다.

하나님은 우리가 일한 공로와 자격 때문이 아니라 예수님 안에서 넘치도록 풍성하게 우리의 모든 쓸 것을 채워주십니다. 우리가 믿음으로 하나님을 즐겁게 하고 하나님을 영화롭게 할 때 하나님은 우리에게 모든 좋은 것들로 상 주시기를 기뻐하십니다. 그렇다면 하나님이 주시는 상은 무엇일까요? 창세기 15장에서 하나님이 아브라함에게 이렇게 말씀하십니다. "아브라함아 나는 너의 큰 상급이라"

하나님은 자신을 우리에게 상급과 보증으로 주십니다. 또한 하나님은 우리가 찾고 두드리면 가장 좋은 것을 주시는데 바로 성령입니다. 성령은 우리가 하나님의 자녀이고 백성이라는 확신을 주십니다. 우리가 성경 안에 기록돼 있는 말을 그냥 지식으로만 아는 것이 아니라 성령의 능력과 나타남 안에서 이 말씀이 믿어지고 붙들어지는 확신과 견고함을 주십니다. 우리의 모든 죄와 불의를 씻어 도말하시는 하나님의 용서에 대한 확신을 주십니다. 우리가 이 땅을 사는 동안 하나님 나라에 가서 누릴 안식과 참된 복의 첫 열매를 맛보게 하십니다.

신앙생활은 막연한 어떤 것들을 붙드는 삶이 아닙니다. 전체에 비하면 너무나 작은 부분이지만 하나님은 성령을 통해 우리가 얻게 될 그 안식과 복의 일부를 맛보게 하십니다. 또 그 첫 열매를 경험하게 하시므로 우리가 믿는 바가 얼마나 견고한지 알 수 있도록 이 땅과 하나님 나라에 필요한 모든 필요를 공급하십니다. 이 공급은 때를 따라 한 치의 오차도 없는 공급입니다. 하나님은 그분의 나라에 안전하게 데려가시려고 사망을 이기는 생명의 권능을 우리에게 허락하십니다.

돌아보면 우리에게 주어진 모든 것이 다 공짜입니다. 우리가 노력해서 받은 것이 아닙니다. 주님이 어느 날 주신 것입니다. 너무나 귀한 우리의 배우자와 자녀들이 그렇습니다. 하나님은 자녀들을 우리와 너무나 닮은 모습으로 주십니다. 마치 우리가 만든 것처럼 기가 막히게 직접 빚으신 수많은 것들을 우리에게 상으로 주시기를 기뻐하십니다.

지금 우리가 사는 사회를 보십시오. 5천년 역사 가운데 제일 영광스러운 시대를 살고 있습니다. 그런데 사람들을 붙들고 "행복하십니까?" 물어보면 고개를 절레절레 흔듭니다. 물질적으로 풍성하고 세계에서 손꼽히는 나라가 됐지만 사람들은 여전히 자신을 진정으로 행복하게 하는 방법이 무엇인지 모릅니다. 너무나 많은 사람들이 자기에게 해가 되는 행복을 취합니다. 자기만의 행복, 자기 가족만의 행복을 추구합니다. 남들은 피눈물이 나도 나만 행복하면 되는 것처럼 자꾸 생각하며 삽니다. 결과적으로 그것이 자기를 해하는 방식인 줄 모르고 살아갑니다.

우리가 물질을 흘려서 남들에게 나누어 줘도 하나님께 가면 또 받을 줄 아는 사람이 되었으면 좋겠습니다. 부들부들 떨면서 자꾸 취하기만 하는 것이 아니라 흘려보내는 사람이 되길 바랍니다. 지금 이 시대는 하나님을 인정하고 영화롭게 하며 그분을 생애 첫 자리에 두고 믿음의 삶을 살아감으로써 하나님을 기쁘게 하고 세상을 치료하는 사람이 필요합니다. 장관 하나둘 바꾸고 사람들을 감옥에 보내서 벌을 더 엄하게 하면 죄악이 근절되는 그런 시대가 아닙니다. 복음이 와서 내면을 바꿔야 정말 회복이 되고 변화된 내면을 따라 사는 사람이 나와야 이 땅이 치료되는 것입니다.

우리는 긍휼하심을 받고 때를 따라 돕는 은혜를 얻기 위하여 은혜의 보좌 앞에 담대히 나아가야 합니다. 그래서 하나님을 기쁘게 하고 땅을 살리는 바른 방법으로 살아야 합니다.

하나님은 각 사람에게 다양한 부르심을 주셨다

히브리서 11장의 서두에 두 인물이 등장했습니다. 아벨과 에녹, 둘 다 똑같이 믿음으로 인생을 살았습니다. 두 사람 모두 하나님을 기쁘시게 하고 영화롭게 하는 복된 삶을 살았습니다. 그런데 한 명은 죽었습니다. 하나님이 에녹처럼 아벨도 보호하셨다가 데려가실 수 있었을 텐데 아벨은 살인을 당해 죽었습니다. 세상이 성도들을 어떻게 대하는지 보여 주시면서 하나님은 아벨을 데려가십니다. 반면 에녹은 아벨과 똑같이 믿음으로 살았는데 그런 고통 없이 데려가십니다. 사람들은 대부분 다 에녹처럼 살다가 하나님이 데려가셨으면 좋겠다고 생각할 것입니다.

조국 사회를 보고 있노라면 사람들에게는 답이 하나밖에 없는 것 같습니다. 모든 아이들이 어느 대학, 어느 회사를 들어가고 싶어 합니다. 길이 전부 하나밖에 없습니다. 그러나 하나님은 각 사람에게 얼마나 다양한 부름을 주셨는지 모릅니다. 그 다름을 통해서 하나님을 마음껏 기쁘게 하고 하나님을 마음껏 영화롭게 할 수 있다고 생각하지 못하고 한쪽 길로만 가려고 합니다.

하나님의 꽃밭에는 꽃이 한 가지 종류만 있는 것이 아닙니다. 하나님은 각 사람들을 다 영화롭게 하십니다. 잘 믿는 아내에 잘 믿는 자식, 세상적으로 잘 되는 배우자나 자식만 복 받았다고 믿어서는 안 됩니다. 나는 그런 사람을 많이 봤지만 닮고 싶지 않았습니다. 그런 사람들은 밋밋합니다. 고생도 좀 하고 실패도 한 사람들을 보면 얼굴은 좀 험상궂게 생겼지만 맛이 있습니다.

하나님은 공평하신 분입니다. 하나님은 절대로 사람을 외모로 취하는 법이 없습니다. 각 사람을 너무나 영화롭고 존귀하게 하십니다. 아들의 보혈의 값을 지불하고 우리를 샀습니다. 세상은 끝없이 등수를 매기고 사람을 차별하고 상위 3%를 제외하면 있으나 없으나 한 인생처럼 잣대를 대지만 하나님은 그렇지 않습니다. 상위 3%의 사람들도 귀하지만 나머지 97%도 정말 존귀하고 영화롭게 여기십니다. 그렇기 때문에 아들을 죽여 가면서까지 우리를 살리신 것입니다. 한 사람도 평범한 사람은 없습니다. 성경 어디에서도 한 사람이 두 사람 몫의 가치를 가졌다고 말하지 않습니다. 어제까지 어떤 악한 삶을 살았을지라도 오늘 믿음으로 새로운 삶을 살 수 있습니다.

분열과 갈등을 조장하는 세상에서 조금도 의심 없이 하나님의 부르심을 인식하고 하나님이 계신 것과 그분이 자기를 찾는 이들에게 상 주시는 이심을 믿음으로 세상을 살아가기 바랍니다. 하나님을 영화롭게 하고 기쁘시게 하는 것이 모든 성도의 부름인 줄 알고, 세상의 잣대와 평판으로 나를 평가하기를 멈추길 바랍니다. 범사에 믿음의 삶을 살며 진정한 존귀와 영광이 여러분과 이웃들에게 풍성하게 임하는 은혜가 있기를 바랍니다.

5

하나님을 깊이 사랑하면 경외와 순종이 흘러나온다
믿음으로 순종하며 방주를 지은 노아

히 11:7, 창 6:8-17

노아는 우리가 잘 아는 대로 온 세상을 멸망시킨 홍수로 유명합니다. 노아 시대의 홍수는 그저 자연재해이거나 혹은 기상 이변에 의해 일어난 것이 아닙니다. 성경에서는 이것을 사람의 죄와 악함에 대해 오래 참아 오셨던 하나님이 그 죄를 심판하신 사건이라고 말합니다. 하나님은 오래 참으시는 분입니다. 아담이 죄를 지었을 때 바로 심판하지 않으시고 짐승의 가죽을 벗겨서 그 허물과 죄를 덮어 주셨고 아담이 바로 멸망하지 않도록 여자의 후손으로 말미암는 구원의 소망을 주셨습니다.

가인이 동생 아벨을 쳐서 죽였을 때도 하나님은 그 악한 죄를 바로 심판하지 않으시고 형벌이 너무 무겁다고 불평하는 가인에게 표를 주셔서 생명을 부지하게 도와주십니다. 가인의 후손 라멕처럼 지극히 사소한 개인적인 감정 때문에 사람들의 생명을 앗아간 패역한 사람들을 하나님은 오랫동안 참아 오셨습니다. 이런 하나님을 보고 사람들은 '하나님은 죄까지도 문제를 삼지 않으시나 보다', '하나님은 그냥 사랑만 하시나보다' 이렇게 생각하지만 성경은 하나님이 죄를 반드시 심판하신다고 말합니다.

하나님은 우리를 위해 아들도 십자가에 못 박혀 죽게 하실 만큼 우리 생명 하나하나를 귀하게 여기시지만 끝까지 죄를 돌이키지 않는 자들을 향해서는 반드시 심판하십니다. 그 증거가 바로 노아 사건입니다. 하나님이 친히 만드신 이 세상, 너무나 사랑하고 오래 참으시고 아끼셨던 세상이지만 그 죄악으로 인해 하나님은 결국 심판과 형벌을 내리십니다. 노아의 홍수 사건은 신화나 자연재해가 아니라 죄에 대한 하나님의 경고와 심판과 진노를 보여 주는 살아 있는 사건입니다.

'믿음으로'의 핵심은 무엇인가

노아 사건을 통해 하나님은 우리에게 심판으로부터 사는 단 하나밖에 없는 길을 가르쳐 주십니다. 어떤 악한 죄인이라도 죄 중에 멸망하지 않고 보호받고 생명을 얻게 되는 하나의 길, 그것은 바로 '믿음으로'입니다. 우리가 가진 어떤 자격, 행위, 공적, 쌓아 올린 업적이 아니라 하나님이 은혜로 주시는 그 귀한 생명의 길을 믿음으로써 심판으로부터 구원받는다는 것이 성경이 세상을 향해 선포하는 하나밖에 없는 길입니다. 이것은 구약 시대부터 지금까지 변함이 없습니다. 우리가 믿음으로 구원받는다고 할 때 그 믿음의 내용이 무엇인지 노아는 우리에게 보여 줍니다.

"믿음으로 노아는 아직 보이지 않는 일에 경고하심을 받아 경외함으로 방주를 준비하여 그 집을 구원하였으니 이로 말미암아 세상을 정죄하고 믿음을 따르는 의의 상속자가 되었느니라"(히 11:7).

노아는 보이지 않는 일에 대해 경고를 받았음에도 그대로 믿고 순종했습니다. 그 보이지 않는 일이란 이것이었습니다. 창세기 6장을 보면 하나님은 죄를 먹고 마시는 세상을 보시며 사람 지으셨음을 한탄하셨습니다. 그래서 사람과 가축과 기는 것과 공중의 새까지 홍수를 일으켜 땅과 함께 다 멸하겠다고 노아에게 경고의 메시지를 주셨습니다. 노아가 이 경고를 받았을 때만 해도 심판이라는 것에 대해 상상도 할 수 없었던 시대입니다.

당시는 사람이 800~900년을 살던 시대였기 때문에 '죽는다'는 말이나 '심판'이라는 말이 가슴에 와 닿지 않았을 것입니다. 그러니 모두를 죽이시겠다고 하신 하나님의 경고를 받아들이기는 더욱 어려웠을 것입니다. 더군다나 얼마만큼의 비가 와야 세상을 다 멸할 정도가 되는지 상상도 못할 그런 시대였습니다. 이처럼 보이지 않는 것들에 대한 경고를 노아는 믿음으로 순종했습니다. 경험해 본 적도 없고, 도무지 그림으로 그려지지도 않고 예측도 되지 않는 일이지만 하나님이 말씀하시기 때문에 믿고 순종했다는 것입니다.

하나님은 모두를 심판하실 것이지만 방주 안에 들어가는 사람과 짐승은 살릴 것이라는 구원의 약속을 주십니다. 그런데 하나님이 지으라 하신 방주는 실로 어마어마한 크기였습니다. 성경에 나오는 '규빗'이라는 단위는 사람의 손끝에서부터 팔꿈치까지 정도의 길이와 같습니다. 몸이 큰 편인 서양 사람들 기준으로 보면 50cm 정도 되는 길이입니다. 하나님이 지으라 명령하신 방주는 그 길이만 300규빗이었습니다. 오늘날로 치면 약 135m입니다. 폭은 약 23m, 높이는 약 14m 정도 되는 엄청난 크기의 배였습니다.

그런데 그 배를 지으라 하신 장소가 바닷가나 물가가 아니라 노아가 살고 있던 내륙지방의 뭍이었습니다. 노아는 하나님의 명령에 따라 그 배를 120년 동안 짓습니다. 하루 이틀도 아니고 1, 2년도 아니고 120년 동안이나 어마어마한 배를 짓게 하시고 심판과 방주를 통한 구원의 약속을 주셨을 때 노아는 믿음으로 순종했습니다.

'믿음으로'의 제일 중요한 핵심은 무엇일까요? '우리가 받아들일 만한가?', '하나님이 우리가 경험하고 납득할 만한 세계 안에 있는 말씀을 하고 계시는가?', '환경과 여건이 주님이 말씀하시는 대로 될 것 같은가?' 하는 것이 믿음의 전제가 아닙니다. 하나님이 말씀하셨다는 것 빼고는 노아가 믿고 받아들일 수 있는 근거가 아무것도 없지만 그는 하나님께서 말씀하셨기 때문에 말씀하신 대로 믿었습니다.

　기독교 신앙의 핵심은 '우리의 상식과 경험의 범주 안에서 충분히 받아들일 만한가?', '우리 사회가 보편적으로 동의할 만한가?'에 있지 않습니다. 우리는 하나님께서 성경을 통해 말씀하시기 때문에 그 말씀대로 믿는 것입니다. 저는 우리 성도들이 신앙의 연수가 더해질수록 자신의 경험으로 판단하는 수준으로 살지 않기를 바랍니다. 비록 모든 상황이나 주변이 지지하지 않는 것 같아도 하나님이 말씀하시기 때문에 어린아이처럼 단순하게 믿는 신앙으로 변화되기를 기도합니다.

　신앙생활을 30년, 50년 하고 나니 더 이상 새로울 것도 없고 그래서 마치 다 아는 것처럼 살아가는 것이 아니라 세월이 흐르면 흐를수록 하나님의 말씀을 향한 어린아이 같은 단순한 마음이 있기를 바랍니다. 이것은 말씀을 맹목적으로 따르거나 목사의 말을 무조건 따르라는 말이 아닙니다. 성경이 정말 그렇게 말하는지 상고하고 하나님의 말씀이 정말 그렇게 가르치는지 분별해낸 후 그것이 틀림없으면 누가 뭐라 해도 그 말씀에 자신의 생을 다 드리고 맡기며 사는 것입니다. 그것이 기독교가 말하는 믿음입니다.

　우리가 살고 있는 이 시대는 정말 교만한 시대입니다. 사람들이 자신의 생각을 꺾으려고 하지 않습니다. 자기 세계 안에서 자기의 경험과 생각대로 판단하는 참으로 악한 시대입니다. 이런 때에 하나님이 말씀하시면 그게 무슨 내용이든지 믿고 우리의 전인격을 담아 반응해야 합니다. 말씀에 맡겨 사는 삶이 세월이 갈수록 더해지면서 신앙이 성숙해져

가는 것입니다.

　노아는 자신의 귀에 즐겁고 행복한 말씀만 가려내서 받아들인 것이 아니라 하나님의 말씀 전부를 믿었습니다. 제가 지난 30년 동안 조국 교회를 섬기면서 늘 느끼는 두 가지 아픔이 있습니다. 성도들이 너무나 성경을 읽지 않고 너무나 성경을 모른다는 것입니다. 그저 귀로 듣고 아는 피상적이고도 사전적인 지식만 있지, 이 말씀이 살아서 내게 찾아오는 것 같은 은혜와 영광이 어떤 것인지를 너무 모릅니다.

　예수를 믿은 지 30~50년 되었는데도 30독, 50독 한 성도들을 만나기가 어렵습니다. 저는 여러분이 1년에 성경 1독 하는 것을 절대 만족스러워하지 않는 목사입니다. 적어도 여러분이 1년에 3~4독은 해야 한다고 봅니다. 그런데 신앙생활을 30~50년 한 성도들 중에서도 성경을 30~50독 한 사람들을 찾기가 너무나 어려워진 것이 오늘날 조국 교회의 현실입니다.

　말씀대로 믿어야 하는데 말씀을 읽지 않으니 말씀대로 믿지 못하고 자기 소견에 옳은 대로 믿을 뿐 아니라 세상의 이야기들을 걸러 내고 분별하는 지각도 열리지 않는 것입니다. 게다가 이 시대에 가장 나쁜 정신 중 하나는 자기 소견에 옳은 대로 말씀을 가려낸다는 것입니다. 성경 전부를 믿는 것이 아니고 성경 중에 자기가 믿고 싶은 것만 믿으려고 합니다. 귀에 듣기 좋은 이야기, 자기 소견에 옳다고 여겨지는 것만 받아들이려고 하기 때문에 예수님을 오래 믿었는데도 아직도 자아가 살아서 꿈틀거립니다.

오늘 우리가 사는 이 시대는 참 패역한 시대입니다. 하나님의 말씀 앞에 자기를 굴복시켜 본 사람들을 만나기가 너무 어렵고 자기 귀에 좋은 말만 하는 선생을 모시고 이 땅을 살아갑니다. 자기가 동의할 수 있는 것만 믿고 그렇지 않은 것은 믿지 않는, 모든 기준을 자신에게 맞추며 살아가는 시대입니다.

믿음은 말씀의 전부를 믿는 것입니다. 노아는 보이지 않는 것들에 대해 하나님께서 말씀하셨을 때 그 전부를 어린아이처럼 단순하게 믿고 경외함으로 방주를 준비했습니다. 제가 성경 안에서 제일 좋아하는 단어가 '경외'라는 단어입니다. 이 경외는 많은 사랑이 만들어 내는 두려움입니다. 노아는 하나님이 말씀대로 살지 않으면 불이익을 주실 까봐 두려워서 순종한 것이 아니라 하나님을 정말 깊이 사랑함에서 나오는 경외함으로 순종했습니다.

그는 하나님의 말씀을 들을 때 하나님이 자기를 얼마나 사랑하시는지를 알았습니다. 그래서 동일하게 하나님을 사랑하고 경외하는 마음으로 말씀을 듣고, 들은 말씀대로 될 줄을 믿고 복종하여 방주를 지었습니다. 도무지 어떤 가능성이나 흔적도 보이지 않는 120년의 시간을 하나님의 말씀 하나 붙들고 경외하는 마음으로 방주를 만든 것입니다.

앞서 우리가 보았던 아벨은 믿음의 제사를 드림으로써 신앙생활의 출발이 무엇인지 보여 주었고 에녹은 그 신앙을 끝까지 지키며 계속 하나님과 동행하는 삶을 보여 주었습니다. 그리고 노아는 믿는 대로 살고 행동하는 믿음의 열매를 보여 주고 있습니다. 만일 노아가 홍수가 날 것을 믿는다 하면서 방주를 만들지 않았다면 그것은 믿는 것이 아닙니다.

믿음은 반드시 행위를 수반하게 됩니다. 주변에서 수많은 사람들이 "역사 이래 한 번도 그런 일이 없었는데 어째서 그런 어리석은 일을 하느냐?" 하며 그를 조롱하고 비웃었지만 그는 하나님의 말씀을 믿었기에 방주를 만들었습니다. 행위나 공로로 구원받는 것은 절대로 아니지만 성도의 믿음에는 행위가 분리되지 않고 반드시 붙어 있습니다. 믿음에 행위를 더하는 것이 아님을 다시 한 번 강조합니다. 믿음과 행위는 같아야 하는 것입니다.

믿음을 따르는 의의 상속자가 되라

우리는 믿음으로 사는 것이 어렵다고 핑계를 대서는 안 됩니다. 오늘 조국 교회의 많은 성도들이 삶의 현장에서 겪는 어려움 때문에 믿음을 포기하고 사는 것을 당연한 것처럼 생각합니다. 일터에서는 믿음으로 사는 것이 불가능한 것처럼 살면서 신앙생활을 교회 와서만 합니다. 기독교는 절대로 그런 것을 지지하지 않습니다.

여러분의 삶의 자리에서 수고가 많이 따르지만 믿는 바대로 직장생활을 하시기 바랍니다. 사람들을 다른 눈으로 보고 여러분의 일상을 다른 근거와 기준을 가지고 행하는 것입니다. 성경은 이렇게 믿는 믿음의 결과가 무엇인지 히브리서 11장 7절을 통해 말해 줍니다.

"…이로 말미암아 세상을 정죄하고 믿음을 따르는 의의 상속자가 되었느니라"(히 11:7).

성도의 삶에는 반드시 두 가지가 따르게 됩니다. 하나는 믿음으로 살지 않는 자들에 대한 정죄이고 또 하나는 믿음으로 말미암는 의의 상속입니다. 사람들이 방주를 짓고 있는 우리에게 묻습니다. "왜 방주를 강이나 바닷가가 아닌 뭍에다 짓습니까?" 그럴 때 우리는 "온 땅에 비가 내리므로 하나님의 진노와 심판을 면하지 못할 것입니다"라고 설명해야 합니다.

그들에게 복음을 증거함으로써 그들의 삶을 정죄하는 것입니다. "돈 벌고 자식 낳고 사람들에게 인정받고 사는 게 전부가 아닙니다. 하나님의 심판대가 우리를 기다리고 있습니다. 우리를 심판하실 하나님이 계시고 그분이 우리의 생을 반드시 한 번 심판하실 것입니다. 그때 그 심판을 면할 길은 믿음으로 방주를 지으며 하나님이 주신 은혜를 의지하는 것뿐입니다."라고 말하는 것입니다.

우리는 세상이 말하는 윤리와 도덕으로 사는 사람이 아닙니다. 세상이 인정하는 정도의 수준으로만 살지 않습니다. 우리 마음의 중심을 다 보시는 하나님이 받으실 만하게 삽니다. 사람들은 외적인 것만 보고 평가하기를 좋아하지만 우리는 그렇게 살지 않습니다.

남들이 여러분에게 말하는 것은 아무 가치도 없습니다. 목회하면서 사람들의 판단이라는 것이 손바닥 뒤집는 것 같은 것을 숱하게 봐 왔습니다. 자기 마음에 들면 간이고 쓸개고 다 빼주다가도 조금만 마음에 안 들면 온갖 나쁜 일을 일삼는 것을 숱하게 봐 왔습니다. 이런 현실에 우리 삶을 어떻게 맡길 수 있겠습니까? 우리에게는 하나님의 재판이 있다는 것을 명심하십시오. 세상 사람들은 자기 판단과 타인의 판단에 모든 것을 다 빼앗기지만 여러분은 그렇게 살면 안 된다고 세상을 정죄해야 합니다.

형제들 중 아내 몰래 주식투자 하는 사람들이 있다면 제발 하지 마십시오. 그렇게 해서 패가망신하는 사람들을 많이 봤을 뿐 아니라 그렇게 수천 단위의 돈을 투자해서 이윤이 많이 생기면 여러분에게 복이 되지 않습니다. 우리는 절대 그렇게 세상을 사는 사람들이 아닙니다. 땀 흘리고 노력하고 하나님의 눈앞에서 하나님을 의식하고 두려워하면서 이 땅을 살아가고 정말 하나님을 믿기 때문에 세상과 다르게 이 땅을 살다가 하나님 앞에 의를 상속받는 것입니다.

믿음으로 살았기 때문에 의롭다 여겨지는 것이지 믿음으로 살면 당연히 의로워지는 것이 아닙니다. 의를 상속받는 것입니다. 그것도 우리의 것이 아닌 그분의 것을 상속받는 것입니다. 우리가 땀 흘려 쌓은 것이 아닌데도 예수님의 완전한 공로로 이룬 귀한 유산을 우리가 상속받는 은혜를 누리게 되는 것입니다.

믿음으로 사는 것은 종교적으로 산다는 말이 아닙니다. 믿음으로 사는 것이 제일 참되고 바르게 사는 것입니다. 아들을 못 박아 죽이시면서까지 우리를 구원하신 하나님이 정말 우리에게 주시고 싶은 풍요와 참된 삶은 세상처럼 돈과 명예와 지위를 가지고 자꾸 사람을 판단하는 그런 껍질에 붙어 있는 삶이 아닙니다. 내면과 외면이 하나가 되고 영생이라고 부르는 삶으로 우리를 초대하는 것이 믿음으로 사는 삶입니다. 이 복된 삶에 들어와 있으면서도 아직도 믿음으로가 아니라 자기 경험과 자기 판단이 낳은 돈과 명예로 자신을 평가하는 어리석은 자들이 있습니까? 믿음으로 사시기를 바랍니다.

진정한 구원이 있고 하나님이 주시는 의의 상속이 있는 삶을 사시기 바랍니다. 세상이 여러분과 저를 보면서 '이렇게 살아서는 안 되겠구나' 하며 깨닫도록 믿음으로 사는 귀한 복이 여러분 모두에게 있게 되기를 바랍니다.

2부

'다른 삶'으로 부름 받은 인생들

6

우리는 '다른 삶'으로 부름 받은 사람들이다
갈 바를 알지 못하고 나아간 아브라함

히 11:8, 창 12:1-4

아브라함은 믿음의 조상으로서 성경에 나오는 가장 중요한 인물 중에 한 명입니다. 성경에서는 창세기 50장 중 10장이 아브라함을 다루는 내용으로 할애되어 있습니다. 히브리서 11장도 무려 12절이나 할애하여 다룰 만큼 아브라함은 믿음에 관한 한 아주 중요한 인물입니다. 그는 또한 인류의 대다수로부터 칭송을 듣는 인물로서 유대인, 무슬림, 기독교인들에게 사랑과 인정을 받는 특별한 사람입니다. 무엇보다 아브라함을 다룬 내용에서 눈여겨봐야 할 것은 하나님이 창세기 11장까지 인류를 전체로써 대하셨으나 이후에는 아브라함과 그 후손, 소위 한 민족과 나라를 선택하셨다는 점입니다.

하나님은 노아 때 홍수를 통해 사람들을 심판하셨고 바벨탑 사건을 통해 사람의 언어를 혼잡하게 하시는 일을 하셨습니다. 그런데 창세기 12장에 와서 하나님은 아브라함이라는 한 사람을 택하시고 그를 통해 또 이스라엘이라는 나라를 택하시고 그 사람과 나라를 통해서 전 인류를 섬기는 놀라운 구원의 섭리를 보여 주십니다. 그 중심에 서 있는 인물이 바로 아브라함입니다.

하나님이 우리를 부르실 때

아브라함의 믿음의 삶의 시작은 하나님의 부르심이었습니다. 그의 나이 75세에 하나님이 부르시기 전까지 아브라함은 당시 사람들과 다름없이 마치 예수님을 믿지 않는 이 시대 사람들처럼 살았습니다. 우상을 섬기며 종교와 신앙은 가졌지만 그것은 자기를 위한 신앙일 뿐이었습니다. 내세나 하나님에 대한 생각 없이 그저 이 땅에서의 자기 행복과 만족을 위한 삶을 꾸준히 살아왔습니다. 그런 그에게 하나님이 찾아오시고 간섭하십니다.

우리도 마찬가지입니다. 우리의 신앙의 출발도 하나님이 찾아오시고 간섭하시면서 시작되는 것입니다. 우리가 기독교라는 종교를 선택하면서 신앙이 시작된 것이 아니라 우리 삶에 하나님이 찾아오셔서 다른 삶으로 우리를 부르시는 것입니다. 로마서 8장에서는 성도들에 대해 "우리가 알거니와 하나님을 사랑하는 자 곧 그의 뜻대로 부르심을 입은 자들"(롬 8:28)이라고 표현하고 있습니다. 하나님은 만세 전부터 우리를 예정하사 우리를 위한 뜻을 가지고 계셨습니다. 오랜 세월 동안 우리를 기다리시며 품으셨던 목적과 계획을 한순간 우리 삶에 적용하시며 우리를 불러내십니다. 다른 이웃들과 똑같이 살아가던 우리의 생활방식에서 우리를 불러내시는 것입니다.

하나님이 우리를 부르신 것은 우리를 향한 뜻과 목적이 있기 때문입니다. 하나님은 우리를 한꺼번에 뭉뚱그려 부르신 것이 아닙니다. 각 개인마다 하나님의 특별한 뜻과 계획에 따라 부르심을 받았습니다. 때문에 남들이 말하는 보편적인 성공이 아니라 '우리를 향한 그 부르심을 받들어 섬겼는가' 하는 것이 정말 중요합니다.

자녀 양육이든, 직장 생활이든 하나님이 우리를 평가하시는 기준은 자녀의 성공이나 연봉이 아니라 하나님이 우리를 부르실 때 가지고 계셨던 그 뜻을 잘 알고 얼마나 기쁘게 감당하며 이 땅을 살아가는가에 있습니다. 우리는 남들의 인정을 받는 삶이 아니라 하나님과 살아 있는 교제가 있는 다른 삶으로 부름을 받은 사람들입니다. 하나님이 어디로 부르고 계시는지 아십니까? 그리고 그 부르심을 받들어 섬기는 기쁨을 가지고 살아가십니까?

하나님이 아브라함을 부르실 때처럼 모든 사람에게도 하나님의 부르심은 두 가지 형태로 나타납니다. 하나님은 아브라함을 부르시며 이렇게 말씀하십니다.

"여호와께서 아브람에게 이르시되 너는 너의 고향과 친척과 아버지의 집을 떠나 내가 네게 보여 줄 땅으로 가라"(창 12:1).

이 말씀을 통해 알 수 있는 하나님의 부르심의 두 가지 형태는 '떠나라'와 '가라'입니다. 하나님은 아브라함에게 고향과 친척과 아버지의 집을 떠나라고 말씀하십니다. 고향은 태어나고 자란 곳입니다. 내게 가장 익숙하고 생각만 해도 안식과 쉼을 주는 곳입니다. 그런데 하나님은 그 익숙한 곳을 떠나라고 말씀하십니다. 믿음의 삶으로 부르심 앞에서 우리가 가장 먼저 해야 할 것은 '떠남'입니다. 우리에게 익숙하고 믿음을 사용하지 않아도 될 그 환경을 떠나는 것입니다.

두 번째로 하나님은 친척들을 떠나라고 하십니다. 친척은 단순히 친지들만을 가리키는 것이 아니라 그동안 자라면서 가졌던 모든 인간관계, 즉 서로 사귀어 친하게 된 사람들, 도움이 필요할 때 도와줄 사람들, 친구와의 우정 관계 등을 떠나라는 것입니다. 이들은 하나님 없이 세상을 살아갈 때 만들어졌던 관계들입니다. 그들이 있으면 내 삶에 도움이 될 것 같은데 하나님은 그들을 떠나라고 하십니다.

믿음의 삶에 도움이 되지 않는 인간관계에 얽혀서 살지 말고 잃어도 되는 것처럼 두고 떠나라는 것입니다. 사실 이것은 우리가 신앙생활을 하면서 겪는 가장 큰 어려움 중의 하나입니다.

저도 하나님이 제 인생에 본격적으로 간섭하신 대학교 2학년 때 가장 괴로웠던 점이 친구들을 잃을까 하는 두려움이었습니다. 신앙생활도 더 열심히 할 수 있겠고 선교사로 헌신하는 것도 두렵지 않았는데 친구들과의 관계를 떠난다는 것은 너무나 어려웠습니다. 하나님이 제 삶에 간섭하시기 전에는 친구들과 어디든지 자유롭게 갈 수 있었습니다. 그런데 하나님이 제 삶에 들어오시자 더 이상 친구들과 자유롭게 다닐 수 없었습니다. 친구들이 하는 행동, 말투, 노래도 따라 할 수 없었습니다.

하나님은 우리 믿음의 삶을 격려해 주지 못하고, 만나고 오면 오히려 우리 삶에 고통을 주고 심령을 상하게 하는 사람들로부터 떠나라고 말씀하십니다. 심지어는 아버지의 집으로부터도 떠나라고 말씀하십니다.

한국처럼 가정이 중요한 사회에서 아버지의 집을 떠나라는 말씀은 정말 어려운 주제입니다. 물론 이것이 부자지간의 관계를 끊으라는 말씀은 아닙니다. 그러나 우리 삶에 결정적이고도 중요한 사람들일지라도 우리 신앙에 걸림돌이 된다면 그들을 떠나야 한다는 것입니다. 하나님의 부르심이 올 때 우리는 주저하지 말고 떠나야 합니다. 떠나야 할 대상이 부모님 혹은 자식일지라도 우리는 떠나야 합니다.

우리가 믿음의 결단을 하고 신앙생활을 하려 할 때 사랑하는 사람들이 큰 장애물이 될 때가 있습니다. 저도 고등학교 때부터 교회를 다니기 시작한 후 마음에 결정이 섰을 때 아버지께 더 이상 제사에 갈 수 없다고 말씀드렸습니다. 그때 아버지의 반응이 40년이 지난 지금도 생생합니다. 제 성씨는 희귀 성씨일 뿐 아니라 가문에 남자 또한 적었습니다. 아들이 둘 이상 되는 가정이 드물 정도로 남자 손이 귀한 집안이었습니다. 그런 집안에서 아들을 데리고 제사를 지내러 가는 것은 아버지의 자랑이자 기쁨이었습니다. 그런 아버지 앞에서 제사를 가지 않겠다고 했을 때 그 표정이 잊히지 않습니다.

아브라함이 살던 시대도 혈연으로 뭉쳐진 사회에서 고향을 떠나 어디로 간다는 것은 많은 어려움과 위험을 감수해야만 했습니다. 그런데 이 말씀이 우리에게도 임할 수 있다는 것을 잊지 마십시오. 그렇다고 우리가 이 땅을 사는 동안 그 모든 유익을 무조건 다 포기하라는 것은 아닙니다. 하나님은 우리가 위로를 받고 힘을 얻도록 그들을 선물로 주신 것이 맞습니다. 그러나 하나님을 향해 믿음으로 살아가는 삶 가운데 때로 하나님이 떠나라고 말씀하신다면 우리는 두려워하지 말고 지체 없이 떠나야 합니다.

우리는 떠나서 하나님이 지시할 곳으로 가게 됩니다. 지시한 곳이 아니라 지시할 곳입니다. 고향과 친척과 아버지의 집을 떠나는 것도 어려운 데 갈 바를 보여 주지 않으신다는 것입니다.

한 걸음 나아가야 그 다음 걸음이 보이는 삶

하나님은 전부를 다 말씀해 주시지 않습니다. 많은 사람들이 다 믿음으로 살기를 원하면서도 믿음으로 사는 삶의 본질이 어떤 것인지 모르기 때문에 사람들이 중요한 순간에 자꾸 넘어집니다. 사람들은 어떤 일을 결정할 때 그림이 그려져야 하고 앞길에 대한 전망이 보여야 합니다.

그런데 믿음으로 사는 삶은 그런 삶이 아닙니다. 하나님은 아브라함에게 "떠나라", "가라" 하는 말씀은 정확하게 해 주셨는데 "어디로", "어떻게" 가야 하는가는 구체적으로 말씀해 주시지 않으셨습니다. 때가 되면 말씀해 주시고 때가 되면 길이 보일 테니 지금 떠나라고 말씀하십니다. 그래서 많은 사람들이 어려움을 겪고 믿음으로 사는 삶을 자주 실패하게 됩니다.

하나님은 우리에게도 아브라함처럼 갈 곳을 알려주지 않으시면서 "가라"고 말씀하실 때가 많습니다. 하나님은 한 걸음 나아가야 그다음 걸음이 보이는 삶으로 우리를 인도하십니다. 하나님의 말씀을 붙들고 산다는 것은 세상의 방식으로 볼 때 안전하지 않습니다. 세상이 말하는 안전한 방식은 손을 뻗으면 닿을 곳에 돈이 있어야 합니다. 우리가 생각하는 대로 인생이 흘러가야 합니다. 그런데 하나님은 그 길을 쭉 찢어 놓으십니다.

믿음으로 사는 삶을 살 때 제일 어려운 것은 전망을 내려놓는 것입니다. 우리 미래에 대한 전망을 내려놓고 하나님 말씀 하나만 붙드는 삶으로 우리가 부르심을 받았기 때문에 어렵기도 하고 불안정합니다. 여러분 중에 하나님이 "가라"고 하셨는데 어디를 가라고 하시는지 모르기 때문에 보여 주실 때까지 기다리고 계신 분이 있습니까? 그렇다면 "가라" 하실 때 보여주신 그 하나 붙들고 한 걸음 더 뛰어 보십시오. 그러면 다음 걸음이 또 보일 것입니다.

하나님이 이런 식으로 우리를 인도해 가시는 이유가 무엇일까요? 하나님이 우리에게 기대하시는 삶이 믿음으로 사는 삶이기 때문입니다. 예측이 가능하기 때문에 우리가 그 일을 선택하는 것이 아니라 하나님이 말씀하셨기 때문에 하나님을 의지해 그 삶을 선택하는 것입니다. 상황이 그것을 선택하기에 가능해서가 아니라 우리를 너무나 사랑하셔서 자신의 아들까지 십자가에 내어 주신 하나님께서 네게 말씀하셨기 때문에 그분을 믿는 믿음으로 선택하는 것입니다.

하나님이 우리가 믿음으로 살기를 얼마나 원하시는지 보십시오. 우리가 모든 상황에서 하나님을 인정하고, 하나님이 말씀하시면 두려워하지 않고 믿음으로 나아가는 것을 하나님은 기뻐하십니다. 이런저런 예측 가능한 두려움이 있지만 하나님이 말씀하시면 그 말씀 하나를 붙들고 첫발을 디디는 것입니다.

하란 땅이 주는 문명의 혜택과 많은 기회와 보호로부터 배제되는 것이 두렵지만 그럼에도 불구하고 하나님을 신뢰하고 믿음으로 나아갈 때 하나님이 주시는 복이 있습니다. 하나님의 부르심은 복으로의 부르심입니다. 창세기 12장 2-3절에서 하나님은 그 복에 대해 이렇게 말씀하십니다.

"내가 너로 큰 민족을 이루고 네게 복을 주어 네 이름을 창대하게 하리니 너는 복이 될지라 너를 축복하는 자에게는 내가 복을 내리고 너를 저주하는 자에게는 내가 저주하리니 땅의 모든 족속이 너로 말미암아 복을 얻을 것이라 하신지라"(창 12:2-3).

세상이 가장 좋아하는 것이 안전이고 복인데 그것으로부터 떠나야 진정한 안전과 복이 있다는 것입니다. 이것이 우리가 믿는 바이고 세상을 향해 선포하고 가르쳐야 할 것입니다. 왜 이렇게 믿음이 중요한가, 왜 믿음으로 사는 것이 결정적인가 하면 떠날 때 떠나고 가야 할 때 가야만 복이 있기 때문입니다. 이 복은 나만 받는 복이 아닙니다. 나에게만 좋은 복도 아닙니다. 나를 통해 남도 복을 받고 이를 통해 민족과 열방과 전 인류가 하나님의 복 안으로 들어오게 됩니다.

세상의 보편적의 삶의 방식과 다르고 많은 위험과 불안을 감수하면서까지 우리가 믿음으로 나아가야 하는 이유는 나를 넘어서 모든 열방과 땅끝까지 하나님이 주시는 복을 누리기 위함입니다. 때문에 우리 각 사람의 믿음으로 사는 삶은 너무나 중요합니다.

안전과 보장을 선호하는 현대의 삶을 한번 보십시오. 소수의 안전과 보장을 위해 얼마나 많은 다수가 경쟁에서 밀려나 도태되는지, 그리고 그것이 얼마나 당연시 여겨지는지 사회를 보십시오. 요즘처럼 잘 먹고 잘 사는 시대가 오천 년 역사 이래 언제 또 있었습니까? 그런데 이런 사회 어디에 기쁨과 만족과 격려와 감동이 있습니까? 나의 안전은 보장되는 것 같지만 대부분 그것들은 남의 피눈물 위에 담보되어 있는 것입니다. 더 나아가 나의 안전도 완벽히 보장되지 않습니다.

우리가 남들이 인정하는 보편적인 수준으로만 산다면 그것은 직무유기입니다. 한 명 한 명이 믿음으로 정확하게 하나님 옆에 붙어 있어서 떠나야 할 곳을 떠나고 가야 할 곳으로 신실하게 움직이기 시작하면 하나님이 약속하신 그대로 복을 주십니다. 그리고 그 복과 은혜는 나만 배불리는 복이 아니라 이웃들도 함께 누릴 수 있습니다. 이 세상은 보장과 안전에 대한 신화를 끝없이 꿈꾸며 추구하지만 하나님 말씀처럼 물을 가두지 못하는 웅덩이를 파는 것일 뿐입니다. 그러나 하나님을 믿는 성도들이 믿음으로 살면 터지지 않는 영생의 샘을 갖게 됩니다.

온 세계가 알아줄 만큼 부요해졌어도 이렇게 불안정한 나라에서, 너무나 많은 고통의 눈물들이 흘려지는 사회 안에서, 눈물의 골짜기를 샘의 곳으로 바꾸어 내는 그 모든 힘들은 믿음으로 사는 성도들로부터 나옵니다. 우리가 믿음으로 사는 것은 정말 중요한 시대적인 부름입니다.

지금 어떤 삶을 살고 있습니까? 내가 잘 되기를 바라는 복의 수집가들입니까? 아니면 하나님의 은혜를 흘려보내는 복의 분배자들입니까? 우리 모두가 복의 근원으로서의 합당한 삶을 살아야 이 땅이 치료되는 영광을 보게 됩니다. 여러분 모두가 하나님의 부르심 앞에 절대로 머뭇거리지 않고 '떠나고', '가는' 귀한 믿음의 삶을 살아주시기를 바랍니다.

7

약속의 땅에도 아픔과 시련이 있을 수 있다
약속의 땅에서 기근을 만난 아브라함

창 12:10-20

아브라함은 하나님의 부르심에 믿음으로 반응하여 고향과 사람들과 아버지의 집을 떠나 주님이 지시할 곳으로 떠났습니다. 그런데 그 지시할 땅, 곧 약속의 땅으로 갔을 때 그곳에 무엇이 있었습니까?

"그 땅에 기근이 들었으므로"(창 12:10).

아브라함이 많은 대가를 지불하고 찾아간 약속의 땅에는 기근이 기다리고 있었습니다. 오직 하나님의 말씀 하나 붙들고 주저 없이 떠나온 길입니다. 그것도 미리 말씀해 주신 게 아니라 순간순간의 지시하심을 따라간 것인데 그 땅에 기근이 든 것입니다. 약속의 땅에 기근이 들다니 있을 수 있는 일입니까? 성경은 이 말씀을 통해 약속의 땅이 더 풍요롭고 많은 것들이 보장돼 있는 곳이 아니라 기근과 궁핍과 질고와 아픔의 땅일 수 있다는 것을 말해 주고 있습니다.

우리는 오랫동안 기복신앙의 전통을 따라 살아왔습니다. 그래서 습관적으로 '하나님의 말씀을 잘 따르면 하나님이 복을 주셔서 우리를 잘되게 하실 것이다'라고 기대합니다.

궁극적으로 보면 틀린 기대는 아닙니다. 하나님은 그 과정이 어떠하든지 우리가 하나님의 말씀에 순종하며 살 때 충만한 은혜와 복을 이 땅에서도 경험하게 하십니다. 그런데 그 과정에 기근이 든 것입니다. 하나님의 말씀을 따라 살아가는데 궁핍이 찾아오고 시련과 문제가 일어납니다. 이것은 말씀을 따라 살아가는 성도들의 삶에 실제적으로 일어나는 현상입니다.

기근을 만난 아브라함이 선택한 것

기독교는 우리가 하나님의 말씀을 따라 살면 어려움과 시련이 저절로 극복된다고 말하지 않습니다. 약속의 땅에 말씀 하나 의지해 갔는데도 궁핍이 있고 아픔과 시련이 일어날 수 있다고 말합니다. 더 중요한 것은 약속의 땅에서 만난 기근을 어떻게 받아들일 것인가 하는 점입니다. 약속의 땅에서 기근을 만난 아브라함이 선택한 것은 무엇입니까?

"그 땅에 기근이 들었으므로 아브람이 애굽에 거류하려고 그리로 내려갔으니 이는 그 땅에 기근이 심하였음이라"(창 12:10).

아브라함은 약속의 땅을 떠나 애굽으로 내려갔습니다. 애굽은 주변의 모든 곳이 기근으로 궁핍할 때도 나일강의 범람으로 인해 도무지 기근을 모르는 풍요의 땅이었습니다. 성경에 따르면 아브라함은 "거류하려고" 내려갔습니다. 애굽에 집을 짓고 살 작정으로 간 것이 아니라 나그네처럼 잠시 머물다 오려고 내려간 것입니다.

지금 당장 먹고살 것이 없는 이 어려움만 피하고 나면 다시 약속의 땅으로 돌아올 작정이었습니다. 어찌 보면 아브라함은 그저 자기에게 익숙한 대로 행동했을 뿐입니다. 하나님의 부르심을 입고 떠나오긴 했지만 믿음의 삶을 시작한 지 오래되지 않았던 그에게 철저하게 믿음으로 사고하고 행동하는 것은 익숙하지 않았습니다. 그런 그가 당장 먹고살 것이 없어서 먹을 것이 많은 애굽으로 내려간 것은 보통 사람들이 하는 것처럼 단순하고 자연스러운 행동이었습니다.

그런데 참 평범해 보이는 그의 행보를 믿음의 렌즈로 다시 보면 결코 작게 여길 일이 아닙니다. 가나안이 어떤 땅입니까? 하나님이 말씀으로 부르시고 초대한 약속의 땅입니다. 먹고 사는 것과 환경을 중요하게 여기던 그의 삶 속에 하나님이 말씀으로 개입하시고 부르심과 약속을 주시면서 보낸 땅이 가나안입니다. 그런데 그곳에서 먹고 사는 것이 어려워지자 그 약속을 뒤로하고 현실적인 문제를 해결하는 곳으로 가고 있습니다. 그는 지금까지 해 왔던 대로 자신의 방법을 따라 길을 선택했습니다. 불신자들 중에 이런 아브라함의 선택을 비난하고 욕할 사람은 아무도 없을 것입니다. 그러나 주님의 부름을 받고 믿음의 세계로 들어온 성도의 삶은 이전과 똑같은 방식으로 움직여서는 안 됩니다.

아브라함의 선택은 어리석은 것이었습니다. 비록 기근이 들었지만 가나안은 하나님이 약속하신 땅입니다. 따라서 그가 당면한 상황은 하나님의 말씀을 적용하고 믿음을 사용할 수 있는 절호의 기회였습니다. 삶이 그저 자동적으로 잘 살아진다면 믿음이 구체적으로 사용되지 않아도 되겠지요. 그러나 지금 아브라함이 처한 상황은 하나님을 인정하고 믿음을 적용할 수 있는 절호의 상황입니다. 그런데 아브라함은 약속을 붙들지 않고 너무나 쉽게 애굽을 선택해 버립니다. 물론 가장으로서 그가 느끼는 책임감도 무시할 수 없었을 것입니다. 하지만 그럼에도 불구하고 그는 그 기근의 때에 하나님이 여전히 자신의 백성들과 함께하신다는 것을 배웠어야 했습니다.

아브라함이 믿음으로 가나안을 향해 떠나왔지만 믿음은 그렇게 한 번 행함으로 끝나는 것이 아닙니다. 본격적인 믿음의 삶은 이제부터 시작되는 것입니다. 하나님을 인격적으로 만나게 된 사람은 더 이상 이전처럼 살 수 없습니다. 하나님을 만나기 전에는 애굽에 가도 상관없지만 성도가 된 후로도 그런 선택을 하게 된다면 우리는 더 큰 아픔을 겪게 됩니다.

약속의 땅을 떠나 세상 사람들과 똑같은 방식을 선택한 아브라함에게 기다리고 있는 것은 무엇이었습니까? 겉보기에는 기근이 있는 가나안 땅이 더 나빠 보였는데 말씀과 약속이 있는 그곳을 떠나 왔더니 훨씬 더 위험한 상황이 기다리고 있었습니다.

그가 내려온 애굽은 아내가 아리따우면 그 여자의 남편을 죽여서라도 자기 여자로 삼는 무법의 땅이었습니다. 아리따운 아내 사라를 취하기 위해 아브라함의 목숨 하나 제거하는 것쯤은 문제도 되지 않는 사회였습니다. 그곳에서 아브라함은 누구의 도움도 받을 수 없는 뜨내기일 뿐입니다. 게다가 가나안 땅에서 하나님의 약속을 붙들며 기근을 통과하지 못한 아브라함이 애굽에 내려가서 하나님을 의지할 리 만무합니다. 그는 상황이 위험해지자 더 자기 방식대로 문제를 해결하려 합니다. 위기의 상황에서 그가 생각해 낸 대안이 무엇입니까?

"그가 애굽에 가까이 이르렀을 때에 그의 아내 사래에게 말하되 내가 알기에 그대는 아리따운 여인이라 애굽 사람이 그대를 볼 때에 이르기를 이는 그의 아내라 하여 나는 죽이고 그대는 살리리니 원하건대 그대는 나의 누이라 하라 그러면 내가 그대로 말미암아 안전하고 내 목숨이 그대로 말미암아 보존되리라 하니라"(창 12:11-13).

이 모습이 진정 아브라함 맞습니까? 남자로서 아내에게 할 말이 있고 안 할 말이 있는데 지금 아브라함이 아내에게 하는 말은 한마디로 "네 덕 좀 보자"입니다. "당신이 애굽의 어떤 남자에게 가든지 관계없이 내가 당신 때문에 보호를 받았으면 좋겠다" 하는 의미입니다. 이것이 믿음의 사람으로서, 남편으로서 할 수 있는 말입니까? 세상의 어지간한 남편도 이 정도 수준은 아닐 것입니다. 믿음을 사용해야 할 성도들이 믿음을 사용하지 못하면 이렇게까지 어두워질 수 있습니다.

두려움을 피하는 것이 정말 안전한 길인가?

신앙은 종교적인 세계에서만 훌륭한 사람을 만들어 내는 것이 아닙니다. 신앙은 삶 전체에 바른 균형을 가진 사람을 만들어 냅니다. 가정에서나 직장에서나 교회에서나 균형을 가지고 조화롭게 살아가는 것이 바른 신앙의 삶입니다. 그런데 믿음의 삶을 시작한 아브라함은 너무나 뜻밖에도 아내의 위험과 상처를 담보로 한 어리석은 선택을 또 한 번 하고 있습니다. 아내 사라는 남편 하나 보고 고향과 사람들을 떠나 머나먼 이국땅까지 따라왔는데 결정적인 순간에 아내를 보호해 주기는커녕 오히려 자신의 안전만 챙기는 아브라함의 어리석은 모습입니다.

그는 지금 하나님의 약속과 계획에도 관심 없고 오로지 그저 내 한 몸의 안위만 생각하고 있습니다. 약속의 땅에서 기근을 만났을 때 믿음의 방법이 아니라 세상의 방법을 선택했더니 문제가 해결되는 것이 아니라 문제가 더 꼬이고 더 악한 상황으로 치닫고 있습니다.

저는 오늘 조국 교회의 현실도 이런 문제에서부터 비롯되었다고 봅니다. 약속의 땅까지 잘 왔는데 먹고 사는 문제가 생기고 직장에서 시련이 오자 너무 쉽게 세상의 논리로 일을 결정해 버립니다. 나를 부르신 하나님의 목적이나 계획과는 아무 관계없이 먹고사는 일에 마음을 빼앗겨 버립니다. 범사에 하나님을 인정하지도 않고, 약속의 말씀을 붙들고 결정하지도 못합니다. 과거의 방식, 육체의 방식, 세상의 방식으로 살아가기 때문에 문제는 더 악화되고 더 큰 아픔을 겪게 되는 것입니다. 조국 교회의 문제는 단 몇 사람만의 잘못에 기인하지 않습니다. 교회와 성도들의 신앙의 체질에서부터 본질적인 변화가 있어야 합니다.

너무나 많은 부모들이 자식들이 공부를 잘해야 한다고 생각합니다. 자녀들의 존재 자체만으로도 엄청난 선물인데 부모들은 이왕 존재하는 거 더 잘사는 모습으로 존재하기를 원합니다. 욕심들이 참 많습니다. 믿음 따라, 말씀 따라, 범사에 하나님을 인정하며 사는 것이 복인데 약속의 땅에 살면서도 세상의 방법을 선택하니 모든 계획이 일그러지면서 많은 아픔이 초래되는 것입니다. 지금 아브라함의 상황이 그렇습니다. 눈여겨볼 것은 어리석은 선택을 한 직후 그에게 일어난 일입니다.

"이에 바로가 그로 말미암아 아브람을 후대하므로 아브람이 양과 소와 노비와 암수 나귀와 낙타를 얻었더라"(창 12:16).

사람들이 어리석은 선택을 하고도 그것을 돌이킬 줄 모르는 이유는 순간적으로 볼 때 더 나은 선택을 했다고 여겨지기 때문입니다. 믿음을 사용하지도 않았고 아내의 가슴을 그렇게 찢어놓으며 육체의 방법을 선택했는데 아브라함은 애굽 사람들의 호의를 받습니다. 게다가 애굽 왕은 그에게 많은 재산도 안겨줍니다. 당장 볼 때는 아브라함이 정말 선택을 잘한 것 같아 보입니다. 그래서 사람들이 잘못을 돌이키지 못한 채 어리석은 선택을 반복하는 것입니다.

교회 안에서조차 사람들은 돈과 사회적인 신분이 있어야 한다고 생각합니다. 그것을 위해 부모들은 더 좋은 대학에 보내려고 아이들을 다 그칩니다. 30대, 이 황금 같은 때에 직장에서 밤늦게까지 야근하는 것은 이해해도 교회를 섬기고 사랑하는 교우들과 밤새도록 기도하는 것은 이해하지 못합니다. 그런 것은 나중에 해도 된다고 생각합니다. 30대의 황금 같은 시간을 지금 주님 앞에 드리지 않으면 언제 하라는 것입니까?

지금 당장 내 손에 금은보화가 쥐어지고 두려움을 피한 것 같지만 그것이 정말 안전한 길이 맞을까요? 아브라함은 애굽 왕에게 자신의 아내를 누이라고 말했습니다. 맞는 말입니까, 틀린 말입니까? 사라는 아브라함의 이복동생이었습니다. 그의 말이 전적으로 틀린 말은 아닙니다.

우리는 약속의 땅에 온 사람들로서 신앙생활을 하고 있기 때문에 새빨간 거짓말은 못 합니다. 한 50% 정도만 거짓말을 할 뿐입니다. 우리의 양심을 잠재울 수 있는 정도의 거짓말입니다. 아브라함도 그랬습니다. 신앙의 양심을 잠재우고 자기를 합리화하며 50%의 진실만 붙들고 육체의 방식을 쫓아 행하였습니다. 100% 거짓말을 해야만 나쁜 사람이라고 생각하면 안 됩니다. 성도들은 100% 잘못하면서 하나님께 죄를 짓는 것이 아닙니다. 구약성경을 보면 이스라엘 백성들이 하나님을 100% 부정하지는 않았습니다. 그들은 하나님과 우상을 겸하여 섬겼습니다. 우리도 그들처럼 자신을 합리화할 적당한 핑계들을 가지고 신앙생활을 합니다.

아브라함은 애굽에서 많은 재산과 안전을 얻게 되자 자신이 얼마나 치명적인 실수를 했는지 깨닫지 못한 채 스스로를 합리화하고 있습니다. 하나님의 축복은 그런 방식으로 오지 않습니다. 바로가 주고 애굽이 주는 축복은 축복이 아닙니다. 그것은 우리를 넘어뜨리는 장애물일 뿐입니다. 아브라함의 손에는 바로가 준 재물로 가득했지만 그는 그 재물 때문에 아내를 잃었습니다. 사랑하는 아내의 가슴에 평생 남을 깊은 상처를 주었습니다. 그럼에도 사라는 아브라함을 주라고 부르며 존경했다고 하니(벧전 3:6) 얼마나 훌륭한 여자인지 모릅니다. 아브라함은 아내만 잃은 것이 아닙니다. 그의 잘못으로 인해 하나님의 그 영광스러운 부르심이 다 수포로 돌아갈 상황입니다.

하나님이 아브라함을 부르실 때 가지고 계셨던 그림은 애굽에 가서 바로가 주는 재물로 배불리는 것이 아니었습니다. 아내 가슴에 대못을 박으면서 자기만 편안하게 사는 것도 아니었습니다. 하나님은 아브라함을 통해 믿음의 자녀와 민족을 형성하고 그 민족 가운데 언약의 구주를 허락하셔서 모든 열방이 구원을 얻는 그림을 그리고자 하셨습니다. 모든 열방들이 아브라함을 통해 복을 누리는 영광을 주시고자 그를 부르신 것입니다. 그런데 그는 하나님의 약속에는 아무런 관심도 없습니다.

오히려 자신의 잘못된 선택 때문에 그 언약이 얼마나 망가지고 있는지도 모르고 자기 한 몸의 안전만 생각하고 있습니다.

하나님은 우리의 삶에 개입하신다

치명적인 실수를 한 아브라함에게 애굽 왕은 이렇게 말합니다.

"네가 어찌하여 나에게 이렇게 행하였느냐 네가 어찌하여 그를 네 아내라고 내게 말하지 아니하였느냐 네가 어찌 그를 누이라 하여 내가 그를 데려다가 아내를 삼게 하였느냐"(창 12:18-19).

세상이 하나님의 백성을 불러 놓고 말합니다. "네가 어떻게 그렇게 살고도 성도라고 말하느냐?" 바로는 "어찌하여"란 말을 세 번에 걸쳐 합니다. 세상이 교회와 성도들을 보며 마음 아파하는 것입니다. 약속의 땅에 기근이 찾아왔을 때 믿음으로 반응하고 하나님을 신실하게 의지하지 못하고 애굽으로 내려가자 모든 것이 깨어졌습니다. 하나님의 약속은 위기에 던져지고 아브라함 자신의 가정도 깨어지고 말았습니다. 그의 손에 재물이 들려 있지만 전혀 행복하지 않습니다. 그런데 놀랍게도 하나님은 아브라함을 꾸중하지 않으십니다. 우리가 비판적인 시각에서 이 상황들을 보고 있지만 창세기 12장 어디에서도 하나님이 아브라함을 혼내시는 모습을 볼 수 없습니다. "네가 선택한 길이니 네가 책임져라" 이렇게도 말하지 않으십니다. 하나님은 아브라함의 삶에 개입하십니다.

아브라함이 실패한 그곳에서 하나님은 실패하지 않으십니다. 애굽과 바로의 권력 앞에 속수무책으로 당하면서 아내를 잃어버린 아브라함이 얼마나 후회했을까요? 그는 아마도 '이 재물 다 없어도 좋으니 아내만 무사히 돌아왔으면 좋겠다' 하고 생각했을 것입니다. 그렇게 가슴을 치고 후회해 보지만 이미 때는 늦어버린 상황이었습니다.

이웃을 속인 것이면 손이 발이 되도록 빌어서라도 아내를 찾아오겠지만 절대 권력자인 애굽 왕 바로를 속인 것이기에 돌이킬 수 없었습니다. 그때 신실하신 하나님께서 간섭하시고 개입하십니다. 히브리서 11장은 이 본문을 생략하고 있습니다. 하나님이 마치 보시지 못한 것처럼, 아브라함이 믿음으로 산 것만 기억하고 계신 것처럼 그의 실수를 생략하고 있습니다.

우리도 아브라함처럼 하나님의 부르심을 받고 믿음의 길을 출발할 때 우리에게 있는 많은 것들을 포기했습니다. 그래서 우리 스스로 생각할 때 우리 안에 뭔가 남다름이 있을 것이라 생각합니다. 불신자들보다 더 많은 장점이 있을 거라 기대합니다. 그런 어리석은 기대를 하고 있는 우리들에게 아브라함의 이 사건은 하나님이 값없이 은혜로 우리를 사랑하시고 책임 있게 간섭하신다는 것을 보여 줍니다.

우리는 실패하고 넘어졌지만 하나님은 그 자리에 절대로 우리만 남겨 두지 않으십니다. 하나님은 신실하게 그 자리까지 우리와 동행하시며 우리 삶을 회복시켜 주십니다. 하나님은 우리가 당면한 질고와 아픔을 상상할 수 없는 방법으로 회복시켜 놓으시고 우리 삶을 하나님의 영광스러운 복의 통로로 빚어 가십니다.

지금이라도 믿음으로 돌이키고 살아가십시오. 내 삶에 기근이 찾아왔을 때 너무 쉽게 결정하여 애굽으로 내려가지 않고 범사에 그분을 인정하고 하나님의 약속을 붙들며 살기 바랍니다. 하나님이 기근을 주실 때는 분명한 목적과 계획이 있는 줄 알아야 합니다. 기근 때문에 눈에 보이는 하나님을 부정하거나, 50%만의 진리를 붙들고 자신을 합리화하며 살지 마십시오. 하나님을 전적으로 신뢰하고 믿음의 선택을 함으로써 기근의 때를 신실하게 감당해 내는 성도가 되기를 바랍니다.

8

잠시 머물다 떠날 나그네처럼, 그러나 목적지가 있는 나그네처럼 살라
나그네처럼 장막에 거하는 삶

히 11:8-16

성도의 삶을 한마디로 말하면 믿음으로 사는 삶입니다. 신앙생활을 처음 시작해서 주님의 품으로 갈 때까지 믿음으로 사는 것입니다. 아브라함처럼 하나님의 부르심을 받아 갈대아 우르와 하란 땅을 떠나서 약속의 땅 가나안으로 가는 과정은 참 어려운 과정입니다. 익숙한 모든 것들과 한평생 일구어 놓은 터를 버리고 떠난다는 것은 믿음으로가 아니면 불가능한 일입니다. 주님이 우리에게 그런 삶을 늘 요구하시는 것은 아닙니다. 그러나 어느 때에 주님께서 우리에게 그것을 요구하시면 우리 또한 지체 없이 떠나야 합니다. 갈 곳을 말씀해 주시지 않았지만 지시하실 것을 믿고 가라 하실 때 가는 것입니다.

이 결정 자체가 쉬운 일이 아니기 때문에 우리는 큰 믿음의 결단을 한 번만 하면 될 것이라고 생각합니다. 그런데 신앙생활이란 것이 그렇게 단순하지 않습니다. 믿음으로 결단하고 떠났다 해서 다 끝난 것이 아닙니다. 약속의 땅으로 가기만 하면 되는 것도 아닙니다. 아브라함의 삶을 보면 약속의 땅, 가나안에 들어가서도 믿음대로 사는 삶이 거듭거듭 요청되는 것을 볼 수 있습니다. 우리도 이 땅에서 호흡하고 살아가는 모든 순간을 믿음으로 살아야 합니다. 약속의 땅에서도 거듭거듭 믿음으로 살아야 했던 아브라함, 그의 삶의 방식은 어떠했습니까?

"믿음으로 그가 이방의 땅에 있는 것같이 약속의 땅에 거류하여 동일한 약속을 유업으로 함께 받은 이삭 및 야곱과 더불어 장막에 거하였으니"(히 11:9).

아브라함은 약속의 땅에 있으면서 마치 이방의 땅에 있는 것처럼 거류했습니다. 하나님이 지시하신 땅으로 가서 오래 살 사람처럼 산 것 아니라 잠시 머물다 떠날 나그네처럼 살았다는 것입니다. 그의 이러한 모습은 오늘날 조국 교회가 가진 신앙의 유형에 큰 도전을 주고 있습니다. 조국 교회를 바라보면 샴페인을 너무 일찍 터뜨렸다는 생각을 하게 됩니다. 주님의 부르심을 제대로 받들어 섬기기도 전에 하나님이 주신 수많은 복에 취해서 자꾸만 이 땅에 무언가를 짓고 싶어 하고 소유하고 싶어 하는 경향으로 성도들의 삶이 변질된 것은 아닌가 생각합니다.

우리는 이 땅에서 나그네와 외국인이다

하나님은 분명 우리 민족에게 복을 주셨습니다. 핏덩어리 같은 우리 민족을 너무나 사랑하셔서 영광스러운 날들을 참 많이 누리게 하셨습니다. 그런데 그 자리에서 우리가 어떻게 살았어야 했는지 아브라함은 우리에게 그의 삶으로 말해 줍니다.

하나님의 은혜로 주신 복을 받은 것으로 끝나는 것이 아니라 나그네와 외국인처럼 그 복을 잠시만 누리며 또다시 믿음을 사용하며 살았어야 합니다. 그런데 우리는 하나님의 복이기 때문에 누려야 한다는 신념으로 그 자리에 머물며 샴페인을 터트리고 잔치를 열었습니다. 물론 성도들도 행복을 누려야 합니다. 이 땅에서 위로를 받으며 기뻐해야 합니다. 그러나 기억할 것은 이 약속의 땅에 온 것이 전부가 아니라 더 중요한 목적이 있다는 것입니다. 아브라함은 약속의 땅을 잠시 거쳐 지나가는 이방의 땅처럼 살았습니다.

이 땅을 살아가는 동안 삶에 어떤 행복이 주어지더라도 그것은 본질이 아닙니다. 그저 잠시 이 땅에 살면서 주신 복을 통해 하나님을 영화롭게 하고 이웃들의 삶을 축복하며 나그네처럼 지나갈 뿐입니다. 이 땅의 삶은 정말 '잠시'입니다. 이 땅에서 하나님이 주신 복을 얼마나 누리든지 우리의 소속은 그분의 나라인 것을 잊어서는 안 됩니다.

"그러므로 너희가 그리스도와 함께 다시 살리심을 받았으면 위의 것을 찾으라 거기는 그리스도께서 하나님 우편에 앉아 계시느니라 위의 것을 생각하고 땅의 것을 생각하지 말라 이는 너희가 죽었고 너희 생명이 그리스도와 함께 하나님 안에 감추어졌음이라"(골 3:1-3).

우리가 약속의 땅, 가나안까지 잘 왔지만 그 땅에서 우리의 진짜 본향인 하늘의 가나안에 이를 때까지 우리는 믿음으로 나그네 삶을 살아야 합니다. 조국 사회가 풍요로워지자 사람들이 그것에 마음을 빼앗기고 교회와 성도조차도 그것에 취해 삶의 방향을 잃고 있지만 여전히 우리는 나그네입니다.

"사랑하는 자들아 거류민과 나그네 같은 너희를 권하노니 영혼을 거슬러 싸우는 육체의 정욕을 제어하라"(벧전 2:11).

이 말씀은 육체가 부추기는 욕망과 정욕들을 마음껏 사용하면서 살지 말라는 것입니다. 저는 20-30대를 지나면서 나이 지긋한 어르신들이 정말 부러웠습니다. 마음속 온갖 종류의 욕망과 정욕들이 저를 마구 흔들어 댈 때마다 '나도 빨리 나이 먹어서 저 어른들처럼 되면 좋겠다. 그러면 욕망이 아니라 하나님을 향한 순전한 소망을 가질 수 있지 않을까?' 하고 기대했습니다. 그런데 50살이 넘어도 욕망에 사로잡히는 순간이 너무 많다는 것을 깨달았습니다. 나이의 문제가 아닌 것입니다. 내 삶의 초점을 주님께 맞추고 나그네처럼 믿음을 사용하지 않으면 욕망에

휘둘려서 끝없이 이 세상에 있는 것들을 소유하려 할 것입니다. 우리는 이 땅의 나그네로서 그렇게 살아서는 안 됩니다.

아브라함은 이방의 땅에 있는 것같이 약속의 땅에 거류하면서 장막에 거주했습니다. 여기서 말하는 장막은 텐트입니다. 그는 이 땅에서 잠시 살 것이기 때문에 텐트를 치고 살았습니다.

제가 제자들교회 사역할 때 젊은이들에게 자주 하던 말이 있습니다. "제발 집 사지 마라" 이런 설교를 너무 자주 하니까 어떤 성도들은 "목사님, 집을 사지 않으면 이 대한민국에서 어떻게 살라는 것입니까?" 하고 힘들어했습니다. 저는 집의 소유를 반대하는 것이 아닙니다. 돈을 버는 도구로 집을 사지 말라는 것입니다. 이 땅에 사는 것에 안정을 느낄 정도로 살지 말라는 것입니다. 우리는 이 땅에 나그네처럼 천막을 치며 살도록 부름을 받았습니다.

하나님이 '가라' 하시면 언제든지 천막을 접고 떠날 수 있도록 우리는 준비된 마음으로 살아야 합니다. 집을 소유하게 되더라도 주님이 말씀하시면 팔고 주저 없이 떠날 수 있도록 준비되어야 합니다. 아브라함은 언제든지 펴고 접을 수 있도록 임시 거처에 살았습니다. 주님의 말씀이 떨어지면 그 말씀이 원하시는 대로 갈 수 있도록 했습니다.

우리는 이 땅에서 나그네와 외국인입니다. 그 신분에 걸맞게 하나님의 부르심을 감당하며 살아야 합니다. 우리는 부르심과 관계없이 자기 계획과 목적대로 사는 세상 사람들과 다릅니다. 집을 갖든지 갖지 않든지 관계없이 말씀하실 때 언제든지 다 접고 떠날 수 있는 마음으로 살아야 합니다.

　우리는 나그네처럼 이 땅에 살다가 주님이 떠나라 하시면 언제든지 떠날 수 있도록 내려놓을 준비, 물러날 준비, 죽을 준비, 포기할 준비, 어떤 기득권도 만들지 않을 준비가 되어 있어야 합니다. 짐이 너무 많아서, 이 땅의 삶이 얽히고 얽혀서 떠나지 못하는 일이 없도록 몸을 가볍게 해야 합니다. 소유와 소비가 보람이라고 여기는 이 땅에서 주님의 명령이 떨어지면 언제든지 갈 수 있도록 자기를 절제하는 삶을 살면서 텐트에 거해야 합니다.

우리에겐 하나님이 건축하시는 영원한 성이 있다

　장막에서의 삶은 안정과 보장이 주는 편안한 삶이 아니라 야성이 살아있는 꺼칠꺼칠 삶입니다. 성도가 야성을 잃어버리고 무언가에 길들여지면 더 이상 성도의 역할을 감당할 수가 없습니다. 우리는 이 땅에 절대로 길들여져서는 안 됩니다. 물질에 길들여지지 않고 거주지가 있음으로 보장되는 삶에 길들여지지 않고 거친 야성이 묻어 있는 삶을 선택하며 살아야 합니다. 그런데 오늘 조국 교회를 보면 목회자들부터 성도들까지 너무나 세상에 길들여져 있습니다. 목회자가 왜 타락합니까? 세상에 길들여져서 야성을 잃어버렸기 때문입니다. 아브라함이 땅과 집을 소유하는 세상적 안위에 길들여지지 않고 장막에 거하며 나그네처럼 살 수 있었던 원동력은 무엇이었을까요?

"이는 그가 하나님이 계획하시고 지으실 터가 있는 성을 바랐음이라"(히 11:10)

아브라함이 믿음으로 약속의 땅에 와 보니 가나안 사람들이 땅이란 땅은 다 차지하고 있었습니다. 아내가 죽었는데도 묻을 땅 하나 없었습니다. 낙심하고 절망할 법한 그 상황에서 아브라함은 믿음의 눈을 들어 바라봅니다. 그는 이 땅이 그림자라는 것을 깨닫습니다. 이 땅은 하나님이 주시고 싶어 하는 진짜 땅의 그림자일 뿐, 하나님이 계획하시고 짓고 계시는 견고한 도성이 따로 있다는 것을 아브라함은 믿었습니다. 자신은 터가 없는 장막에 살고 있었지만 하나님이 주시는 성은 터가 견고했습니다. 자식을 낳고 손주가 생겼는데도 그 믿음은 변하지 않았습니다.

자식이란 존재가 얼마나 우리 삶을 흔들어댑니까? '나는 고생해도 되지만 우리 자식이 나 때문에 망하는 거 아닐까?' 하는 생각 때문에 믿음으로 살기가 더 어려운 것이 사실입니다. 그 현실적인 어려움에도 불구하고 아브라함의 눈을 사로잡은 것은 하나님이 계획하시고 지으실 터가 있는 성이었습니다. 그 성은 아브라함의 텐트보다 훨씬 좋았던 가나안 사람들의 성과도 비교가 안 될 만큼 견고한 성입니다. 하나님이 건축하시고 지으실 터가 있는 영원한 성, 아브라함은 그것을 바라며 장막의 삶을 살았던 것입니다.

조국 교회가 세상에서 믿음의 본이 되지 않자 사람들은 교회가 너무 내세적인 교훈만 가르쳤기 때문이라고 비난합니다. 그러나 우리가 교회에서 내세적인 이야기를 들어본 적이 언제입니까? 눈을 들어 쇠하지 않을 영원한 도성을 바라보며 사모해 본 적이 언제입니까? 오늘날의 교회는 내세에 대한 이야기는 거의 하지 않고 현세의 책임과 어떻게 세상을 살아야 하는가에 대해서만 많이 이야기합니다.

그러나 우리는 돌아갈 집을 향한 분명한 목적을 가진 사람들입니다. 우리가 나그네와 행인으로 있지만 무턱대고 그냥 사는 것이 아닙니다. 그것은 노숙과 다르지 않습니다. 우리 삶이 노숙이나 방랑이 되지 않으려면 하나님이 말씀하신 목적지가 분명해야 하는데 우리는 그 분명한 목적지를 가진 나그네인 것입니다.

너무나 많은 것들을 약속하는 이 땅에서 우리가 어떻게 나그네처럼 살 수 있습니까? 먼저는 이 땅에서 주신 은혜와 복이 끝이 아님을 알아야 합니다. 그리고 주께서 보혈을 흘리면서까지 주고 싶어 하셨던 영원한 도성을 사모하고 우리의 신분이 그곳에 있음을 기억하며 우리의 눈을 그곳에 집중하며 사는 것입니다. 그러면 우리는 터가 있고 흔들리지 않는 견고한 성에서 깨어나는 순간을 경험하게 될 것입니다.

그날이 반드시 우리 생애에 찾아올 것입니다. 그러므로 이 땅에서 나그네와 순례자로 사는 것을 두려워하지 마십시오. 이 땅에 집을 짓는 삶이 아니라 언제든지 하나님의 사인이 떨어지면 떠나는 장막의 삶을 살아 보십시오. 그래서 매 순간 주님의 신실하신 공급과 보호와 인도와 예비하심을 직접 경험하고 느껴 보십시오. 나그네로 사는 것이 수고롭기만 한 것이 아니라 얼마나 역동적이고 감격이 있는 삶인지 깨닫게 될 것입니다.

부디 안전하게 살려고 하는 마음을 내려놓기 바랍니다. 안전과 보장을 끊임없이 말하는 이 세상에 텐트를 치고 나그네와 행인처럼 살면서, 삶의 고비마다 예비하시고 공급하시는 하나님의 역사하심을 풍성히 누리는 믿음의 삶을 살기 바랍니다. 그래서 여러분이 가는 곳곳마다 하나님의 살아계심이 선포되고 세상에 마음을 빼앗긴 사람들에게 하나님의 본향이 선명하게 드러나기를 바랍니다. 더 나아가 아브라함이 이삭과 야곱을 데리고 장막에 살았던 것처럼 여러분의 그 믿음이 대대손손 이어짐으로써 조국 교회가 회복되는 은혜가 있기를 바랍니다.

9

우리를 해석되지 않는 삶의 자리에 두실지라도
시험 당할 때 독자를 드린 아브라함

히 11:17-19, 창 22:1-14

　창세기 22장 1절은 "그 일 후에"라는 말로 시작됩니다. 이것은 두 가지로 해석할 수 있는데 먼저 '아브라함이 이전에 겪어 왔던 많은 시련과 시험 이후에'라는 의미입니다. 앞으로 보게 될 아브라함의 시련은 너무나 가혹한 시련인데 하나님이 그것을 갑자기 주신 것이 아니라 아브라함이 본토 아비 집을 떠나고 약속의 땅에서 나그네처럼 살아가는 그 모든 연단과 성숙의 과정을 거친 후에 하나님이 아브라함을 시험하셨다는 것입니다. 또 하나의 해석은 아브라함이 믿음으로 이삭을 받고 나서 하나님의 말씀에 따라 '육신으로 낳은 이스마엘과 하갈을 내어 쫓은 후에'라는 의미로 볼 수 있습니다.

　이 두 가지 일이 있은 후 하나님이 아브라함을 시험하셨다고 성경은 기록하고 있습니다. 야고보서 1장의 "하나님은 악에게 시험을 받지도 아니하시고 친히 아무도 시험하지 아니하신다"(약 1:13)는 내용과 상반되는 내용입니다. 그렇다면 이 상반돼 보이는 두 가지 말씀을 어떻게 해석해야 할까요?

하나님이 아브라함을 시험해 보시고 그 결과를 알기 위해서 그를 시험하신 것은 아닙니다. 그를 시험하지 않으셔도 하나님은 아브라함을 잘 아십니다. 하나님은 누군가를 알아보기 위해 시험하시는 분이 아닙니다. 시험의 결과로 우리에게 등급을 매기기 위해서나 우리로 죄를 짓게 해서 절망을 주려고 시험하시는 분도 아닙니다.

그러나 우리가 경험해 본 것처럼 하나님은 성도들의 믿음을 시험하십니다. 신앙의 성숙은 여러 가지 크고 작은 시험을 거치며 연단되어질 때 좋은 믿음으로 드러납니다. 하나님은 시험을 통해 우리의 신앙이 어떤 상태에 머물러 있는지, 우리의 중심이 어디를 향하고 있는지를 드러내 보이심으로 우리의 신앙을 더 정결하게 빚어내십니다. 이것은 우리를 온전한 신앙의 자리로 데려가시기 위함입니다. 한마디로 성도들에게 시험은 피할 수 없는 것입니다. 야고보와 베드로 사도는 시험에 대해 이렇게 말합니다.

"내 형제들아 너희가 여러 가지 시험을 당하거든 온전히 기쁘게 여기라"

(약 1:2).

"사랑하는 자들아 너희를 연단하려고 오는 불 시험을 이상한 일 당하는 것 같이 이상히 여기지 말고 오히려 너희가 그리스도의 고난에 참여하는 것으로 즐거워하라"(벧전 4:12-13).

여러분과 저에게 시험은 너무나 당연한 것이기 때문에 이상한 일 당하는 것처럼 여기지 말고 당연히 당해야 할 일을 당하는 것처럼 여기고 예수님의 고난에 참여하는 것을 즐거워하면서 시험을 받아들이라는 말씀입니다.

나의 전부를 요구하는 시험

아브라함은 어떤 시험을 당하고 있습니까?

"네 아들 네 사랑하는 독자 이삭을 데리고 모리아 땅으로 가서 내가 네게 일러 준 한 산 거기서 그를 번제로 드리라"(창 22:2).

아브라함에게 있어 하나님의 이 명령은 정말 고통스런 시험입니다. 이삭을 모리아에 있는 산으로 가서 번제로 드리라는 것은 이삭을 죽여서 불태워 바치라는 말씀입니다. 만일 여러분에게 눈에 넣어도 아프지 않고 너무나 여러분을 기쁘게 하는 아들이 있는데 하나님이 그 아들을 목사 삼으라고 하시면 어떻게 하시겠습니까? 목사나 사모라 해도 자기 아들을 목회자로 보내기를 두려워하곤 합니다. 딸 유학까지 보내서 공부시켜 놨더니 결혼한다고 짝을 데려왔는데 아프리카 선교사를 데려왔다면? 그런 일은 여러분에게 안 일어났으면 좋겠지요? 그런데 주님이 아브라함에게 말씀하신 것은 그 정도가 아닙니다. 아예 죽여서 불태우라는 것입니다.

아브라함에게 이삭은 삶의 전부였습니다. 100살이 넘어 기적처럼 얻은 아들입니다. 죽었다고 생각한 몸에서 태어난 자식입니다. 그 존재 가치와 사랑스러움은 누구와도 비교할 수 없는 것이었습니다. 그 소중한 아들을 불태워 바치라는 하나님의 명령은 아브라함에게 너무나 가혹했습니다.

그 말씀이 가혹한 또 하나의 이유는 이삭을 요구하시는 하나님의 명령이 하나님의 성품과 다르기 때문입니다. 하나님이 제일 싫어하시는 것이 우상숭배인데, 그중에서도 제일 싫어하시는 것이 자식을 제물로 바치는 몰렉을 섬기는 일이었습니다. 이 우상숭배는 하나님이 정말 가증하게 여기시는 행위입니다. 그런데 그 하나님께서 이삭을 제물로 바치라 하시니 아브라함으로서는 도무지 해석할 수 없는 일이었습니다. 그는 지금 상상할 수도, 예측할 수도 없는 고통에 놓여 있습니다.

히브리서는 이 사건을 해석하면서 아브라함을 가리켜 "그는 약속들을 받은 자로되"라고 말합니다. 아브라함은 하나님의 약속을 받은 자였습니다. 성경에는 그를 고향에서 불러내실 때부터 지금의 아들을 요구하시는 순간까지 하나님이 주셨던 많은 약속들이 기록되어 있습니다. 그리고 그 약속의 핵심이 이삭입니다.

아브라함에게 이삭은 하나님이 주신 모든 언약이 걸려 있는 자식이었습니다. 이삭이 자녀를 낳고 그 자녀의 후손들 중에서 그리스도가 오시고 그리스도를 통해서 민족과 열방이 주께 돌아오는 것이 하나님이 아브라함에게 주신 약속의 핵심이었습니다. 그런데 그 이삭을 죽이라는 것입니다. 이것은 아브라함을 지탱하던 모든 기둥 자체를 무너뜨리는 일이자 그의 전부를 요구하는 시험이었습니다.

하나님이 초신자들이나 신앙이 어린 사람들에게 이런 가혹한 요구를 주신다고 생각하지 않습니다. 이 시험은 아브라함 인생의 말미에, 신앙이 연단되고 자라서 이 시험이 어떤 것인지 분별할 줄 아는 때에 주셨지만 그럼에도 아브라함에게는 여전히 아프고 고통스러운 시험입니다. 살아온 인생 전부가 무너져 내리는 것 같은 시험인 것입니다.

우리에게도 이런 시험이 있을 수 있습니다. 누구에게나 이런 시험이 온다고 말하기는 어렵지만 여러분과 저에게 하나님이 이런 말씀을 하실 때가 있다는 것입니다. 우리가 가장 중요하고 결정적이라고 여기는 어떤 것들에 대해 하나님이 "얘야, 그만 이제 그것을 내려놓아야 되겠다." 하실 수 있습니다. 이것을 이미 경험한 성도들도 있고 지금 경험하고 있는 성도들도 있고 앞으로 겪을 성도들도 있겠지만 분명한 것은 도무지 해석되지 않는 일들이 우리 삶에도 찾아올 수 있다는 것입니다.

그러한 상황이 올 때 사람들은 보편적으로 어떻게 반응합니까? 대부분의 사람들은 하나님을 향해 실족합니다. "하나님이 어떻게 이렇게 하실 수 있을까? 성경을 통해 알아 왔던 하나님은 이런 분이 아니신데 하나님이 어떻게 내게 이러실 수 있을까?" 하는 하나님을 향한 상처와 원망과 실망이 마음에 찾아옵니다. 그래서 적지 않은 사람들이 하나님께 실족하면서 "하나님이 나를 그렇게 대했으니까 나도 이제 더 이상 하나님을 믿을 수 없다." 하고 자기 생각대로 반응합니다.

또 어떤 부류의 사람들은 너무나 절망스럽고 마음이 아프면서도 하나님을 원망하면 삶이 다 무너질 것 같아서 하나님을 원망하지 못하고 자기 자신을 자책합니다. "하나님이 나를 홀대하시는구나. 그분께 나는 별로 중요한 사람이 아니구나" 하는 깊은 좌절과 아픔을 갖게 됩니다. 또 다른 사람들은 그 상황을 변화시켜 달라고 부르짖기도 할 것입니다. 시험 앞에서 사람들의 반응은 이처럼 다릅니다. 아브라함은 어떻게 반응했을까요?

"아브라함이 아침에 일찍이 일어나…"(창 22:3)

하나님이 말씀하신 그 일이 이렇게 아침부터 서두를 만한 일인가요? 오랜 시간 심사숙고해서 결정해도 후회될 일인데 아브라함은 이른 새벽부터 일어나서 순종의 길로 나섭니다. 아브라함은 자기를 너무 잘 알았던 것입니다.

우리가 어떤 일에 대해 시간을 두고 결정하다 보면 얼마나 자주 후회하게 됩니까? 어려운 이들을 위해 구제헌금을 내거나, 이런저런 목적으로 하나님 앞에 재물을 드리려고 결정해 놓고도 하룻밤 자고 일어나면 "꼭 그만큼 드려야 할까?" 하는 고민이 밀려오면서 슬쩍 빼게 되는 경우가 있습니다. 우리는 조금만 틈이 주어지면 금방 타협점을 찾아내는 어리석은 존재입니다. 아브라함은 이러한 자신의 약점을 알았기 때문에 틈을 주지 않으려고 이른 아침부터 길을 떠납니다.

"제 삼일에 아브라함이 눈을 들어 그곳을 멀리 바라본지라"(창 22:4)

이삭을 데리고 모리아산까지 가는 길은 사흘의 시간이 걸리는 길이었습니다. 사흘이면 아브라함이 "도무지 이것은 못하겠어. 다른 건 하겠는데 이것은 아니야." 하고 다시 가나안 땅으로 돌아가기에 충분한 시간입니다. 하나님은 아브라함이 결정하는 즉시 도착이 가능한 지점에 이삭을 바치게 하시지 않고 사흘 길이나 떨어진 곳으로 그를 부르십니다.

아브라함이 이삭을 드릴 수 있었던 이유

하나님은 우리에게 억지 순종을 요구하지 않으십니다. 이 시험에 순종하지 않으면 어려움을 주실 거라는 생각에 억지로 행하는 것을 하나님은 기뻐하지 않으십니다. 아브라함은 그의 의지대로 얼마든지 돌아갈 수 있었지만 그러지 않았습니다. 그는 사흘이나 되는 시간의 길을 걸으며 마음속에서 끝없이 자기 자식을 죽여야 한다는 고통과 좌절을 반복해야 했을 것입니다. 그렇게 기꺼운 포기와 전적인 헌신이 담기지 않으면 갈 수 없는 그 길을 지나 아브라함은 모리아산에 도착합니다. 그리고 종들에게 이렇게 말합니다.

"너희는 나귀와 함께 여기서 기다리라…"(창 22:5).

종들이 함께 산으로 올라갔다면 아브라함이 이삭을 잡으려고 했을 때 그들이 다 말렸을 것입니다. 그렇게 되면 우리가 원하는 그림이 다 그려집니다. 아브라함은 모리아산에 이삭을 데려가서 죽이려고 했는데 종들이 말리는 바람에 어쩔 수 없이 이삭을 다시 데리고 내려오는 절묘한 그림이 그려지는 것입니다. 우리도 주님께 순종한다 하면서 마음으로는 그런 그림을 그릴 때가 있습니다. 주님을 섬기는 기쁨과 육신의 소유들이 깨지지 않는 기쁨을 동시에 만족시키는 신앙생활을 하고 싶은 것이 우리의 본성입니다.

그런데 아브라함은 그러한 자신을 잘 알기 때문에 종들을 떼어 놓고 갑니다. 그는 모든 방해물을 사전에 끊어 놓음으로써 이삭을 드리려는 선택을 끊임없이 이행합니다. 그나마 그것은 앞으로 행할 일보다는 덜 어려웠을지 모릅니다. 명령을 듣고 모리아산에 오기까지 아브라함에게 매 순간이 어렵고 힘들었지만 그것을 넘어서는 더 힘든 결정이 기다리고 있었습니다. 모리아산에 이르자 이삭이 아브라함에게 묻습니다.

"내 아버지여 하니 그가 이르되 내 아들아 내가 여기 있노라 이삭이 이르되 불과 나무는 있거니와 번제할 어린 양은 어디 있나이까"(창 22:7).

이삭의 이 질문을 받았을 때 아브라함의 마음은 무너져 내렸을 것입니다. 하나님의 말씀에 따라 사는 믿음의 삶에서 치명적인 장애물 중 하나는 '사랑하는 사람들'입니다. 아브라함의 경우처럼 하나님을 신뢰하는 삶 가운데 가장 사랑하는 사람을 마치 칼로 찔러 죽이는 것처럼 잃어야 하는 아픈 순간이 우리의 생애에도 있을 수 있습니다. 구주께서는 우리에게 이렇게 말씀하셨습니다.

"무릇 내게 오는 자가 자기 부모와 처자와 형제와 자매와 더욱이 자기 목숨까지 미워하지 아니하면 능히 내 제자가 되지 못하고"(눅 14:26).

사람들은 이런 말씀들을 볼 때마다 쉽게 안주하고 싶어합니다. 그러면서 "저는 '제자' 말고 그냥 '성도' 할게요."라고 말합니다. 그런데 '제자'와 '성도'는 같은 개념입니다. 등급이 다른 성도가 따로 있는 것이 아닙니다. 많은 조국 교회 성도들이 이렇게 말합니다. "저는 아브라함처럼 훌륭한 믿음의 사람이 안 돼도 좋으니까 그런 시험 없었으면 좋겠어요."
그런데 우리에게도 그런 시험이 찾아올 수 있습니다. 하나님이 우리를 세워 놓으시고 "너의 자식, 부모, 배우자까지도 나를 위해 포기하지 않으면 네 제자가 되지 못하리라" 하고 말씀하실 수 있습니다. 오늘날 조국 교회 성도들은 이것을 보고 "사람이 어떻게 그렇게 할 수 있나?", "내 믿음으로 어떻게 그렇게 사나?" 하면서 자기 삶을 너무나 낮은 수준으로 끌어내리고 머뭇거리며 자기만의 선택을 합리화하려 합니다. 그러나 아브라함은 이 모든 장애와 걸림돌을 다 넘어서서 하나님이 말씀하시는 자리로 나아갑니다. 성경은 아브라함의 무엇이 그것을 가능하게 했다고 말합니까?

"아브라함은 시험을 받을 때에 믿음으로 이삭을 드렸으니…"(히 11:17)

아브라함도 우리와 똑같은 성정을 가진 사람이기에 시험 앞에서 엄청난 고통과 좌절을 느꼈을 것입니다. 그럼에도 불구하고 그는 순종의 자리로 나아갔습니다. 흉내만 낸 것이 아니라 실제 칼을 들고 이삭을 죽이려 하자 하나님이 다급한 목소리로 그를 부르시며 중지시킬 만큼 그는 하나님 앞에 온전히 순종했습니다.

성경은 아브라함이 이삭을 드릴 수 있었던 이유에 대해 "믿음으로"라고 말하고 있습니다. 우리로 하여금 죄를 씻음 받게 하고, 성도가 되게 하고, 예수의 사람이 되게 하며 하나님의 자녀가 되게 하는 그 귀한 은혜의 통로인 "믿음으로" 말미암아 그가 하나님께 온전히 순종했다는 것입니다.

아브라함은 하나님으로부터 받은 수많은 약속, 이삭이 낳은 후손을 통해 예수님이 오실 것이고 그분을 통해 민족과 열방이 복을 얻을 것이라는 약속을 틀림없이 믿었습니다. 그런데 그 약속과 정면으로 배치되는 것 같은 명령이 그에게 떨어지고 전혀 이해되지 않는 상황에서 그는 무엇을 합니까? 하나님을 인정합니다. 그는 자기의 뜻과 하나님의 뜻이 다를 수 있음을 인정하고 "믿음으로" 이삭을 내어 드렸습니다. 아브라함은 하나님의 주권과 능력을 신실하게 믿었습니다. 절망적인 상황에 있지만 분명히 하나님이 주도권을 잡고 그 능력으로 어떤 일을 하고 계시리라 신뢰했습니다.

시험을 통과할 때에만 얻을 수 있는 것

우리가 시험을 통과할 때 하나님께서 주시는 가장 큰 은혜는 계시가 열리는 것입니다. 하나님의 말씀이 깨달아지고 진리가 경험됩니다. 히브리서 저자는 아브라함이 하나님께서 능히 이삭을 죽은 자 가운데서 다시 살리실 줄로 믿었다고 기록하고 있습니다. 아브라함은 이삭을 드리는 그 어려운 시험을 감당하면서 새로운 눈이 열립니다. 하나님이 이삭을 다시 살려서라도 하나님의 약속을 이루어주실 줄 믿는 그 믿음이 그에게 생겼습니다. 부활의 진리를 보는 눈이 열린 것입니다.

이 현상에 대해 신학자들이 흔히 하는 표현을 빌리자면 계시의 점진

성입니다. 하나님의 계시가 어느 시점에 한꺼번에 다 드러난 것이 아니라 점진적으로 드러났다는 것입니다. 아브라함에게, 모세에게, 다윗에게, 선지자들에게 점진적으로 드러나던 계시는 구주께서 세상에 오셨을 때 완전히 드러났습니다. 그런 의미에서 계시의 점진성의 역사상 아브라함은 맨 앞부분을 차지한다고 볼 수 있습니다. 하나님의 계시가 부분적으로만 드러난 상황임에도 아브라함은 부활을 보는 눈이 열렸던 것입니다.

우리는 구주가 십자가에 달려 돌아가시고 부활하시므로 사망의 권세를 깨뜨리고 우리에게 생명 주신 것을 선명하게 듣고 보면서도 부활을 믿지 못합니다. 그런데 아브라함은 성경도 없고 한계가 많은 구약 시대를 살아가면서도 이삭을 다시 살리실 하나님의 능력을 온전히 신뢰하고 믿었습니다. 그는 믿음을 통해 상상할 수 없는 은혜의 문들이, 계시의 영광들이 열리는 것을 경험했습니다. 선지자 이사야는 동시대 사람들을 향해 탄식하며 이렇게 하나님의 말씀을 선포했습니다.

"너희가 내 앞에 보이러 오니 이것을 누가 너희에게 요구하였느냐 내 마당만 밟을 뿐이니라"(사 1:12).

오늘날 많은 성도들이 교회 마당만 밟고 갑니다. 신앙생활은 하고 있지만 시험을 당하면 하나님을 회피하거나 자기 연민에 빠져서 육신의 방법으로 반응해 버립니다. 시험을 통해 우리의 본질을 드러내시고, 더 정결하고 영광스러운 신앙의 자리로 데려가시려는 하나님의 깊은 은혜를 깨닫지 못하고 너무나 피상적이고 습관적으로 신앙생활을 합니다. 그렇기 때문에 신앙의 성숙이 현저하게 더딜 수밖에 없습니다.

아브라함이 이삭을 드렸을 때 이삭을 데려가시지 않고 이삭을 대신할 숫양을 예비해 놓으시며 아브라함의 눈을 또 한 번 열어주셨습니다. 아브라함은 여호와 이레, 즉 하나님이 여호와의 산에서 다 준비하신다는 것을 깨닫게 되었습니다. 순종의 과정을 거치지 않았다면 도무지 들어갈 수 없는, 믿음으로 한 걸음 내딛기 전에는 보이지 않는 믿음과 계시의 영광스러운 세계로 아브라함은 들어간 것입니다.

우리도 아브라함처럼 주님이 원하시면 주저 없이 주께 드리며 다 내려놓아야 합니다. 하나님 한 분으로 충만하다는 고백을 드려야 합니다. 우리는 어리석게도 소중한 것을 잃지 않으려다 더 소중한 것들을 잃어버리는 잘못을 반복하고 있습니다.

조국 교회를 보고 있으면 하나님이 강제적으로 뭔가를 내려놓으라 하시는 것 같습니다. 우리가 그것을 스스로 하지 못하니까 강제적으로 자꾸 내려놓으라 하시는 것이 느껴집니다. 얼마나 어리석은 일입니까? 때로 하나님이 여러분을 어느 자리에 세워놓으시고 "나 하나면 충분하냐?" 물으실 때 주저 없이 내려놓고 나아갈 수 있도록 주님을 믿으시기 바랍니다. 그래서 내 눈이 열리고 하나님의 은혜의 세계가 열려지는 경험을 하게 되시기 바랍니다.

하나님의 완전한 사랑

어거스틴, 마틴 루터, 존 칼빈 같은 믿음의 선배들은 아브라함의 이 사건에서 또 한 가지 중요한 진리들을 발견했습니다.

"이삭이 이르되 불과 나무는 있거니와 번제할 어린 양은 어디 있나이까"

(창 22:7).

이 질문은 이삭만이 아닌 세상 모든 사람들이 던질 수 있는 질문입니다. 구약시대 성막과 성전에서 얼마나 많은 제물이 피를 쏟았습니까? 그 오랜 세월 동안 많은 제물이 죽었는데도 죄인들의 죄가 멈추어지지 않습니다. 수많은 제물이 피를 흘리며 죽어 갔지만 인생의 문제는 반복됩니다.

인류는 끝없이 과학, 의술, 철학, 예술 등의 발전을 추구하며 어느 날에 이르면 인생의 문제가 풀릴 것이라고 믿었습니다. 진화론이 휩쓸었던 19세기 20세기에는 그야말로 그날이 코앞에 왔다고 생각했습니다. 그러나 의술과 과학 등 학문이 비약적으로 발전했음에도 여전히 인간은 고통의 삶을 반복하고 있습니다.

사람들에게는 돈, 명예, 성공, 행복에 대한 끝없는 목마름이 있습니다. 그런데 정말 중요한 것은 그 목마름 뒤에 있는 실체입니다. 모든 인생들은 본질적으로 "우리를 위해 죽어줄 어린 양은 어디 있나이까?" 하는 어린 양에 대한 목마름을 가지고 있습니다. 이런 목마름을 가지고 살아가는 인생들을 향해 세례요한이 분명하게 가리키며 말했습니다.

"이튿날 요한이 예수께서 자기에게 나아오심을 보고 이르되 보라 세상 죄를 지고 가는 하나님의 어린 양이로다"(요 1:29).

인류의 타락으로부터 시작된 끝없는 목마름을 종식시킬 분이 오셨다는 것을 세례요한은 그의 손가락으로 콕 찍어 분명히 말했습니다. 그분은 이삭이 찾았던 번제할 어린 양, 모든 인생들이 알게 모르게 목말라하며 찾았던 대상이었습니다. 하나님은 하나님의 아들을 인간의 옷을 입혀 이 땅에 보내셨습니다. 아브라함의 하나뿐인 아들 이삭은 다시 돌려주셨으면서 하나님 자신의 아들은 십자가에 못 박으셨습니다. 하나님의 아들이 겟세마네 동산에서 간절히 세 번 기도하셨습니다.

"만일 아버지의 뜻이거든 이 잔을 내게서 옮기시옵소서"(눅 22:42).

아들이 간절하게 부르짖는데도 하나님은 그 아들을 십자가에 못 박아 죽이셨습니다. 그리고 마치 사망의 권세를 이기지 못하시는 분처럼 아들을 사흘씩이나 무덤 속에 가두어 두었습니다.

아브라함에게 주셨던 선물이자 그에게 가장 소중한 아들이었던 이삭을 바치라 하신 하나님이, 때로 우리에게 가장 소중한 것을 내려놓으라

하시는 하나님이 어떤 분인지 한 번 보십시오. 하나님은 자격 없는 우리에게 아버지의 완전한 사랑과 아들의 완전한 공로에 힘입은 참된 생명과 부요를 주셨습니다.

그런 아버지께서 우리를 향해 주님보다 더 소중하게 여기는 것들을 내려놓으라 하실 때 어떻게 반응합니까? 혹 성전 마당에만 머물러 있지 않습니까? 주님의 말씀에 온전히 순종해서 지성소 깊은 곳까지 들어가 살아 있는 은혜와 복을 누리지 못하고 피상적으로 신앙생활 하면서 너무나 많은 것들을 잃어버리는 자리에 머물러 있지 않습니까? 세상의 재물, 손바닥 뒤집는 것 같은 사람들의 평판, 이런저런 자기만의 생각 때문에 연단의 과정을 통해 우리를 영화롭게 하실 하나님을 믿지 못하고 뒷걸음질 치는 자리에 있지 않습니까?

모두 주님께 드리십시오. 아까워하지 마십시오. 여러분 모두가 주님이 원하시는 온전한 헌신을 드림으로써 피상적인 신앙을 넘어 은혜가 주는 참된 부요와 영광에 이르게 되기를 바랍니다.

3부

많은 것을 내려놓으나 더 행복한 삶이 있다

10

부르신 그곳에서, 그분의 뜻을, 그분의 방식으로 따르는 삶
장차 오는 일에 대하여 야곱을 축복한 이삭

히 11:20, 창 27:30-40

창세기 27장은 "이삭이 나이 많아 눈이 어두워 잘 보지 못하더니 맏아들 에서를 불러 가로되 내 아들아 하매 그가 가로되 내가 여기 있나이다 하니"라는 구절로 시작됩니다. 이 말은 그의 육신의 눈이 어둡다는 의미도 되지만 그의 영적인 어두움을 의미하는 대목이기도 합니다. 이삭은 하나님께서 훗날 이스라엘 백성들에게 "아브라함의 하나님, 이삭의 하나님, 야곱의 하나님"이라 말씀하실 만큼 믿음의 족장의 반열에 오른 인물입니다. 그런데 나이가 들어갈수록 그의 영적인 눈이 어두워졌고 그에 따라 영적인 수준도 떨어지게 되었습니다. 나이가 들면서 영적인 변별력이 점점 커져야 할 텐데 이삭은 그 반대였습니다.

창세기 27장의 사건이 일어날 당시 이삭의 나이가 140살 전후가 아니었을까 추측해 봅니다. 성경에서는 이때의 이삭 나이와 비슷했던 모세에 대해서 "모세의 죽을 때 나이 일백 이십 세라 그 눈이 흐리지 아니하였고 기력이 쇠하지 아니하였더라"(신 34:7)라고 기록하고 있습니다. 이 말씀과 비교해 볼 때 이삭에 대한 창세기 27장의 말씀은 그의 영적인 어두움을 잘 드러내는 표현이라 할 수 있습니다. 이삭의 영적인 어두움은 그의 삶에 여러 모양으로 영향을 미치는데 성경 곳곳에서 그 사례들을 찾아볼 수 있습니다.

"그 아이들이 장성하매 에서는 익숙한 사냥꾼이었으므로 들사람이 되고 야곱은 조용한 사람이었으므로 장막에 거주하니 이삭은 에서가 사냥한 고기를 좋아하므로 그를 사랑하고 리브가는 야곱을 사랑하였더라"(창 25:27-28)

이 말씀에서도 이삭의 영적 상태를 알 수 있는 대목이 나오는데 바로 '편애'입니다. 사람을 지나치게 좋아하거나 지나치게 싫어하는 것은 영적인 어두움을 나타내는 중요한 표징입니다.

이삭의 영적인 어두움

"내가 이제 늙어 어느 날 죽을는지 알지 못하니 … 내가 즐기는 별미를 만들어 내게로 가져와서 먹게 하여 내가 죽기 전에 내 마음껏 네게 축복하게 하라"(창 27:2, 4).

이삭은 자신의 죽을 날이 얼마 남지 않았다고 느껴지자 에서를 축복하고 인생을 마무리하려 했습니다. 그런데 재밌게도 이삭은 자식들을 축복하고도 40년을 더 삽니다. 물론 사람이 자신의 죽음을 예측할 수 없지만 이런 생각조차도 이삭의 영적인 어두움을 보여주는 예라 할 수 있겠습니다. 게다가 이삭이 에서를 축복하기 위해 무엇을 요구합니까?

"그런즉 네 기구 곧 화살통과 활을 가지고 들에 가서 나를 위하여 사냥하여 내가 즐기는 별미를 만들어 내게로 가져와서 먹게 하여 내가 죽기 전에 내 마음껏 네게 축복하게 하라"(창 27:3-4).

이삭은 에서가 만들어 준 별미를 배불리 먹고 기쁨이 충만해진 상태에서 에서를 축복하고 싶었습니다. 사실 족장의 축복권은 재산을 나누어 주거나 유언을 하는 것과는 질적인 차이를 가집니다. 족장이 주는 축복은 크게 두 가지였는데 첫 번째는 자녀에 대한 축복, 두 번째는 가나안 땅에 대한 축복이었습니다.

자녀에 대한 궁극적인 축복은 훗날 자녀의 후손으로 예수가 오심으로써 온 열방이 복을 받게 되는 것이고, 가나안 땅에 대한 축복은 가나안이 상징하는 하나님 나라에 대한 복을 비는 것입니다. 얼마나 영적이고 신령한 복입니까? 그런데 이것을 어떤 방식으로 하겠다는 것입니까? 실컷 먹고 배가 부른 후에 그 기쁨을 가지고 복을 빌겠다는 것입니다. 영적으로 잘 준비되어야 복이 복답게 잘 상속될 텐데 이삭은 너무나 육체적인 방법으로 자녀를 축복하려 합니다. 이 얼마나 영적으로 어두운 상태입니까?

이 축복 사건의 배경이 되는 때로 거슬러 올라가 보면 이삭의 어두움은 더 분명하게 드러납니다. 이삭의 아내 리브가가 에서와 야곱을 잉태했을 때입니다. 리브가는 뱃속에서부터 싸우는 두 아이가 예사롭지 않았습니다. 단순한 태동이 아니라 전쟁터 같은 느낌을 받았습니다. 리브가가 걱정하며 하나님께 묻자 하나님은 "두 국민이 네 태중에 있구나 두 민족이 네 복중에서부터 나누이리라 이 족속이 저 족속보다 강하겠고 큰 자가 어린 자를 섬기리라"(창 25:23) 하고 말씀하십니다.

하나님은 분명한 말씀으로 두 민족이 태중에 있고 큰 자가 어린 자를 섬길 것이라고 알려 주셨습니다. 리브가는 이삭에게도 그 말씀을 알렸을 것입니다. 그렇다면 이삭이 상속받은 복, 즉 하나님의 언약은 작은 자인 야곱을 통해서 흘러가야 했습니다.

그런데 이삭이 얼마나 영적으로 어두워졌는지 하나님의 말씀과 달리 에서를 축복하려 합니다. 에서를 향한 편애, 이삭 자신의 주관적인 생각 때문에 하나님의 뜻이 가리워진 것입니다. 그는 자신의 선택을 합리화하려 했습니다. 우리가 하나님의 뜻이 아닌 우리 욕심을 따라 어떤 일을 선택할 때는 반드시 자기 합리화 과정을 거칩니다. 이삭이 선택의 과정에서 거친 합리화는 무엇입니까? 당시의 통념상 모든 축복은 장자를 통해서 흘러가게 돼 있었습니다. 야곱은 당시 사회적 관습대로 자신의 편애를 포장하고 합리화시켰던 것입니다. 그는 하나님의 분명한 뜻이 있었음에도 사회적 통념과 보편적 관습대로 자기를 합리화하고 에서를 축복하고자 했습니다.

이삭의 영적인 어두움은 이 축복 사건 전부터 그의 가족 전체에 영향을 미치고 있었습니다. 에서는 장자권을 팥죽 한 그릇에 팔아넘겼습니다. 그 정도로 에서는 하나님의 신령한 복에 대해 관심이 없었습니다. 게다가 리브가는 앞으로 벌어질 모든 불행의 씨앗을 제공합니다. 리브가는 이삭이 에서에게 하는 말을 엿듣고 야곱을 시켜 형이 받을 복을 가로채도록 조종했습니다. 야곱은 어머니 리브가의 제안을 듣고 처음에는 두려워했습니다.

"아버지께서 나를 만지실진대 내가 아버지의 눈에 속이는 자로 보일지라 복은 고사하고 저주를 받을까 하나이다"(창 27:12).

그런데 어머니의 대답은 어떻습니까?

"어머니가 그에게 이르되 내 아들아 너의 저주는 내게로 돌리리니 내 말만 따르고 가서 가져오라"(창 27:13).

어머니가 아들에게 아버지를 속이라고 설득시키고 있습니다. 성경에 나오지는 않지만 아마 리브가는 "그 축복은 네 거야. 하나님이 전에 그렇게 말씀하셨고 지난 번에 팥죽 한 그릇으로 장자권을 샀잖아!"하고 야곱을 회유했을 것입니다. 거기다 리브가는 저주를 받을까 두려워하는 야곱에게 저주는 자신이 대신 받겠다고 말합니다.

자신감 없었던 야곱은 어머니의 말에 용기를 얻고 결국 아버지를 속입니다. 리브가도, 야곱도 결국은 자기 합리화 과정을 거쳐 이런 일들을 벌였던 것입니다. 인간이 얼마나 어리석은지 모릅니다. 저는 조국 교회가 야곱의 사건에 대해 바르게 해석하지 못했다고 생각합니다. "야곱은 그나마 에서보다는 낫다. 그는 하나님의 복을 너무 사모해서 장자권을 가졌고 아버지의 축복을 너무 받고 싶은 나머지 이삭을 속였다. 그게 어디냐?"라고 설교하고 해석하려는 사람들이 있습니다.

저는 창세기를 자세히 고찰해 볼 때 성경이 그런 해석을 전혀 지지하지 않는다고 봅니다. 리브가는 이 사건 이후 자기 말대로 아들을 잃게 됩니다. 거짓말이 들통나자 리브가는 야곱을 자신의 오빠인 라반의 집에 보냅니다. 그녀는 며칠만 있으면 아들을 다시 볼 줄 알았습니다. 그러나 리브가는 아들이 돌아오는 것을 끝내 보지 못하고 눈을 감습니다.

리브가가 아들을 위해 선택한 그 방법이 실제는 아들을 잃는 방법이었던 것입니다. 하나님의 약속을 붙들고 하나님의 때와 방법을 신뢰하면서 기다려야 하는데 육체와 세상의 방법, 거짓과 조장이라는 성경이 전혀 지지하지 않는 방법으로 하나님의 복을 얻게 했던 리브가는 결국

아들을 잃어버렸습니다.

아버지를 속인 야곱 또한 자신보다 몇 배 더 고단수인 외삼촌을 만나 거짓이 주는 쓰라린 고통을 20년이나 경험해야 했습니다. 리브가와 야곱이 겪는 일련의 과정들을 볼 때 하나님이 야곱이 벌인 사건들에 대해 지지하셨다고 보기는 어렵습니다. 야곱은 그의 말년에 바로 앞에서 "험악한 세월을 살았다"라고 고백할 만큼 많은 삶의 연단을 거치게 됩니다.

우리는 지금까지 이삭과 리브가, 에서와 야곱의 모습을 살펴보면서 온 가족이 얼마나 영적으로 어두워져 있는지 보았습니다. 바른 분별력을 가지고 하나님의 뜻에 순종하고 믿음으로 동행하는 모습을 이들에게서 찾아보기란 어렵습니다. 그런데 이상하게도 히브리서 기자는 "믿음으로 이삭은 장차 있을 일에 대하여 야곱과 에서에게 축복하였으며" (히 11:20) 라고 기록하고 있습니다. 우리가 볼 때는 이삭이 리브가와 야곱에게 속아서 어쩔 수 없이 축복한 것이라고 해석하는 게 나을 것 같은데 성경은 놀랍게도 이삭이 믿음으로 축복했다고 말합니다. 이 말씀의 근거를 제공하는 단초가 있습니다.

"이삭이 심히 크게 떨며 이르되 그러면 사냥한 고기를 내게 가져온 자가 누구냐 네가 오기 전에 내가 다 먹고 그를 위하여 축복하였은즉 그가 반드시 복을 받을 것이니라"(창 27:33).

어릴 때는 이 본문을 해석하기가 참 어려웠습니다. 이삭이 실수한 것이니까 야곱에게 축복한 거 취소하고 에서에게 다시 복을 주면 되지 않나 생각했습니다. 복이란 것이 한 번 입 밖으로 말하고 나면 다시 줄 수 없는 것인가 하는 마음에 혼란스러웠던 기억이 납니다. 그런데 여기서 주목해 볼 내용이 있습니다. "이삭이 심히 크게 떨며"라는 부분입니다. 이 말씀은 "그 교활한 야곱이 태어날 때도 먼저 나오려고 형의 발뒤꿈치를 잡더니 또 이런 짓을 했구나" 하고 분노로 치를 떨었다고만 해석할 수 없는 부분입니다.

편애적인 생각과 세상의 기준으로 영적인 눈과 마음이 다 가리워졌던 이삭이 자신이 축복한 대상이 야곱인 것을 알았을 때 어떤 것이 깨달아졌을까요? 하나님의 개입과 간섭하심이었습니다. 이삭 자신의 영적 둔감함 때문에 저지른 죄와 허물에도 불구하고 하나님의 계획과 뜻이 변함없이 세워졌다는 사실이 그 순간 깨달아지자 말할 수 없는 두려움이 밀려왔습니다.

복음서를 보면 주님의 제자들이 주님을 처음 만나는 장면들이 나오는데 그중에 베드로는 밤이 맞도록 그물을 내렸음에도 고기를 잡지 못한 상황이었습니다. 주님은 베드로에게 그물을 오른편으로 던지라 하셨고 그대로 하자 엄청난 양의 고기가 잡혔습니다. 그때 베드로는 만선의 기쁨으로 하나님을 찬양한 것이 아니라 "주여 나를 떠나소서. 나는 죄인입니다."라고 고백했습니다. 이처럼 하나님의 은혜가 임할 때 그 은혜로 인한 감격과 감사만 있는 게 아니라 자신의 죄성과 악함을 지각하는 데서 오는 경건한 두려움들도 밀려오게 됩니다.

이삭이 속아서 야곱을 축복했는데도 불구하고 하나님의 언약의 말씀이 깨달아지자 그에게도 경건한 두려움이 밀려왔습니다. 그때 이후로 이삭은 야곱을 축복한 일에 대해 절대로 취소하지 않습니다. 에서가 울며불며 "아버지, 저도 축복해 주세요." 하고 몇 번에 걸쳐 부탁하는데도 이삭은 야곱에게 주었던 축복을 절대 거두어들이지 않습니다. 이미 입 밖으로 내뱉어 버렸기 때문에 어쩔 수 없어서 그런 게 아닙니다. 이삭은 하나님의 뜻을 비로소 깨달았던 것입니다.

하나님의 뜻을 바르게 분별하며 사는 삶

자신의 연약함과 어두움 중에도 하나님의 뜻이 왜곡되지 않고 이루어지는 것을 보면서 그에게 영적 각성이 일어났습니다. 이삭이 야곱을 라반의 집으로 보내면서 축복하는 내용을 보면 변화된 그의 상태를 알 수 있습니다. 경건한 두려움과 영적 각성을 경험한 뒤 영적으로 밝아진 이삭은 진정한 믿음의 족장으로서 아들 야곱을 축복합니다.

"너는 가나안 사람의 딸들 중에서 아내를 맞이하지 말고 일어나 밧단아람으로 가서 네 외조부 브두엘의 집에 이르러 거기서 네 외삼촌 라반의 딸 중에서 아내를 맞이하라 전능하신 하나님이 네게 복을 주시어 네가 생육하고 번성하게 하여 네가 여러 족속을 이루게 하시고 아브라함에게 허락하신 복을 네게 주시되 너와 너와 함께 네 자손에게도 주사 하나님이 아브라함에게 주신 땅 곧 네가 거류하는 땅을 네가 차지하게 하시기를 원하노라"(창 28:1-4).

이삭은 그의 믿음의 조상인 아브라함으로 내려온 축복 그대로 야곱을 축복했습니다. 비록 영적으로 어리석은 선택을 한 허물이 있지만 이삭은 하나님의 간섭과 도우심을 경험하면서 하나님의 뜻에 순종하기로 결단하고 야곱을 축복하며 떠나보냅니다.

하나님은 허물 많고 실패투성이인 우리를 포기하지 않으십니다. 어두워진 채로 살아가도록 우리를 내버려 두지 않으시고 간섭하셔서 복의 통로로 사용하십니다. 그뿐 아니라 이삭의 경우처럼 믿음으로 에서와 야곱을 축복했다고 기록까지 남겨 주시는 분입니다. 저는 이삭을 보며 우리의 수많은 허물에 대해서도 하나님이 이렇게 하실 것이라 믿어지기 시작했고 자유가 왔습니다.

우리 생각에 은혜를 한 번 받으면 6개월~1년 정도는 그냥 살아도 될 것 같지만 우리는 얼마 못 가 금방 또 넘어지고 영적으로 어두워집니다. 그래서 은혜를 받고도 또 다른 은혜가 필요한 것이 우리의 존재입니다. 이삭의 축복에 대한 히브리서의 기록은 이처럼 연약한 우리를 끝까지 간섭하셔서 하나님의 뜻을 받들어 섬기는 도구로 사용해 주시는 놀라운 은혜의 기록입니다. 우리가 이삭의 축복을 통해 꼭 기억해야 할 것은 인생을 이삭처럼 바라보면 안 된다는 점입니다. 이삭은 하나님의 약속이 야곱에게 있음에도 불구하고 그 뜻을 분별하여 받들지 못하고 육체적인 방법과 세상의 보편적 관습에 동조하는 모습을 보였습니다. 이것은 우리에게서도 쉽게 찾아볼 수 있는 모습입니다.

하나님이 뜻을 분별하고 받들어 섬기는 것이 우리의 최고의 복이고 특권입니다. 다른 사람들이 나를 어떻게 생각하는지는 하나도 중요하지 않습니다. 우리는 때로 하나님의 뜻을 받들기 위해 아무도 알아주지 않는 외로운 길을 가야 하는 순간이 있습니다. 심지어 그 길이 나와 가장 가까운 부모도, 배우자도, 자녀도 이해해 주지 못하는 길일 수도 있습니다. 그럼에도 우리는 하나님이 부르신 그 자리에 서서 그분의 뜻을 그분의 방식으로 순종하며 따라야 합니다. 그것이 우리 삶의 핵심입니다.

하나님의 뜻이 무엇인지 분별하고 그 뜻을 받들어 섬기는 순종과 믿음이 여러분에게 있습니까? 그것은 모든 사회가 추구하는 육체적 방법이나 보편적 관습에 비교할 수 없을 만큼 최고의 복이자 기쁨입니다. 하나님이 은혜를 따라 값없이 주신 것이기에 그 누구도 육체를 따라 자랑할 자 없고 그 누구도 소망 없는 자가 없습니다. 하나님의 은혜는 세상이 보편적으로 추구하는 기준과는 너무나 다르기 때문입니다.

하나님은 우리의 행위에 근거하지 않고 하나님 스스로의 완전한 성품으로 만들어 내는 충만한 복을 사람들에게 주기를 기뻐하십니다. 이처럼 누구도 포기하지 않으시는 하나님의 뜻을 바르게 분별하며 사는 삶이 여러분 모두의 삶이 되기를 바랍니다.

11

인생에서 한 번은 '나의 하나님'을 만나야 한다
벧엘로 야곱을 찾아오신 하나님

창 28:10-22

벧엘은 야곱이 에서의 위협을 피해 고향을 떠나 하란으로 가던 길목에 있었던 도시입니다. 야곱의 고향에서 브엘세바를 거쳐 하란까지 이르는 길은 약 900km에 이르는 먼 길이었는데 시간적으로 보면 족히 한 달 이상이 소요되는 거리였습니다. 그 사이에 위치해 있던 벧엘은 브엘세바에서부터 100km 조금 안 되는, 3일 길 정도 되는 지점에 있는 도시였습니다. 따라서 우리가 잘 아는 야곱의 벧엘 사건은 야곱이 고향을 떠난 지 3일째 일어난 일이라 보면 될 것입니다.

야곱의 벧엘 사건은 한마디로 야곱이 하나님을 개인적이고 인격적으로 또 직접적으로 만나게 되는 사건입니다. 야곱은 믿음의 가정에서 태어나 분명한 약속을 가지고 살아왔습니다. 그러나 그가 가지고 있던 하나님을 향한 지식은 간접적인 지식들뿐이었습니다. 하나님과의 직접적인 만남이 없었던 그에게 있어 하나님은 할아버지 아브라함과 아버지 이삭의 하나님일 뿐, 자신의 하나님은 아니었습니다. 그런 그를 하나님이 벧엘에서 직접 찾아와 만나 주신 것입니다.

먼저 찾아와 만나 주시는 하나님

야곱이 하란으로 떠나는 여정에 얼마나 많은 것들이 필요했겠습니까? 돈, 미래에 대한 보장, 먼 여정에서의 안전과 무사귀환 등 그에게 필요한 것들이 한두 가지가 아니었을 것입니다. 그러나 그중에서도 야곱에게 가장 필요했던 것은 하나님을 개인적이고 인격적으로 만나는 것이었음을 성경은 말해 주고 있습니다.

야곱은 태어나면서부터 끝없이 다른 사람들과 다투던 사람이었습니다. 그런데 그가 하나님을 인격적으로 만난 후부터 그의 생애 전반에 깔려 있던 사람들과의 갈등이 풀어지고 복된 만남의 첫걸음을 시작하게 됩니다. 그 계기를 마련해 준 장소가 벧엘이었습니다. 야곱은 온갖 방법을 다 동원해서 자기가 원하는 것을 이루었지만 정작 그것을 누려 보지도 못한 채 고향을 떠나 방황해야 했습니다. 그런데 그 방황을 멈추게해 준 첫 시작점이 벧엘입니다. 하나님을 인격적으로 만나기 전, 야곱의 삶은 관계의 갈등과 잘 풀리지 않는 일들로 힘겨웠습니다. 그런데 하나님을 만나면서 그에게 제대로 된 삶이 찾아옵니다.

사실 하나님이 야곱을 찾아오셨을 때는 야곱이 하나님을 만날 만한 준비가 전혀 안 돼 있는 상황이었습니다. 그는 아버지와 형을 속이고 도망치는 신세였습니다. 누구 탓도 할 수 없는 자기 잘못 때문에 쫓겨났지만 마음속에는 깊은 생채기와 신세 한탄과 원망, 미래에 대한 두려움으로 가득했습니다. 그럼에도 누구 하나 동정하거나 지지해 줄 수 없는 자리에 있던 야곱을 하나님이 찾아와 만나 주신 것입니다.

3일 길을 걸으며 피곤해진 야곱은 벧엘에서 잠이 들었습니다. 여기서 그가 잠이 들었다는 말은 그가 능동적으로 어떤 일도 할 수 없는 무방비 상태였다는 것을 의미합니다. 바로 그때 하나님이 야곱을 찾아오십니다. 이것이 바로 기독교의 진리입니다.

세상의 모든 종교들은 뭔가 정성을 기울이고 최선을 다해 노력해서 감동시켜야만 신적인 존재가 반응한다고 생각합니다. 그러나 기독교는 전혀 그렇지 않습니다. 하나님은 사람이 어떤 조건이나 자격을 갖추지 않았음에도 하나님 자신의 충분한 사랑과 성품에 따라 사람을 먼저 찾아오십니다.

기독교는 오직 하나님만이 이유이자 근거입니다. 사람 편에서의 어떤 노력들, 두드러진 자질이나 능력이나 정성 등이 완전히 배제되어 있는 것이 기독교인 것입니다. 우리가 정성을 다해 하나님을 찾기 전부터 하나님은 벧엘에서 야곱을 찾아오신 것처럼 우리를 찾아오십니다. 여러분도 이런 하나님을 만나셨습니까? 교회 안에 오래 있었다는 것이 우리의 신분을 보장해 주지 않습니다. 개인적이고 인격적으로 하나님을 만나지 않으면 여러분은 성도가 아닙니다. 우리를 먼저 찾아오시는 하나님을 인격적으로 만난 자만이 성도이며 하나님 나라 백성입니다.

'잠시'뿐인 세상이 '영원'과 연결되다

성경은 야곱이 하나님을 만난 경험에 대해 두 가지로 기록하고 있습니다. 첫 번째는 '본 것'입니다. 꿈에서 보았기 때문에 눈으로 본 것은 아닙니다. '믿음으로' 본 것입니다. 두 번째는 '듣는 것'입니다. 이것도 꿈에서 들었기 때문에 '믿음으로' 들은 것이라 할 수 있습니다. 모든 진실한 성도들에게 일어나야 할 중요한 일 중에 하나는 '믿음으로 보는 일'과 '믿음으로 듣는 일'입니다. 야곱이 무엇을 보았습니까?

> "꿈에 본즉 사닥다리가 땅 위에 서 있는데 그 꼭대기가 하늘에 닿았고 또 본즉 하나님의 사자들이 그 위에서 오르락내리락 하고"(창 28:12).

야곱은 사닥다리를 보았습니다. 땅에서부터 시작된 그 사닥다리는 하늘에 닿아 있었습니다. 야곱이 그랬던 것처럼 땅을 살아가는 모든 사람들의 핵심적인 문제는 그들의 삶 속에 하늘과 땅이 연결되어 있지 않다는 것입니다. 그래서 하늘에 대해, 하나님에 대해 아무리 말해도 그들은 믿으려 하지 않습니다. 눈에 보이지 않기 때문입니다. 그런데 하나님이 야곱을 찾아오시자 땅이 땅으로만 있지 않고 하나님이 계시는 하늘과 연결되었습니다.

'잠시'뿐인 이 세상이 하늘의 '영원'과 연결되고 필요가 많은 이 땅이 하늘의 부요와 풍성함에 연결되었습니다. 지금 우리가 살아가는 땅은 전에 비할 바 없이 선진화되고 부요해졌지만 갈수록 더 치열해지고 각박한 세상이 되었습니다. 왜일까요? 하늘이 닫혀 있기 때문입니다. 그렇기 때문에 세상 사람들은 땅밖에 볼 수 없습니다.

사람들 눈에는 그저 땅이 전부이기 때문에 그들은 야곱처럼 약육강식과 적자생존의 방식을 동원해 생존과 무한경쟁으로 내달리는 것입니다. 그런데 이 땅밖에 볼 수 없는 삶에서 많은 것을 가졌으나 가지지 못한 것이고, 이루었으나 잠깐 지나면 사라져 버리는 것과 같습니다. 인생 전체가 바람을 잡는 것처럼 허망하고 보잘것없을 뿐입니다.

하늘의 부요가 사닥다리를 통해 필요를 가진 이 세상 속으로 전달돼야 사람은 균형을 가지고 이 땅을 바르게 살아갈 수 있습니다. 사람은 처음부터 '영원'을 위해 지음 받은 존재입니다. 그 사람이 하늘과 연결되고 하늘의 '영원'이 이 땅에서 경험되어질 때 비로소 사람은 한 번뿐인 삶을 바르게 살 수 있습니다.

하늘의 영광이 우리 눈에 들어오고 하늘의 부요가 우리 삶에 공급되기 시작하면 야곱처럼 아버지를 속여서라도 자기 것을 얻으려 했던 헛된 시도들이 멈추어지기 시작합니다. 약육강식과 무한경쟁의 삶이 아니라 하나님의 공급과 도우심으로 살아가는 새로운 삶이 열리게 됩니다. 이처럼 하나님을 만난 자들이 첫 번째로 경험하는 것은 하늘이 열리는 것입니다. 하늘이 열리면서 하나님이 인지되기 시작하고 이 땅이 전부가 아니라는 것을 알게 됩니다. 자연스럽게 이 땅을 살아가는 삶의 모습도 달라질 수밖에 없습니다.

이 모습을 보고 어떤 사람들은 기독교를 이렇게 오해합니다. 이 땅을 살아가다 보면 위로가 필요하니까 신적인 존재가 우리의 내면을 위로해 주면 그 위로를 받아서 세상 사람들보다 더 도덕적으로 살아가는 것이라고 생각합니다. 그러나 기독교는 그런 정도의 수준이 아닙니다. 기독교의 진리는 우리의 눈을 열어 하늘과 땅이 연결되는 것을 보여줍니다.

그 연결을 통해 하늘의 영광과 부요가 삶으로 들어오면서 한 번뿐인 인생에서 영원을 위해 사는 것이 어떤 것인지 알게 해 줍니다. 하늘과 연결된 사닥다리를 통해 땅에 있는 우리의 소원과 필요가 하늘로 올라가고 하나님께서 우리의 필요를 공급해 주시는 것, 이것이 하나님이 우리를 찾아오실 때 우리가 체험하는 첫 번째 경험입니다.

이 일이 야곱 한 사람에게만 주신 특별한 경험이 아니라 우리 모두에게도 동일하게 주신 경험이라는 것을 어떻게 알 수 있을까요? 믿음의 조상이고 그의 가문에서 예수님이 나실 것이기 때문에 겪는 특수한 경험이지 우리 같은 사람들에게는 절대 그런 일이 일어나지 않을 것이라 생각할 수 있지만 하나님은 우리에게도 동일한 경험을 주셨습니다. 야곱이 본 그 사닥다리에 대해 예수님께서는 세상에 계실 때 직접 말씀하신 적이 있습니다.

"또 이르시되 진실로 진실로 너희에게 이르노니 하늘이 열리고 하나님의 사자들이 인자 위에 오르락내리락 하는 것을 보리라 하시니라"(요 1:51).

예수님은 야곱이 꿈에서 보았던 하늘과 땅을 연결하는 사닥다리가 자신을 통하여 성취될 것임을 분명히 말씀하셨습니다. 하나님과 동등하신 예수님이 우리와 똑같은 몸으로 세상에 오셔서 우리 죄를 대속해 죽으심으로 땅에 속한 우리가 하늘을 누리는 영생의 복을 얻었습니다. 제가 설교할 때마다 성도들에게 늘 하는 말이 있습니다. "이 땅에서 공부 잘해서 좋은 대학 나오고 좋은 직장 다녀서 돈 많이 벌고 필요하면 사람들에게 명성도 얻고 그렇게 성공하면 그게 대수입니까?" 제가 누누이 말하지만 그것이 인생의 전부가 아닙니다. 하늘이 열리지 않으면 땅에서 무엇을 이룬다 해도 그것은 가치가 없습니다. 하늘이 열려야만 우리가 땅에서 하고 있는 모든 일의 의미와 가치가 제대로 만들어집니다.

성경은 막연하게 열심히 최선을 다해 사는 것, 사람들에게 욕먹지 않고 존경 받으며 살아가는 삶을 지지하지 않습니다. 성경이 기대하는 것은 눈이 열려서 다른 것을 볼 줄 알고, 이 땅을 다른 방식으로 살아갈 줄 아는 전인격적인 삶의 변화입니다.

여러분에게는 하늘이 열려 있습니까? 예수님을 믿고 있는데도 결국 이 땅이 전부입니까? 자식 제대로 기르고 이 땅에서 통하는 그럴싸한

말 몇 마디 가지고 살면 그것이 전부라고 생각합니까? 그렇다면 여러분은 성도가 아닐 가능성이 상당히 큽니다.

여러분이 아무리 눈물 콧물 흘리며 기도한다 해도 그런 마음을 가졌다면 여러분은 성도가 아닙니다. 하늘이 열려서 이 땅이 전부가 아님을 알게 되고, 하늘과 땅이 사닥다리이신 구주의 공로를 통해 연결되는 것을 깨닫고, 땅에 살지만 하늘의 영광과 영원을 사모하고 경험하게 될 때 비로소 예수님을 믿는 성도라 할 수 있습니다.

하나님의 약속을 듣고 믿는 자

우리는 지금까지 하나님을 만난 자가 경험하는 것 중에 '본 것'에 대해 살펴보았습니다. 다음으로 살펴볼 것은 '들은 것'입니다. 앞서 말한 바와 같이 이것은 '믿음으로 들은 것'입니다. 야곱이 들은 것은 무엇입니까?

"또 본즉 여호와께서 그 위에 서서 이르시되 나는 여호와니 너의 조부 아브라함의 하나님이요 이삭의 하나님이라 네가 누워 있는 땅을 내가 너와 네 자손에게 주리니 네 자손이 땅의 티끌 같이 되어 네가 서쪽과 동쪽과 북쪽과 남쪽으로 퍼져 나갈지며 땅의 모든 족속이 너와 네 자손으로 말미암아 복을 받으리라"(창 28:13-14).

하나님이 야곱에게 주신 약속은 아브라함과 이삭에게 주신 약속과 똑같이 이 땅과 자손에 관한 것이었습니다. 이 약속이 오늘의 우리에게는 어떻게 들려집니까? 아브라함과 이삭과 야곱의 후손이신 예수님에 대한 약속으로 들려집니다. 우리의 혈통이나 육신적인 노력으로가 아니라 오직 예수님을 믿고 의지할 때 우리에게 주어지는 하나님의 나라와 천국이 하나님이 오늘의 우리에게 주시는 약속인 것입니다.

하나님이 찾아와 만나 주신 모든 성도들의 공통점은 언약을 받는다는 것입니다. 삶에서 '본 것' 못지않게 '들은 것'도 중요한데 성도들은 하나님의 약속을 듣고 믿는 자들입니다. 아브라함과 이삭과 야곱에게 주신 그 귀한 약속을 나도 듣고 믿는 것입니다.

예수님의 제자였던 도마는 예수님이 부활하셨다는 소식을 다른 제자들이 전했을 때 믿지 않았습니다. 그는 예수님의 못 박힌 손을 직접 보고 자신의 손을 예수님의 옆구리에 넣어보기 전에는 믿지 못한다고 말했습니다. 그러자 예수님이 도마에게 직접 나타나셔서 "네 손가락을 이리 내밀어 내 손을 보고 네 손을 내밀어 내 옆구리에 넣어 보라" 하고 말씀하십니다. 부활하신 예수님을 직접 본 도마가 감격해하자 예수님이 뭐라고 말씀하십니까?

"너는 나를 본 고로 믿느냐 보지 못하고 믿는 자들은 복되도다"(요 20:29).

우리가 사는 이 시대, 구주께서 십자가에 못 박혀 죽으시고 부활하셔서 영광스러운 하늘보좌 우편에 앉아계신 이 복된 시대를 살아가는 성도들의 가장 중요한 특징은 듣고 믿는 것입니다. 보아서 믿는 것이 아니라 성령의 도우심을 따라 말씀을 듣고 믿는 자가 가장 복되고 영화로운 자입니다. 힘이 닿는 날까지 말씀을 들을 수 있는 자리에 나와서 하나님의 말씀을 듣고 말씀을 읽고 연구하는 것, 이것이 성도들이 지상에서 살아가는 삶의 중요한 방식입니다. 그것은 곧 믿음으로 사는 삶입니다. 보는 것으로 살지 않고, 만져지는 것으로 살지 않고 약속을 붙들고 살다보면 반드시 약속하신 대로 이루어지는 것을 우리는 보게 될 것입니다. 하나님이 야곱에게 주신 또 다른 약속이 있습니다.

"내가 너와 함께 있어 네가 어디로 가든지 너를 지키며 너를 이끌어 이 땅으로 돌아오게 할지라 내가 네게 허락한 것을 다 이루기까지 너를 떠나지 아니하리라"(창 28:15).

영어 성경으로 이 말씀을 보면 반복해서 등장하는 말이 있는데 '나'와 '너'라는 말입니다. 이 한 구절에 1인칭 단수인 '나'와 2인칭 단수인 '너'가 6번씩 반복되고 있습니다. 하나님은 '내가'라는 말을 6번이나 반복하시며 야곱을 책임지고 인도하여 다시 이 땅으로 데려올 것이라 말씀하고 계십니다. 더 구체적으로 표현해 보자면 "네 인생은 네 열심에 달린 것이 아니다. 세상의 논리나 가치관에 달려 있는 것도 아니다. 야곱 너 한 명의 인생을 내 손으로 붙들고 이끌어서 내가 원하는 지점까지 데려오고야 말 것이다." 하고 말씀하시는 것입니다.

제가 고3 학생들이나 취업을 준비하는 학생들에게 입에 침이 마르도록 하는 말이 있습니다. "지금은 어느 대학(직장)을 들어가는 것이 너희 인생에 결정적인 것 같아 보이겠지만 그 보다 훨씬 중요한 것은 '하나님이 이런 것까지 이끌어 가시는 구나' 할 정도로 구체적이고 실제적으로 너희 인생을 인도하시는 하나님을 경험하는 것이다."

많은 사람들이 흔히 종교적이라 여기는 영역에서만 하나님의 도움을 간구하고 의지하려고 합니다. 내 힘으로 도저히 누군가를 사랑할 수 없거나 용서할 수 없을 때, 그때만 하나님의 도움을 간구합니다. 대학에 들어가고 직장에 취업하는 것은 내가 열심히 해야 되는 것이니까 상대적으로 하나님이 조금만 도와주셔도 된다고 생각합니다. 그러나 우리를 찾아오시는 하나님을 만나게 되면 종교적인 행위로서만 하나님을 인정하고 마는 것이 아닙니다. 대학에 들어가는 것부터 직장을 얻고 배우자를 만나는 것까지, 우리 삶에 중요한 일은 말할 것도 없고 먹고 마시는 사소한 일상까지 우리의 삶 전체가 하나님과의 관계로 연결되기 시작합니다. 하나님은 우리 삶 전부를 책임 있게 이끌어 가시는 분입니다.

그 하나님 앞에서 우리는 야곱처럼 형의 발뒤꿈치를 잡아 땡겨서라도 무언가를 얻으려는 어리석은 노력을 멈춰야 합니다. 아버지를 속여서라도 성공하려는 헛된 속임수도 버려야 합니다. 하나님은 매 순간 우리 삶을 실제적으로 인도해 가시는 그분의 증거들을 가지고 하나님의 백성으로 살아가도록 우리를 부르셨습니다. 여러분은 하나님이 우리 개인 한 명 한 명을 부르시고 동행하시며 하나님이 원하시는 지점까지 실패 없이 데려가신다는 것을 아십니까? 이 진리가 깨달아지면 우리의 수고라고 믿어 왔던 무거운 인생의 질고가 굴러떨어집니다. 그리고 그 자리에 하나님이 주시는 자유와 안식이 찾아옵니다.

저는 적지 않은 나이에 결혼한 후 아내를 혼자 두고 군대에 갔습니다. 군대에 있으면서 아내가 보고 싶은 것은 말할 것도 없고 홀로 있는 아내가 안전하게 잘 있을까 하는 마음에 늘 염려가 되었습니다. 그런 저에게 하나님이 어느 날 시편 말씀으로 감동을 주셨습니다.

"여호와는 나의 산업과 나의 잔의 소득이시니 나의 분깃을 지키시나이다 내게 줄로 재어 준 구역은 아름다운 곳에 있음이여 나의 기업이 실로 아름답도다"(시 16:5-6).

하나님이 부족한 우리에게 어떤 분깃이나 선물을 주실 때는 그냥 던져 주시는 것이 아니라 한 치의 오차도 없이 자로 재어서 하나님의 계획과 목적에 꼭 맞도록 주시며 우리 삶을 인도하신다고 성경은 말합니다.

주님을 만났는데도 여전히 야곱처럼 불완전합니까? 야곱은 벧엘에서 하나님을 뜨겁게 만난 후 베개로 삼았던 돌을 기둥으로 세우고 그 위에 기름을 부어서 그가 머물렀던 땅과 그 돌을 구별하였습니다. 그는 자신을 찾아오신 하나님을 만나고 예배자로 서서 하나님 앞에 그 땅과 돌을 구별하여 드리면서 헌신했지만 죄된 습관을 여전히 버리지 못했습니다.

"야곱이 서원하여 이르되 … 먹을 떡과 입을 옷을 주시어 내가 평안히 아버지 집으로 돌아가게 하시오면 여호와께서 나의 하나님이 되실 것이요 내가 기둥으로 세운 이 돌이 하나님의 집이 될 것이요 하나님께서 내게 주신 모든 것에서 십분의 일을 내가 반드시 하나님께 드리겠나이다 하였더라"(창 28:20-22).

야곱은 팥죽 한 그릇으로 형과 장자권을 흥정하던 옛 습관 그대로 하나님과 흥정을 하려 합니다. 그는 아직도 자신의 인생을 자신이 흥정할 수 있다는 어리석은 생각을 하고 있습니다. 그러나 여전히 남아 있는 죄된 습관에도 불구하고 그의 은혜로운 첫걸음은 시작되었습니다. 하나님이 그를 찾아오심으로 인해 야곱은 이미 달라져 있었습니다.

우리도 마찬가지입니다. 우리가 정말 주님을 만났다면 불완전함이 우리 속에 남아 있을지라도 하나님은 반드시 우리를 하나님이 원하시는 지점까지 데려가실 것입니다. 이 땅의 모든 무거운 짐들은 우리의 노력에 달려있는 것이 아닙니다. 하나님이 그의 선하심으로 하늘과 연결된 사닥다리를 통해 우리 인생에 개입하실 것입니다. 그 사닥다리가 우리 위에 있는 것이 아니라 예수님 위에서 하늘 꼭대기에 닿아 있다는 것을 기억하기 바랍니다. 그 하나님을 믿고 신뢰함으로 세상이 주는 끝없는 경쟁과 무거운 짐에 짓눌리지 않고 하늘의 안식과 위로를 누리며 사는 은혜가 있기를 바랍니다.

12

믿음에서 더 깊은 믿음으로
들어가는 또 다른 세계

깨어짐을 통해 '이스라엘'로 바뀌는 야곱

창 32:21-32

야곱의 얍복 나루 사건은 학자들 간에 논란이 많은 부분입니다. 얍복 나루 사건에는 하나님과 씨름한다든지 간절히 구한다든지 하는 그런 개념으로 다 해석할 수 없는 너무나 이상한 요소가 그 안에 들어있습니다.

야곱은 형 에서를 만나기 위한 만반의 준비를 다 갖춥니다. 그렇게 근사하고 완벽한 기도를 드려 놓고도 여전히 인간적 방법으로 형의 마음을 유화시킬 수 있는 온갖 비책을 다 만들어 놓습니다. 그러나 그 모든 술수를 쓰고도 밤이 늦도록 잠이 오지 않을 만큼 두려움과 긴장을 늦추지 못하고 있습니다. 그래서 온 가족을 다 얍복 나루를 건네게 하고 자기만 강 반대편에 되돌아와 홀로 있게 됩니다.

그때 갑자기 미지의 한 인물이 등장해 그와의 싸움이 시작됩니다. '씨름'이라는 단어는 '얍복'이라는 지명과 발음이 거의 비슷한 단어인데, 이 씨름은 우리가 설날에 하는 민속씨름이 아닙니다. 어두운 밤에 정체불명의 사람이 공격해 들어왔을 때 야곱은 에서가 보낸 자객인가 하고 생각했을지 모릅니다. '씨름'으로 번역된 단어를 '생명 걸고 하는 절박한 싸움'이라고 해석해야 합니다. 속성은 절박한데 싸움의 진행 과정이 굉장히 이상합니다. 신적 존재라는 것을 밝히지 않았는데도 야곱은 어느 시점에서부터 그가 누군지를 분명히 알게 됩니다.

변화와 새로운 삶을 요구하시는 하나님

"야곱은 홀로 남았더니 어떤 사람이 날이 새도록 야곱과 씨름하다가 자기가 야곱을 이기지 못함을 보고 그가 야곱의 허벅지 관절을 치매 야곱의 허벅지 관절이 그 사람과 씨름할 때에 어긋났더라 그가 이르되 날이 새려 하니 나로 가게 하라 야곱이 이르되 당신이 내게 축복하지 아니하면 가게 하지 아니하겠나이다"(창 32:24-26).

어두운 밤에 갑자기 나타나 날이 새도록 상당한 시간을 지체하면서 싸웠는데 그 신적인 존재가 이기지 못했다는 것입니다. 많은 학자들은 이 본문을 야곱이 간절히 기도했다고 해석하는데 그것은 오류입니다.

하나님이 씨름하다가 이기지 못했다는 말을 긍정적으로 해석하지 않는 것입니다. 그가 친 허벅지 관절은 관절 중 제일 단단한 부분으로, 탈골되도록 때리려면 엄청나게 세게 때려야 합니다. 씨름은 못 이겼지만 때려서 허벅지 관절을 탈골시킬 수 있는 존재인 것입니다.

"야곱은 모태에서 그의 형의 발뒤꿈치를 잡았고 또 힘으로는 하나님과 겨루되 천사와 겨루어 이기고 울며 그에게 간구하였으며 하나님은 벧엘에서 그를 만나셨고 거기에서 우리에게 말씀하셨나니"(호 12:3-4).

학자들은 이스라엘 백성의 형벌에 대한 이야기를 하면서 이 본문을 인용합니다. 그래서 많은 학자들이 본문의 전체적 흐름과 호세아 12장에 근거해 하나님이 야곱과 씨름해 신적 존재가 지고 야곱이 이긴 걸 기뻐하지 않아서 허벅지를 쳐 골절시켰다고 봅니다.

그러나 저는 생각이 다릅니다. 하나님도 이기는 간절한 기도는 얍복 나루에서의 사건에서 성경이 말하고 싶어 하는 핵심이 아닙니다. 성경 전체를 보나 문맥을 보나 하나님과 씨름해서 이기면서 기도의 응답을 받는 그런 개념은 없습니다.

허벅지 관절을 쳐서 탈골시킬 수 있는 존재가 야곱을 못 이긴다는 건 불가능한 일입니다. 야곱의 허벅지 관절을 쳐서 탈골시킨 것의 의미는 하나님이 "이제 그만해라!" 하고 야곱의 어떤 부분에 손을 대시는 징계와 형벌로 해석할 수 있습니다. 그러면서 야곱의 눈이 열려 더 이상 정상적인 방법으로 씨름할 수 없게 되는 자신의 모습을 보게 됩니다. 그 과정을 거쳐 하나님을 전적으로 붙들고 의지하면서 하나님을 간절히 구하는 간구의 단계로 들어갑니다.

야곱이 그 모습 그대로 가나안에 들어가는 것을 하나님이 용납하지 않으시는 것입니다. 약속의 땅을 상속받기 위해 돌아가는 야곱에게 그 땅의 참 주인이신 하나님께서 "지금까지의 살아왔던 방식으로는 안 된다"라고 하시는 겁니다. 하나님을 신뢰하는 백성들이 누려야 할 그분의 생생한 임재와 도우심의 영광을 아직도 모른 채 살아가는 야곱을 찾아와 지금까지와는 다른 방식의 살아있는 신앙의 간증과 누림이 그의 삶에 있기를 기대하시고 싸움을 거시는 겁니다.

그 지점까지 가기 위해 야곱에게는 또 다른 얍복 나루가 필요했습니다. 하나님이 그러한 야곱에게 변화와 새로운 삶을 요구하시며 얍복 나루를 통과하게 하시고 약속의 땅을 당신의 방식으로 상속하도록 만드시는 사건이 얍복 나루 사건입니다.

"그가 이르되 날이 새려하니 나로 가게 하라 야곱이 이르되 당신이 내게 축복하지 아니하면 가게 하지 아니하겠나이다 그 사람이 그에게 이르되 네 이름이 무엇이냐 그가 이르되 야곱이니이다 그가 이르되 네 이름을 다시는 야곱이라 부를 것이 아니요 이스라엘이라 부를 것이니 이는 네가 하나님과 및 사람들과 겨루어 이겼음이니라 야곱이 청하여 이르되 당신의 이름을 알려주소서 그 사람이 이르되 어찌하여 내 이름을 묻느냐 하고 거기서 야곱에게 축복한지라"(창 32:26-29).

보통 축복은 이긴 자가 진 자에게 하는 것인데 싸움을 이긴 야곱이 진 사람에게 축복을 요구합니다. 야곱이 이기는 것 같았는데 허벅지 관절을 치는 순간 전세가 역전되고 있는 것입니다. 외적 싸움이 역전되는 건 아닌데 진짜 제대로 된 싸움의 양상들이 하나님이 원하는 모양으로 이루어져 야곱이 다른 형태의 싸움을 시작하게 됩니다.

자신의 실체와 하나님의 요구 앞에 직면하다

"천사와 겨루어 이기고 울며 그에게 간구하였으며 하나님은 벧엘에서 그를 만나셨고 거기에서 우리에게 말씀하셨나니"(호 12:4).

하나님이 야곱을 꺾으시자 야곱은 승리자라는 이름을 갖고 있어도 울면서 축복을 간구합니다. 이긴 사람이 왜 울까요? 자기 안에 더 이상 의존할 게 없고 아내가 넷, 자식이 11명이나 되는데도 에서의 400장정들 앞에서 보호할 수 없는 자신에 대한 깊은 좌절을 느낍니다. 거기다가 허벅지 관절이 탈골되어 전혀 힘을 쓸 수 없는 한계 상황에 딱 부딪치자 그는 비로소 절박한 간구와 함께 살아있는 하나님을 의지하고 붙드는 또 다른 믿음의 세계 속으로 들어가게 되는 것입니다.

야곱은 하나님의 권능과 능력을 전심으로 의지할 수밖에 없는 자신의 실체와 자신에게 그렇게까지 가까이 와 계신 하나님을 발견합니다. 그래서 자기가 이기고 있는데도 울면서 하나님의 능력과 축복을 간구하고 결사적으로 매달리는 믿음의 싸움을 하게 되는 것입니다.

우리의 삶에 불행한 이김이 있을 수 있습니다. 우리가 사는 세상은 승리가 모든 것을 보증하는 것 같지만 실은 패배보다 더 나쁜 승리가 있습니다. 하나님은 너무나 겸손하시고 인자하신 분이라 우리를 오래 기다리십니다. 오래 참으시는 하나님의 성품을 이기는 것은 아무 의미가 없습니다. 자신의 약함을 하나님 앞에 고백하고 인정하는 것이 진짜 이기는 것이죠.

우리는 생애의 어느 한순간에 하나님을 믿어서 은혜의 세계 안으로 들어오게 됩니다. 그런데도 우리 평생의 삶의 경험은 하나님도 보좌에서 배제하고 맙니다. 내가 스스로 왕 노릇 하면서 살아왔기 때문에 주님을 믿은 이후에도 야곱처럼 여전히 자기의 방법, 거짓말, 계책, 힘, 경험, 계획으로 이 세상을 헤쳐 나가려는 어리석은 시도들을 끝없이 하게 되는 것입니다.

그렇게 자기의 지혜, 힘, 방법, 술수, 노력, 속임을 가지고 삶의 문제를 끝없이 풀려고 하고, 자기방식을 끝까지 고집하는 야곱을 하나님은 못 이깁니다. 못 이길 분이 아니지만 우리를 억지로 꺾지 않으십니다. 그런 하나님이 얍복 나루에서 가나안을 목전에 두고 야곱의 허벅지 관절을 골절시키면서 자신의 실체와 하나님의 요구 앞에 직면하도록 만든 것이 얍복 사건의 핵심입니다.

야곱의 제일 큰 문제가 무엇입니까? 아버지와 형 라반을 속인 게 문제가 아니라 그런 모든 것들을 하게 만드는 자기 힘, 자기 중심성, 자기에 대한 신뢰와 자아를 꺾지 않는 끝없는 자기에 대한 의지입니다. 하나님의 능력과 방식으로 이기는 승리가 뭔지를 모르는 것입니다. 그래서 지금까지 결과가 인간적으로, 세상적으로는 다 이긴 것 같았지만 하나도 행복하지 않은 것입니다. 자기뿐 아니라 가족들까지 불행해지고 얍복 나루에서는 그 많은 재산마저도 아무 의미가 없게 된 것입니다.

하나님께서 야곱의 강한 힘을 꺾어 그 힘을 시들하게 하시고, 그의 끈질긴 자기 신뢰와 자신감을 깨뜨리시고, 불구가 되게 하셔서 세상적인 무기들이 아무 쓸모가 없게 하십니다. 그러자 그는 진실한 승리의 자리와 이김의 자리로 들어오게 됩니다. 이제부터 성경이 말하는 진짜 살아 있는 힘과 승리를 거두는 것입니다. 자연적인 힘이 쓸모없는 자리에 가게 되자 그는 믿음으로 하나님께로부터 오는 참된 승리와 능력과 도우심을 경험하게 됩니다.

저는 조국 교회에 예수 잘 믿으니 돈 많이 벌고 자식 잘 되었다는 간증들만 있는 것이 마음 아픕니다. 이것은 야곱처럼 이 놀라운 얍복의 은혜 안으로 들어가면서 또 다른 세계, 믿음에서 믿음으로 들어가는 복된 영광들을 누리지 못하고 피상적 수준에 머물러 있는 것입니다. 자아가 하나도 안 바뀌고 자기 계획, 모양, 특성을 그대로 가지고 있어 신앙생활을 해도 아무런 변화가 일어나지 않습니다. 하나님을 믿어서 거듭나기는 했지만 내 힘이 아닌 하나님의 능력으로 능하여지고 바울이 말한 것처럼 약할 때 강해지는 그 놀라운 능력을 전혀 못 누리는 것입니다.

신적 존재인 천사가 떠나려 하자 야곱은 당신이 나를 축복하지 않으면 가게 하지 않겠다고 말합니다. 대체 야곱이 무슨 축복을 기대했을까요? 아내도 넷, 자식도 11명이나 있으며 재산도 엄청나게 많은데 실제적으로 무슨 복이 더 필요합니까? 에서로부터 보호받는 것? 에서를 제거해 주시는 것? 야곱이 구한 복을 형 에서로부터의 구원으로 국한시키면 여러분은 피상성 속에 머물러 있게 됩니다. 야곱은 이제 본질에 접근해 들어가고 있는 것입니다.

하나님을 복으로 아는 영광의 눈이 열리다

야곱은 비로소 만복의 근원 자체이신 하나님을 의지하고 누리는 것이 뭔지 알기 시작합니다. 우리가 원하는 건 표시가 나게 돈이나 능력을 주신다든지 안전하게 에서를 제거해 주신다든지 하는 건데 하나님은 다릅니다. 이제야 비로소 야곱은 수많은 믿음의 사람들이 누렸던, 믿음 안에서 하나님을 누리고 하나님을 복으로 아는 영광의 눈이 열리기 시작해서 그 복을 구하고 있는 것입니다.

더 이상 아내나 더 많은 가축이 아니라, 하나님으로부터 오는 생명력과 신실한 공급과 도우심과 능력을 간구하는 것입니다. 이름은 하나님의 백성이었지만 실제적으로 문제를 해결해 나가는 방식은 세상 사람과 비슷했습니다. 이제야 비로소 세상과 구별된 이름과 걸맞게 믿음의 백성들이 사는 삶의 방식을 깨닫고 그 복을 간절하게 간구하고 찾고 부르짖는 것입니다.

우리 시대의 조국 교회는 얍복 나루터에 오기 전의 야곱의 삶을 살아가는 것 같습니다. 분명히 하나님을 알고 벧엘의 영광스러움을 보고, 양과 염소의 수가 늘고 라반과의 관계에서 하나님이 함께하신 많은 간증을 갖고 있으나 여전히 세상적입니다.

야곱은 손에 잡히는 어떤 것보다도 하나님이 동행하시고 하나님의 능력이 역사하는 것들을 누려가면서, 주를 믿고 사는 백성의 존영이 어떤 것인지를 얍복 나루에서 처절하게 경험합니다. 그러면서 또 다른 믿음의 귀한 세계 속으로 들어갑니다. 이것은 또 다른 체험을 해야 그런 세계로 들어간다는 말이 아니라 신앙의 진실성과 순전함이 이렇게 자라간다는 말입니다.

"내가 너와 함께한다."라고 약속하셨던 그 말씀을 믿으며 나아가지 않고 인간적인 방법을 다 쓰고 자신의 방법을 내려놓지 않는 야곱같이 사는 미련한 백성들이 수도 없이 많습니다. "지금까지는 몰라도 이제부터는 안 된다."라고 하나님이 가나안을 목전에 둔 야곱에게 그렇게 말씀하십니다. 주님이 여러분에게 이렇게 말씀하시면 여러분도 바뀌어야 합니다. 자꾸 어린애 짓이나 하고 징징대는 신앙생활이 아니라 살아계신 하나님을 의지하고, 하나님이 주시는 그 무엇이 아니라 하나님 그분 자체를 의지하는 데서 오는 능력의 근원이 무엇인지를 아는 얍복 나루터. 그 존귀하고도 참된 신앙의 진보가 있는 자리로 들어가야 합니다.

우리는 즉각적인 기도 응답, 하나님이 시키는 것만 하는 순종, 그게 신앙 좋은 거라고 생각합니다. 아이들이 우는 대로 족족 들어주면 자식들이 잘 클 것 같습니까? 자식들 다 망치는 것입니다. 엄마가 "안 돼!" 하면 끝까지 안 되어야 자식 교육이 되는 것이죠. 그래서 주님도 때로는 우리 기도에 응답하지 않으실 때가 있습니다.

응답을 다 받아야만 우리 신앙이 좋아지고 살아있는 것이 아닙니다. 응답하시지 않아도 하나님이 믿어져야 합니다. 응답하고 손에 쥐어야 모든 것을 확인받는 게 아니라 그런 것이 없어도 능력의 하나님을 딱 붙들고 걸음을 옮길 수 있어야 신앙이 자라가는 것입니다.

주님이 원하시는 우리의 고백

축복을 달라고 말하는 야곱에게 "네가 무슨 복을 더 받고 싶냐? 그 정도면 됐지 않냐?"라고 할 것 같은데 주님은 "네 이름이 무엇이냐?"라고 물으십니다. "내 이름이 야곱이니이다." 격이 안 맞는 것 같은 이 이상한 대화의 핵심이 보이십니까? 하나님이 설마 몰라서 물으시겠습니까? 주님이 기대하는 게 무엇이겠습니까?

"야곱입니다." 야곱은 자기의 생을 적나라하게 보여주는 그 이름 자체입니다. "형의 발뒤꿈치를 잡고 태어났습니다. 장자권과 축복을 목마르게 헤매고 찾아다니며 속이고 싸웠으며 이기기 위해 수단 방법을 가리지 않았습니다." 하는 고백이 야곱이라는 이름 속에 그대로 담겨있습니다. "나는 그런 자입니다." 주님이 그런 고백을 기대하시고 원하시는 것입니다.

하나님이 우리에게 바라시는 제사가 천천만만의 수양이 아니라 상한 심령과 깨어진 중심이라는 것을 수없이 들어서 알고 있습니다. 그런데 우리가 언제 상하고 언제 깨어집니까? "하나님, 나는 야곱입니다. 나는 세상과 거의 흡사하게 살아왔습니다. 나는 남의 발뒤꿈치를 잡고 끝까지 경쟁하려고 했던 자입니다. 만복의 근원이 하나님이신데 하나님께로 가려고 하지 않고 사람과 경쟁하려고 하고 사람의 방법을 차용하면서 사람들을 불행하게 만들고, 내 인생까지 이렇게 불행하게 만든 장본인이 바로 저입니다." 이렇게 자기 입으로 고백하고 실토하기 원하시는 것입니다.

"저는 야곱입니다. 발뒤꿈치 잡은 자, 악하고 나쁜 자입니다." 이렇게 자신의 죄를 토설하고 있는 야곱을 향해 "너는 이제부터 더 이상 야곱이 아니다. 너는 진짜 승리가 뭔지 아는 이스라엘이다"라고 말씀하십니다. 진짜 승리, 이 세상 살아가는 참된 이김이 무언지를 경험하는 너무나 귀한 성도가 등장하는 것입니다.

야곱은 지금까지 살아오면서 전부 이겼습니다. 그런데 아무도 행복하지 않았습니다. 야곱 자신이 잠시 행복했지만 그 행복은 더 큰 불행을 불러왔습니다. 그렇게 많은 양 떼와 소 떼와 그 많은 자녀와 아내를 가지고도 행복하지 않았고, 처절하게 두렵고 고통스럽고 평안이 없는 밤을 지새워야 했습니다. 지금까지 야곱이 좇아왔던 축복은 바로 그런 것입니다.

조국사회 성도들뿐 아니라 세상 사람들이 좇는 복이 다 그런 부류의 복이라고 생각합니다. 모두에게 행복하지 않고, 자기도 잠시밖에 행복하지 않은 그런 형태의 복을 구하다가 다 망하는 것입니다. 이제 야곱은 진짜 이김과 승리와 복이 무언지를 알게 됩니다. 이제부터 약속의 땅에 들어가는 야곱에게 긴급하게 필요로 하는 것은 내면 중심의 진실하고도 참된 변화인 것입니다.

물론 이전에는 성도가 아니었다고 할 수 없지만 벧엘에서 이미 하나님을 만났기 때문에 이것이 성도가 되는 경험이라고는 말할 수는 없습니다. 그러나 어쨌거나 새로운 정체성, 새로운 자유, 새로운 성품, 새로운 신분과 지위를 보여주는 이름으로 바꾸고 있는 것입니다. 이름을 바꾸면서 진짜 성경적인 승리, 진짜 성경적인 힘, 하나님이 우리에게 기대하시는 참된 이김과 축복이 이제부터 네 삶을 따라다닐 것이라고 말씀하시는 것입니다.

"그러므로 야곱이 그곳 이름을 브니엘이라 하였으니 그가 이르기를 내가 하나님과 대면하여 보았으나 내 생명이 보전되었다 함이더라 그가 브니엘을 지날 때에 해가 돋았고 그의 허벅다리로 말미암아 절었더라 그 사람이 야곱의 허벅지 관절에 있는 둔부의 힘줄을 쳤으므로 이스라엘 사람들이 지금까지 허벅지 관절에 있는 둔부의 힘줄을 먹지 아니하더라"(창 32:30-32).

"해가 돋았다"는 말은 밤이 지나고 아침이 되었다는 말도 되지만 야곱이 가나안 땅에 들어가 살게 될 삶을 상징적으로 보여주는 것입니다. '브니엘'이라 이름한 것은 하나님의 얼굴을 보고 죽지 않았다는 사실을 기억하고, 거기서 자기와 씨름한 인물이 하나님, 혹은 하나님의 천사라는 것을 야곱이 확인하는 것입니다.

이제 야곱은 싸움을 잘 할 수 없는 저는 다리를 갖고 있습니다. 그러나 하나님도 이기고 야곱 자신도 이기고 심지어 에서도 이기고 모두를 이기는, 세상이 측량할 수 없는 승리의 영광스러움을 누리기 시작하는 야곱의 생애가 시작되는 것입니다.

그 승리는 에서와의 관계에서 또 다른 놀라운 승리를 낳습니다. 20년간 에서의 생을 지탱해 주었을 그 분노, 그래서 아우가 온다는 말을 듣자마자 400명이나 되는 군사를 거느리고 미친 듯이 달려오게 만드는 그 에서의 마음도 녹여서 에서도 이기게 만듭니다. 모두가 이기고 사는 그 길로 비로소 야곱이 들어가기 시작합니다. 복의 근원입니다. 만방과 열방을 축복하고 내가 잘 될 뿐 아니라 남들이 다 살고 하나님이 영광 받으시는 것이 성경이 말하는 그 놀라운 은혜와 믿음의 삶입니다. 이런 삶이 야곱의 생애 속에 열리는 것입니다.

은혜 안에는 반드시 회복이 있다

야곱이 눈을 들어보니 에서가 400명의 장정을 거느리고 야곱에게로 오고 있습니다. 어떤 일이 일어날지 예측 불허의 순간입니다.

"자기는 그들 앞에서 나아가되 … "(창 33:3).

이제 야곱은 에서가 두려워 가족들 뒤에서 떨고 있는 것이 아니라 그들 맨 앞에 서서 에서를 맞습니다. 더 이상 에서를 두려워하는 겁쟁이가 아닙니다. 하나님과 겨루어 이겼던 새로워진 야곱의 부분도 발견됩니다. 그는 몸을 7번 땅에 굽히고 절을 하면서 거듭 자기를 종이라 하고 에서를 주라 부르며 예물을 넘치도록 풍성하게 제공하면서 신하가 극진하게 임금을 맞듯이 에서를 맞이합니다. 한평생을 형과 축복권을 놓고 장자권을 사기도 하고 속여 취하기도 했던 야곱이 형을 군주 모시듯 영접하는 모습 속에서 진짜 겸손하고 깨뜨려져 있는 자아를 가진 야곱을 보게 됩니다.

세상 사람들이 흔히 생각하는 것처럼 다른 사람보다 훌륭하고 높은 존재가 되어서 남을 섬기는 그런 정도의 도덕윤리를 행하는 것 갖고는 절대로 안 됩니다. 다른 이를 더 귀하게 여기고 나보다 남을 더 값진 존재로 여기는, 성령이 내주하는 성도들에게만 있는 진짜 겸손이 나와야 합니다. 형식적 겸손은 금방은 문제를 해결해 주는 것 같으나 조금 후에는 바닥을 드러내고 맙니다. 야곱은 정말 낮아진 자신의 모습을 보여 주고 있습니다.

하나님과의 인격적이고 살아있는 만남이 뚫리자 야곱이 변화되고, 야곱의 변화는 에서의 변화를 불러옵니다. 20년 동안 야곱의 가슴속에 돌덩어리를 얹어 놓은 것 같은 끝없는 절망과 고통, 인생의 질고 등 모든 것이 다 굴러떨어지면서 형이 달려와서 목을 어긋맞추어 입 맞추고 서로 우는 화해와 회복의 역사가 일어납니다. 은혜 안에서는 반드시 회복함이 있습니다. 은혜는 관계의 진실한 회복과 변화와 화해를 만들어줍니다. 오랫동안 화해할 수 없고 회복되지 않을 것 같았던 관계가 회복되고 화목하게 되는 영광들을 누리게 되는 것입니다.

"형님 얼굴을 본즉 하나님 얼굴을 본 것 같아요." 이는 아첨에 불과한 말이 아닙니다. 형의 변화된 모습을 보면서 그 안에서 하나님을 발견하게 되는 것입니다. 브니엘에서 만났던 하나님이 형 에서의 얼굴 안에도 들어있는 것입니다. 원수 같은 에서의 얼굴 속에서도 하나님의 얼굴을 읽어 내면서 은혜의 연장선을 살아내는 기쁨과 고백이 야곱의 삶에 드러나고 있습니다.

에서가 예기치 못한 모습으로 야곱과 화해를 하고 20년 동안의 앙금이 전부 다 사라지고 회복되는 영광들이 두 사람 속에 허락되고 있습니다. 하나님이 하시는 은혜의 역사는 두 사람 모두에게 찾아온 것입니다. 은혜는 1차적으로 야곱이 받았는데 야곱에게만 영향이 미치고 끝나지 않습니다.

복음이 우리에게 주는 은혜는 은혜 받은 당사자에게만 끝나는 게 아니고 그것이 직간접적으로 흘러서 옆 사람에게 영향을 미친다는 것이 기독교와 복음의 은혜입니다. 우리에게 변화가 일어나면 반드시 이웃들에게도 나누어지고 공유가 되는 은혜가 하나님 안에서 일어나게 되는 것입니다.

야곱이 하나님과의 일그러진 관계를 회복하기 시작하니까 원수까지도 화목하게 되는 복됨이 일어납니다. 어떤 면에서 에서는 야곱이 하나님을 누리는 것만큼 누리지는 못하겠지만 그럼에도 불구하고 여전히 열매를 공유하게 되는 기쁨이 있는 것입니다.

저는 교회와 성도에게 모든 소망을 둡니다. 성도가 바로 서면 그 은혜가 불신자에게도 미친다고 믿기 때문입니다. 그래서 구원과 성도들이 누리는 진짜 복을 그들이 다 누리지는 못할지라도 온갖 형태로 그 혜택을 함께 누리면서 같이 가는 복됨이 이 땅 위에 보편적으로 임하게 됩니다.

지금은 우리가 얍복 나루를 건너야 할 때

교회는 예수 믿으면 복 받는다고 외치는데 세상은 다 싫어합니다. 지금도 복에 대한 간증은 수도 없이 많은데 사람들은 교회에 오고 싶어 하지 않습니다. 얍복 나루를 건너야 할 때가 왔습니다. 제발 그 어리석은 자리에 계속 머물러있지 마십시오.

지금까지는 통했는지 모르지만 이제는 안 됩니다. 나만 좋고 남은 다 비참한, 그래서 결국 나도 비참해지는 그런 엉터리 신앙이 아니라, 하나님의 은혜를 전심으로 의지하는 그 믿음으로 살아가는 신앙이 되어야 합니다. 다리를 저는데 이기고, 하나님이 나를 축복하시고 나 때문에 원수까지 복을 받는 이 믿음의 살아있는 자리가 얍복 나루인 것입니다.

얍복을 거치면서 얍복 안에 일어난 생생하고 본질적인 변화는 조국 교회의 가장 시급한 변화라고 생각합니다. 하나님 앞에 서서 우리의 입술을 열어서 "주님, 제 이름이 야곱입니다. 제가 너무나 인간적인 방법으로 세상적인 방법으로 인생을 살아가고, 내 힘으로 내 중심으로 모든 것들을 끌어다 붙이고 살아갑니다. 그러나 더 이상 안 되겠습니다. 저를 용서해주세요." 이렇게 자백해야 합니다.

그 결과 우리 안에 새 이름을 받는 것 같은 새로운 믿음의 출발과 영적 변화가 있어야 합니다. 나만 복 받는 게 아니라 진짜 복의 근원으로써 남을 돕고 사람을 살려내는 진짜 능력과 이김이 무언지를 아는 삶, 이스라엘로 이름이 바뀌는 놀라운 감격이 여러분의 것이 되는 은혜가 있기를 바랍니다.

13

형통한 삶에 관한 우리의 오해
노예에서 죄수로 한없이 낮아지는 요셉

창 39:1-23

요셉은 하나님이 주신 꿈으로 인해 형들의 미움을 받고 애굽에 노예로 팔려 와 많은 고난을 당하는 인물입니다. 그런데 그에게 찾아온 고난에 대해 성경은 이렇게 말하고 있습니다.

"여호와께서 요셉과 함께 하시므로 그가 형통한 자가 되어 그의 주인 애굽 사람의 집에 있으니 그의 주인이 여호와께서 그와 함께 하심을 보며 또 여호와께서 그의 범사에 형통하게 하심을 보았더라"(창 39:2-3).

강제로 고향과 가족을 떠나왔고, 애굽으로 팔려 와 종살이를 하고 있는데 성경 말씀은 '형통하게 하셨다'라고 기록하고 있습니다. '형통하게 하셨다'라는 말은 잘되고 있고 성공하고 있다는 의미인데 현재 요셉의 모습과는 너무 어울리지 않는 말입니다. 그런데 성경은 왜 요셉의 삶을 '형통'이라고 표현했을까요? 그것은 하나님이 함께하셨기 때문입니다.

요셉이 처한 환경이나 신분은 달라졌지만 그의 삶에 변하지 않은 단 한 가지는 요셉이 하나님과 바른 관계 안에 머물러 있었다는 것입니다. 하나님은 가나안에서뿐 아니라 애굽에서도, 요셉과 항상 함께하셨습니다. 아버지의 사랑을 받던 아들에서 노예로 전락해 낯선 이방 땅에 살아가고 있지만 성경은 요셉이 '실패했다'라고 말하지 않습니다. 여전히 하나님이 함께하시는 그의 삶은 '형통'이었습니다.

우리는 복의 근원으로 세워졌다

하나님이 자신의 백성과 함께하신다는 것은 신구약 전체를 지배하는 핵심 주제 중 하나입니다. 이것은 또한 성도가 누릴 수 있는 최고의 특권이자 영광이며 능력이기도 합니다. 요셉의 아버지 야곱이 부모의 품을 떠나 900km가 넘는 여정을 떠났을 때도 하나님은 벧엘에서 그를 찾아와 "내가 너와 함께 한다"라고 말씀해 주셨습니다.

모세의 뒤를 이어 지도자가 된 여호수아에게도 하나님은 몇 번에 걸쳐 "두려워하지 말라. 내가 너와 함께한다"라고 말씀하셨습니다. 다윗이 왕이 되기 전 백성들 앞에 출입하며 승승장구할 때에도 성경은 하나님이 그와 함께하셨다고 거듭거듭 말하고 있습니다. 다윗은 시편을 통해 함께하시는 하나님에 대해 이렇게 고백했습니다.

"내가 사망의 음침한 골짜기를 다닐지라도 해를 두려워하지 않을 것은 주께서 나와 함께하심이라"(시 23:4)

심지어 우리를 구원하시기 위해 이 땅에 오신 구주 예수님의 이름에서도 이것을 찾아볼 수 있습니다.

"보라 처녀가 잉태하여 아들을 낳을 것이요 그의 이름은 임마누엘이라 하리라 하셨으니 이를 번역한즉 하나님이 우리와 함께 계시다 함이라"(마 1:23).

주님은 부활하신 후 핏덩어리 같은 교회를 남겨 두고 이 땅을 떠나실 때도 "내가 너희와 항상 함께 있을 것이다"라고 약속해 주셨습니다. 이처럼 하나님이 함께하시는 백성은 감옥에 있든지, 낯선 이방 땅에 있든지 모두 형통을 누리고 있는 자들입니다.

성경은 요셉의 형통에 대해 요셉이 혼자 심리적으로 느끼는 것이라 말하지 않습니다. 세상도 그의 형통함을 보았습니다. 성경은 요셉의 주인도 하나님이 그와 함께하심을 보았다고 분명히 기록하고 있습니다. 한낱 노예에 불과한 요셉을 보면서 그것도 이방신을 섬기는 주인이 하나님의 함께하심을 인정했다는 것입니다. 신앙은 우리의 내면으로만 간직하고 있는 것이 아닙니다. 불신자들도 우리의 신앙을 보고 있습니다. 하나님이 요셉과 함께하심을 본 그의 주인 보디발은 자기 집에 대한 모든 관리를 요셉에게 맡겼습니다. 그러자 어떤 일이 일어났습니까?

"여호와께서 요셉을 위하여 그 애굽 사람의 집에 복을 내리시므로 여호와의 복이 그의 집과 밭에 있는 모든 소유에 미친지라"(창 39:5).

여호와께서는 아브라함을 부르시고 "너는 복이 될지라. 너를 축복하는 자에게는 내가 복을 주고 너를 저주하는 자에게는 내가 저주하리라. 땅의 모든 족속이 너로 말미암아 복을 얻을 것이라"(창 12:2-3)라고 말씀하셨습니다. 이것은 부름 받은 사람들을 향한 하나님의 약속이었습니다. 이 약속대로 하나님은 요셉을 통하여 보디발의 집안까지 복을 누리게 하십니다.

우리도 복의 근원으로 세워져 있습니다. 우리가 처해 있는 상황이나 신분에 관계없이 우리는 하나님의 부름을 받은 복의 근원으로서 열방과 민족과 사람을 축복하게 됩니다. 우리의 신분이 높고 재능이 특출해서가 아니라 하나님이 우리와 동행하심으로 인해 이웃들을 축복하고 영혼들을 살려내는 복의 통로가 되는 것입니다. 한마디로 주님을 믿는 우리 존재 자체가 곧 복의 근원입니다.

고난보다 무서운 유혹

하나님의 백성이 가는 곳마다 그로 인해 복이 흘러가지만 여기서 우리가 유의해야 할 것이 있습니다. 복이 흘러감과 동시에 유혹과 시험도 함께 온다는 것입니다. 요셉의 주변에는 하나님이 주시는 복을 인정하고 동행하려는 보디발 같은 사람도 있었지만 반대로 그것이 뭔지 몰라 육체의 소욕대로 헛되이 이용하는 사람들도 있었습니다. 보디발의 아내가 그랬습니다. 그녀는 하나님이 주신 복을 함께 누리기보다 자기 육체의 욕망을 충족시키기에 급급했습니다.

"그 후에 그의 주인의 아내가 요셉에게 눈짓하다가 동침하기를 청하니"
(창 39:7).

한글 성경에는 보디발의 아내가 요셉에게 동침하기를 청했다고 나와 있지만 원문대로 하면 "동침하기를 명령하니"로 번역해야 더 정확할 것 같습니다. 이것은 그녀가 요셉을 단순히 유혹하는 정도가 아니라 주인으로서 권세와 힘을 가지고 은근히 협박하고 있음을 보여주는 대목입니다. 이것이 하나님의 사람이 살아가는 세상의 모습입니다. 세상은 성도들에게 유혹만 하는 것이 아니라 "네가 이것을 하지 않으면 불이익을 받을 것이다"라고 은근한 협박을 가해 옵니다.

제가 조국 사회를 보면서 마음 아픈 것이 있습니다. 우리 조국 사회는 수십 년간 군부 독재 시절을 경험했습니다. 군대라는 조직에서는 상명하복이 생명이기 때문에 군인들이 정치를 하게 되면 구조적으로 심각한 왜곡을 가져올 수 있습니다. 우리 조국 사회도 오랫동안 군대 정치의 영향을 받았습니다. 군대식으로 정치와 사회를 조직하고 통치하려다 보니 자기 힘을 과시하고 그 힘으로 상대를 협박하는 문화가 곳곳에 영향을 미쳤습니다. 군대에서만 있어야 할 문화가 정치, 사회, 학교, 가정으로까지 퍼져 나간 것입니다.

성도들은 이 사회가 가진 불의한 구조대로 살아서는 안 됩니다. 요셉은 주종관계를 이용해 끊임없이 자신을 압박하고 유혹하는 여주인과 조금도 타협하지 않았습니다. 잠자리를 거부할 뿐만 아니라 아예 가까이 있으려고조차 하지 않았습니다. 어느 날에는 보니 집에 아무도 없고 여주인과 자기밖에 없었습니다. 아니나 다를까 여주인은 그것을 핑계로 요셉을 다시 유혹했고 요셉은 그 자리를 뛰쳐나왔습니다. 나가는 그의 옷자락을 여주인이 붙잡자 요셉은 아예 그 옷을 벗어 버렸습니다. 이처럼 한시도 타협하지 않고 하나님 앞에서 정직하게 성도의 대의를 지켰던 요셉처럼 우리도 불의한 이 구조 속에서 건강하고 바른 성도로 서 있어야 합니다. 힘으로 은근히 상대를 협박해서 원하는 것을 얻어 내는 불의한 세상의 구조를 교회가 받아들이거나 성도가 흉내 내기 시작하면 같이 망하는 것입니다.

교회와 성도는 세상의 빛이며 소금입니다. 우리가 어두워지면 세상도 어두워질 수밖에 없습니다. 우리 한 명 한 명이 성도다우면 세상이 같이 복을 받지만 우리 한 명 한 명이 성도답지 못하면 세상도 같이 망합니다. 이것이 성경의 질서이며 원리입니다.

나 하나가 믿음으로 살지 못하면 나 하나로 끝나지 않고 세상의 불의한 구조가 확대 재생산되면서 결국 다같이 죽게 됩니다. 그러나 성도가 믿음으로 바르게 서 있으면 모두가 살고 복을 받는 바른 구조가 나오게 됩니다. 우리도 요셉처럼 대가를 지불하고 세상 앞에 "NO"라고 말하면서 거룩하고 성결한 백성으로 이 땅을 살아야 합니다. 그럼 요셉이 이처럼 여주인의 끝없는 유혹과 압박을 이겨낼 수 있었던 원동력은 무엇이었을까요?

> "요셉이 거절하며 자기 주인의 아내에게 이르되 내 주인이 집안의 모든 소유를 간섭하지 아니하고 다 내 손에 위탁하였으니 이 집에는 나보다 큰 이가 없으며 주인이 아무것도 내게 금하지 아니하였어도 금한 것은 당신뿐이니 당신은 그의 아내임이라 그런즉 내가 어찌 이 큰 악을 행하여 하나님께 죄를 지으리이까"(창 39:8-9).

요셉은 자신을 믿고 맡겨 준 주인 보디발을 충성스럽게 따르고 섬겼습니다. 자기중심적이고 자기의 이해관계를 따라 이합집산을 반복하는 세상 속에서 성도는 관계에 충성하는 사람들입니다. 조령모개처럼 자기의 이익을 따라 관계를 깨뜨리지 않고 자신을 믿어주는 이들을 신뢰하고 사랑하는 사람이 성도입니다. 요셉은 보디발과의 충성스러운 관계를 깨지 않으려고 여주인의 유혹을 단호히 거절했습니다. 그러나 그보다 더 큰 이유는 바로 하나님 앞에서 악을 행할 수 없었기 때문입니다. 요셉은 언제나 하나님의 눈을 인식하고 살았습니다.

개혁주의 교단의 아름다움 중 하나는 하나님의 눈을 의식하며 살아간다는 것입니다. 그런데 시간이 지날수록 그런 모습이 줄어들면서 요즘은 어디를 가나 부패가 코를 찌릅니다. 신학교를 가 봐도, 노회를 가 봐도 방종과 방탕이 구석구석까지 스며들어 있습니다. 교단 곳곳이 욕심과 정욕과 타락으로 악취가 날 정도입니다. 그런데 요셉은 어떻습니까? 신구약의 계시가 모두 열려 있고 성령이 성도 개개인에게 임하는 이 시대에 비해 계시의 말씀이 턱없이 부족했던 시대임에도 요셉은 하나님의 눈을 의식하고 하나님께 죄를 짓는 일을 행하려 하지 않습니다. 전체적으로 요셉 이야기를 묵상해 보면 요셉의 삶을 이끌어 가는 원동력을 한 가지 더 발견할 수 있습니다.

요셉의 모든 고난은 꿈으로부터 왔습니다. 이 꿈은 자기가 꾼 꿈이 아니라 하나님께서 주신 말씀과 부르심이었습니다. 요셉은 그 부르심에 매 순간 충성스럽게 반응하며 살았습니다. 낯선 이방 땅에 노예로 잡혀 왔지만 그는 절대 자신의 삶을 자포자기하거나 절망에 넘겨주지 않았습니다. 요셉은 상대의 힘과 협박을 변명 삼아 죄를 합리화하지도 않았고 한순간의 욕망이나 열정에 휩싸이지도 않았습니다. 그는 부르심을 받은 그 일에 한결같이 마음을 기울이며 자신에게 닥친 모든 유혹과 시험을 헤쳐 나갔습니다.

사도행전 20장에 보면 예루살렘으로 올라가려는 바울을 많은 사람들이 못 가게 만류하는 장면이 나옵니다. 바울이 예루살렘으로 올라가면 죽는다는 예언이 있었기 때문이었습니다. 그러나 바울은 이렇게 고백합니다.

"내가 달려갈 길과 주 예수께 받은 사명 곧 하나님의 은혜의 복음을 증언하는 일을 마치려 함에는 나의 생명조차 조금도 귀한 것으로 여기지 아니하노라"(행 20:24).

사람들의 만류에도 바울은 예루살렘행을 고집합니다. 하나님의 부르심 앞에서 죽음에 대한 두려움은 어떤 장애물도 될 수 없었기 때문입니다.

"내가 이미 얻었다 함도 아니요 온전히 이루었다 함도 아니라 오직 내가 그리스도 예수께 잡힌 바 된 그것을 잡으려고 달려가노라 형제들아 나는 아직 내가 잡은 줄로 여기지 아니하고 오직 한 일 즉 뒤에 있는 것은 잊어버리고 앞에 있는 것을 잡으려고 푯대를 향하여 그리스도 예수 안에서 하나님이 위에서 부르신 부름의 상을 위하여 달려가노라"(빌 3:12-14).

여러분에게는 이런 고백이 있습니까? 내가 세워 놓은 꿈이 아니라 위에서 주신 부르심, 생명도 아끼지 않고 달려갈 수 있는 그 부르심에 여러분은 어떻게 반응하고 있습니까? 요셉의 고난은 하나님의 부르심 때문에 찾아왔지만 그럼에도 그는 신실하게 그 부르심을 따라가며 모든 유혹과 시험들을 이겨 냅니다.

즉각적인 보상이 없을지라도

　성경은 우리가 어쩌다 성도가 되었다고 가르치지 않습니다. 하나님은 세상을 만드시기 전부터 우리를 마음에 품으셨고 정하신 때에 하나님의 계획과 뜻을 위해서 우리를 성도로 부르셨습니다. 그 영광스러운 부르심 앞에서 우리는 생존에 급급하며 살아서는 안 됩니다. 성도가 살아가는 방식은 하나님의 부르심을 붙들고 불의한 이 세상에 굴복하지 않으며 믿음의 경주를 해 나가는 것입니다. 그런데 그렇게 살아왔던 요셉에게 어떤 일이 일어났습니까?
　고소를 당하고 감옥에 가게 됩니다. 보디발의 아내는 자신의 명령을 거부하는 요셉에게 앙갚음을 하고자 요셉을 파렴치한 강간미수범으로 고소하며 요셉의 명예를 모두 짓밟아버립니다. 보디발은 아내의 말을 듣고 요셉을 옥에 가두었습니다. 정상적으로 형벌을 받자면 요셉은 죽어야 합니다. 노예가 감히 여주인을 강간하려 했으니 살려두기 어려운 일입니다. 그러나 보디발은 요셉을 죽이지 않고 옥에 가둡니다. 그도 자신의 아내가 어떤 사람인지 알았지만 어쩔 수 없었던 것입니다.

우리가 하나님의 부르심에 신실하게 반응한다 해서 즉각적인 보상이 있을 거라고 기대하면 안 됩니다. 우리가 속한 이곳은 패역하고 악한 세상입니다. 구주 예수님을 십자가에 못 박아 죽인 세상입니다. 왜곡된 세상의 질서와 구조가 하나님의 은혜를 정면에서 거스르는 시대에 우리는 살고 있습니다.

제가 조국 교회를 볼 때마다 느끼는 것은 성도들을 절망시키는 구조가 교회 안팎에 가득하다는 것입니다. 많은 성도들이 교회를 보며 좌절을 경험합니다. 교회의 잘못된 구조 속에서 착한 성도들이 마음을 다치지 않고 신앙을 지켜 내기가 얼마나 어려운지 모릅니다.

요셉은 하나님의 말씀을 따라 살았고 보디발에게도 신의를 지키며 충성했으나 그 대가에 대한 즉각적인 보상은 주어지지 않았습니다. 그러나 그러한 삶의 자리에서조차 믿음의 눈으로 보는 훈련이 필요합니다. 요셉은 보디발에게 자신의 무죄를 알리는 데 실패했고 옥에 갇혔습니다. 하지만 성경이 여전히 초점을 맞추는 것은 하나님이 요셉과 함께 계셨다는 것입니다.

"여호와께서 요셉과 함께 하시고 그에게 인자를 더하사 간수장에게 은혜를 받게 하시매 간수장이 옥중 죄수를 다 요셉의 손에 맡기므로 그 제반 사무를 요셉이 처리하고 간수장은 그의 손에 맡긴 것을 무엇이든지 살펴보지 아니하였으니 이는 여호와께서 요셉과 함께 하심이라 여호와께서 그를 범사에 형통하게 하셨더라"(창 39:21-23).

요셉이 보디발을 설득시키는 데는 실패했는지 모르지만 하나님 앞에서는 실패하지 않았습니다. 요셉은 적어도 2년 이상 감옥에 갇혀 있었을 것으로 추정되는데, 그 감옥은 총리가 되는 문턱이었습니다.

때로 우리가 고난을 당할 때 하나님을 의심하고 원망하는 것이 정당하다고 여겨질지 모르겠지만 하나님은 그러한 삶의 자리에서조차 우리의 믿음과 신앙을 바라십니다. 지금 당장 내 삶에 즉각적인 보상이 주어지지 않고 도리어 원하지 않는 상황으로 내몰린다 할지라도 하나님의 때가 있는 줄 믿고 하나님을 신뢰하며 하나님과의 관계에서 절대로 실패하지 않기를 바랍니다.

하나님의 방법은 '낮추심'이다

세상의 역사는 권세자들을 중심으로 서술되지만 하나님의 역사는 하나님의 언약 백성들을 중심으로 서술됩니다. 한 나라 역시 그 나라의 대통령과 정치인들에 의해서 움직이는 것이 아닙니다. 저는 그분들보다 우리가 하나님께 더 중요한 존재라고 생각합니다. 하나님은 교회와 성도들을 중심으로 세상의 만물을 통치하시며 움직여 가십니다.

우리에게 일어나는 어떤 일들도 하나님의 경륜 밖에서 일어나는 것은 없습니다. 내 인생에 정말 일어나지 않았더라면 좋았을 불행과 고통도 하나님이 우리 한 사람 한 사람을 향해 계획을 갖고 행하시는 섭리의 과정임을 믿기 바랍니다. 어떠한 상황에도 하나님을 기대하는 마음을 절대로 놓아 버리면 안 됩니다.

하나님은 틀림없이 우리의 생을 하나님의 섭리와 계획 속에 이끌어 가고 계십니다. 요셉의 인생을 다시 한 번 눈여겨보십시오. 하나님이 요셉에게 주신 꿈은 애굽의 국무총리가 돼서 언약 백성을 구원하고 400년 후에 있을 출애굽을 준비하는 것이었습니다. 생각만 해도 영광스러운 부르심입니다. 그런데 그 부르심의 방법으로 요셉을 낮추십니다. 그를 낮추고 고난과 시련으로 연단시키는 방법을 통해 하나님은 요셉을 준비시키십니다.

우리가 꿈꾸는 그림은 하나님이 우리에게 엘리트 코스를 밟게 하셔서 근사한 방법으로 우리를 세우시는 것입니다. 그러나 성경 어디에도 하나님이 그의 백성을 다루실 때 그렇게 하시는 법이 없습니다. 하나님이 부르시고 사용하시는 사람들의 보편적인 모습은 '낮추심'입니다. 밑바닥까지 낮아져서 사람들에게 미움과 조롱을 받고 수도 없는 배반과 오해를 당하기도 합니다. 감옥에서 요셉의 도움으로 살아난 술맡은 관원장도 요셉을 배신하고 아예 기억조차 하지 않았습니다.

명예라도 건질 수 있다면 그나마 다행이겠지만 요셉이 옥에 갇힐 때의 죄명은 파렴치한 강간미수범이었습니다. 성도에게 그런 불명예가 또 어디 있겠습니까? 그런데 하나님은 그렇게 밑바닥까지 요셉을 낮추신 뒤 그를 세우십니다.

하나님은 자신의 백성을 낮추기 전에는 절대 높이지 않습니다. 고난을 통과하기 전에 영광을 주시지 않습니다. 하나님이 세우신 자들이 해야 할 일은 가난한 자들, 실패한 자들, 아픈 자들을 만져야 하는 일이기 때문입니다. 높은 자리에 있으면서 그들을 바라보며 동정하거나 한 번씩 구제해 주는 것이 아니라 그들과 같은 눈높이에서 함께 웃고, 함께 울며 그들의 아픔을 내 아픔처럼 함께하는 것입니다. 그런데 엘리트 코스만 밟아 온 삶에서 어떻게 그런 섬김이 나올 수 있을까요?

하나님의 관점은 엘리트적인 지도자를 원하는 세상의 관점과 너무나 다릅니다. 하나님은 사람의 영혼을 만지는 것이 얼마나 중요한지 아십니다. 사람의 눈물을 닦아 주는 일은 말이나 제도나 돈으로 할 수 없다는 것을 너무나 잘 아십니다. 그래서 하나님은 지도자를 세우실 때 먼저 그를 낮추십니다.

우리 삶에 앞으로 어떤 일들이 기다리고 있을지 아무도 모릅니다. 그러나 어떤 일들이 우리에게 일어나더라도 자신의 백성들을 중심으로 역사를 이끌어 가시는 하나님의 섭리를 붙들고 하나님을 신뢰할 수 있기를 바랍니다. 우리의 눈물과 아픔이 하나님의 경륜 안에서 우리를 세우시는 하나님의 구체적인 방법인 줄 알고 하나님을 인정하고 의지하며 그분의 도우심을 구하는 복된 인생이 되기를 축복합니다.

14

신앙에는 포기, 내려놓음, 낮아짐, 종 됨이 반드시 들어있다
많은 것을 포기하나 더 행복한 믿음, 모세

히 11:23-31

구약에서 가장 위대한 인물을 뽑으라고 한다면 아브라함과 모세가 아닐까 생각합니다. 실제로 히브리서 저자는 11장에서 믿음의 사람들을 소개하면서 다른 인물들에 비해 두 사람을 여러 절에 걸쳐 소개하고 있습니다. 그만큼 아브라함과 모세는 구약 시대를 대표하는 가장 상징적인 인물입니다.

모세는 200만 명이 넘는 이스라엘 백성들을 예배당도 없는 광야에서 40년간 인도했던 목회자입니다. 출애굽기를 읽다 보면 모세 같은 사람이 어디 있을까 싶을 만큼 그는 도드라지는 인물입니다. 우리는 모세를 통해서 믿음으로 사는 삶이 어떤 요소를 포함하는지 볼 수 있습니다.

모세 부모의 믿음을 먼저 이야기하는 성경

성경은 특이하게도 모세의 믿음을 바로 말하지 않고 모세 부모님의 믿음에 대해 먼저 말하고 있습니다.

"믿음으로 모세가 났을 때에 그 부모가 아름다운 아이임을 보고 석 달 동안 숨겨 왕의 명령을 무서워하지 아니하였으며"(히 11:23).

출애굽기 1장에는 좀 더 자세한 내용이 나와 있습니다.

"요셉을 알지 못하는 새 왕이 일어나 애굽을 다스리더니"(출 1:8).

애굽에는 요셉을 알지 못하는 새로운 왕조가 탄생하게 됩니다. 이전에 요셉을 총리로 중용했던 왕조는 힉소스라는 이방 족속입니다. 그래서 가나안 출신의 같은 이방인인 요셉을 총리로 등용하는 데 아무런 문제가 없었습니다. 그런데 힉소스 왕조가 무너지고 정통 애굽 왕조가 세워지면서 이스라엘 백성들의 지위가 달라졌습니다.

애굽의 새 왕조는 고센 땅을 중심으로 급격하게 번성하고 있던 이스라엘 백성들을 견제하면서 갖은 핍박으로 괴롭히기 시작했습니다. 그럼에도 불구하고 이스라엘 백성들이 계속 번성하자 애굽의 새 왕 바로는 산파들을 시켜 이스라엘 백성들이 아들을 낳을 때 모조리 죽이라고 명령합니다. 산파들은 하나님을 두려워하면서 바로의 명령을 거역했습니다. 바로는 다시 사람들을 불러 이스라엘 백성들이 아들을 낳으면 나일 강에 집어 던지라고 명령했습니다. 이 와중에 모세가 태어난 것입니다. 히브리서 저자는 이 부분에 대해 모세의 부모가 하나님을 믿는 믿음으로 사람이나 환경을 두려워하지 않았다고 기록하고 있습니다.

두려움을 이기기 위해서는 환경과 상황을 바꾸면 되는 것처럼 세상은 말하지만 그것들이 달라진다 해도 두려움은 없어지지 않습니다. 두려움은 믿음으로 이길 수 있습니다. 믿음이 두려움을 이기게 하는 힘이지 환경의 변화가 두려움을 이기게 하지 않습니다.

그리고 우리가 주의해서 보아야 할 것은 모세가 태어났을 때 "부모가 아름다운 아이임을 보았다"라고 한 대목입니다. 출애굽기 2장에는 이 부분이 "그가 잘생긴 것을 보고"라고 되어 있습니다. 내용만 보면 이것이 외모에 대한 표현인 것처럼 느껴집니다.

한국 사람들은 잘생겼다고 말하면 외모를 먼저 생각하지만 유대적인 배경에서 잘생겼다의 의미는 좀 다릅니다. 유대인들은 훨씬 더 총체적이고 종합적입니다. 그들이 어떤 여자를 보고 예쁘게 생겼다고 말한다면 그것은 외모가 예쁘다는 뜻이 아니라 성품이 아름답고 몸이 건강해서 아이도 잘 낳고 일도 잘할 수 있겠다는 뜻입니다.

모세가 태어났을 때 부모가 그를 보고 '잘 생겼다', '아름다운 아이다'라고 생각한 것은 외모적인 잘생김을 말하는 것이 아니었습니다. 그렇다고 부모니까 자기 자식이 예뻐서 그렇게 표현한 것도 아닙니다. 이 말씀은 모세의 부모가 아이를 봤을 때 그 속에 뭔가 하나님의 특별한 부르심이 있음을 느꼈다고 해석하는 것이 합당할 것 같습니다. 그래서 그들은 왕의 명령에도 두려워하지 않고 믿음으로 모세를 잘 양육하려 했던 것입니다.

히브리서 저자가 이렇게 모세보다 먼저 모세 부모의 믿음을 말하고 있는 이유는 무엇일까요? 모세는 애굽의 왕궁에서 자랐습니다. 그곳은 보화와 부귀와 온갖 쾌락이 가득한 세계 최대의 왕궁이었습니다. 그런 곳에서 모세가 신실한 사람으로 자랄 수 있었던 것은 그가 부모의 위대한 신앙과 믿음의 유산을 전승받았기 때문입니다. 히브리서 저자는 이 부분을 드러내고 싶었던 것입니다. 부모를 통해 믿음을 물려받는 것은 가장 성경적이고 하나님이 세우신 가장 바른 질서입니다.

조국 사회는 자식을 좋은 대학에 보내기 위해 온갖 노력을 아끼지 않으면서도 신앙만큼은 아이가 스스로 선택하게 합니다. 그것은 옳지 않습니다. 부모를 통해 신앙의 유산을 물려받는 것은 하나님이 세우신 가장 정상적이고 자연스러운 질서입니다. 부모로서 누리는 최고의 영광과 특권 중 하나는 자녀들이 믿음을 잘 계승하고 이어받는 것입니다. 믿음을 계승하고 전승하는 것은 어렵지만 너무나 중요한 일입니다.

그러나 모두가 알다시피 우리는 신앙을 계승하는 것이 점점 더 어려워지는 시대를 살아가고 있습니다. 이 사회가 너무나 강력한 흡입력을 가지고 다음 세대의 마음을 빼앗아가고 있는 상황에서 우리 자녀들의 시대는 우리 시대보다 더 어려운 영적 싸움을 해야 합니다. 이러한 때 조국 교회는 참으로 신실했던 우리 신앙의 선배들을 훨씬 더 능가하는 자녀 세대를 반드시 길러 내서 세계 선교를 비롯해 온 세계 열방을 섬기는 귀한 일을 감당해야 할 것입니다. 이 과업이 실패하지 않도록 교회가 힘써 기도하고 최선을 다해 다음 세대를 믿음으로 양육하며 무엇보다 부모들이 신앙을 유산으로 물려줌으로써 자녀들이 신실한 믿음의 사람으로 자라나는 일들이 많아지기를 기대합니다.

많은 것을 포기하는 모세의 믿음

부모로부터 신앙의 유산을 물려받고 신실하게 자란 모세의 믿음 안에 있는 신앙의 중요한 요소는 무엇입니까? 신앙에는 반드시 포기와 내려놓음과 버림과 낮아짐과 종 됨이 있습니다. 물론 신앙의 삶이 전부 이런 것으로만 구성돼 있는 것은 아닙니다.

요셉의 경우처럼 높은 신분과 지위, 잘됨과 형통을 가지고 하나님과 그 백성을 섬기는 것도 신앙의 중요한 부름입니다. 그러나 그것 못지않게 신앙에는 포기와 내려놓음과 낮아짐과 종 됨이 반드시 들어 있다는 것을 잊어서는 안 됩니다.

지난 30년 동안 조국 땅은 헐벗고 굶주리던 삶에서 벗어나 풍요와 부요를 누리게 되었습니다. 아무도 주목하지 않던 나라에서 모두가 주목하는 나라가 되었습니다. 예수님 덕분에 잘 살고 형통하게 된 것뿐 아니라 우리처럼 자격 없고 공로 없는 자들의 죄가 조건 없이 가려지고 하나님의 그 큰 구원을 값없이 선물로 받았습니다. 얼마나 귀한 복입니까? 그러나 그것이 다가 아닙니다. 우리는 지난 30년 동안 이루고 얻은 것만을 주목하지만 신앙에는 그것과 똑같은 포기와 내려놓음과 잃어버림과 낮아짐이 있습니다.

조국 사회와 교회 구석구석을 한번 보십시오. 사람들의 삶을 자세히 보면 잘됨과 형통함에 대한 물림들이 있습니다. 사람들은 더 이상 그런 것들을 매력적으로 여기지 않습니다. 지금 이 시대가 필요로 하는 것은 신앙과 믿음의 삶 속에 있는 것들, 즉 남들이 하지 않는 희생과 남들이 정상적이라고 생각하는 것들의 포기와 낮아짐과 종 됨입니다. 성경이 모세의 삶을 통해 말하고자 했던 믿음의 요소 또한 바로 이것입니다. 모세는 무엇을 내려놓았습니까?

"믿음으로 모세는 장성하여 바로의 공주의 아들이라 칭함 받기를 거절하고"(히 11:24).

모세는 신분과 지위를 포기했습니다. 물론 요셉과 다니엘처럼 신분과 지위를 가지고 하나님의 일을 해 내는 일꾼도 있습니다. 우리 주변에도 높은 위치에서 좋을 일들을 하시는 분들이 많이 있습니다. 그것도 참으로 귀한 일입니다. 그러나 그와 반대로 지위와 신분을 포기하고 버림으로써 하나님의 일을 감당해야 할 때도 있습니다.

모세는 바로의 공주의 아들이라 칭함 받기를 거절했습니다. 그가 공주의 아들로 있다고 해서 아무도 그를 비난할 사람이 없었습니다. 그러나 모세는 요셉이나 다니엘과 다르게 종 된 모습으로 낮아지는 것이 이스라엘 백성을 섬기기 위한 부르심인 줄 알고 기꺼이 자신의 신분과 지위를 내려놓는 길을 택했습니다.

선택은 우리 신앙의 현주소를 알 수 있게 해 주는 척도입니다. 모세는 잘됨과 높아짐을 선택하는 세상 흐름 속에서 낮아짐과 종 됨을 선택했습니다. 세상은 모두가 다 높아져야 한다고 가르칩니다. 그러나 성도들은 하나님의 다른 부르심이 있다는 것을 압니다. 그래서 아무도 비난하지 않을 자리에 있으면서도 그 자리를 포기하고 낮아짐과 종 됨을 선택합니다. 이것은 믿음의 삶을 살아가는 데 있어 중요한 요소입니다.

높아져야만, 남들이 인정해야만 하나님의 일꾼이 되는 것이 아닙니다. 여러분이 하나님 앞에서 신분과 지위를 내려놓을 때 소유하는 것과 비교할 수 없는 권능이 임하게 됩니다. 세상은 가져야만 힘이 있다고 말하지만 성경은 주님 때문에 믿음으로 포기하고 내려놓을 때 능력이 임하고 역사하는 힘이 생긴다고 분명하게 말합니다.

성도들은 필요할 때 신분과 지위를 가차 없이 내려놓습니다. 저는 교회 안에 그런 성도들이 많기를 원합니다. 건강한 삶을 위해 시골로 내려가는 그런 것이 아니라 누구나 부러워할 만한 자리임에도 남을 위해 양보할 줄 알고, 주님이 주신 것들이 이미 너무 많기 때문에 더 높은 곳으로 가지 않아도 된다고 자족할 줄 아는 성도들이 더 많아지기를 바랍니다. 무한경쟁으로 내몰리는 이 시대에 하나님 때문에 지위와 신분을 내려놓을 줄 아는 믿음의 사람들이 많이 나오기를 기대합니다. 모세가 지위와 신분을 포기하자 그에게 따라오는 것이 있었습니다.

"도리어 하나님의 백성과 함께 고난 받기를 잠시 죄악의 낙을 누리는 것보다 더 좋아하고"(히 11:25).

사람들이 신분과 지위를 포기하지 못하는 이유가 무엇입니까? 남들이 알아주고 인정해 주고 그에 합당한 특별 예우를 해 주기 때문입니다. 모세가 공주의 아들로 있을 때도 그런 특권과 예우를 누렸습니다. 그런데 성경은 그가 그 자리를 내려놓고 하나님의 백성들과 함께 고난을 받았다고 기록했습니다.

영어 성경에는 이 부분이 "mistreated"라고 되어 있습니다. 공주의 아들로서 예우와 특권을 받던 모세가 신분과 자리를 내려놓자 부당한 대우가 돌아왔습니다. 그 부당한 대우를 받는데도 모세는 기뻐했다는 것입니다. 왜냐하면 앞서 누린 것은 잠시 잠깐뿐인 죄악의 낙이기 때문입니다.

세상에서 높아지고 잘되는 것이 다 잘못된 것은 아닙니다. 세상에 있는 즐거움들이 다 부정되어서도 안 됩니다. 그러나 주님이 주신 기쁨과 다르게 세상의 기쁨은 우리를 자주 죄의 자리로 데려갑니다. 잠시인데도 세상의 기쁨은 우리를 교만의 자리로, 욕망과 죄의 자리로 데려갈 위험성이 큽니다. 시작할 때의 동기가 그렇지 않다 해도 잠시 잠깐 사이에 그 기쁨이 변질될 가능성이 큽니다. 그래서 모세는 잠시 세상이 주는 죄악의 낙을 누리기보다 하나님의 백성과 자신을 동일시하면서 고난 받고 부당한 취급 당하는 것을 조금도 주저하지 않았습니다.

조국 땅에 사는 사람들이 가장 민감해 하는 것 중 하나가 '내가 왜 이런 대접을 받아야 하나!' 하는 것입니다. 우리 구주는 이 땅에 오셔서 사람들에게 몰지각한 대우를 받으셨습니다. 하나님의 아들이신 분이 하늘의 영광과 보좌를 다 뒤로 하고 오셨는데도 세상 사람들에게 손가락질 당하고 욕 듣고 정당한 대우를 받지 못하셨습니다. 존귀하고 영광스러운 대우를 받아 마땅한데도 아무도 그를 알아주지 않았고 도리어 모욕을 당하셨습니다. 그런 구주를 믿는 저와 여러분이 사람들에게 안 좋은 말 좀 듣는다 해서 그것이 뭐 그리 대수겠습니까?

성도들에게 부탁하고 싶습니다. 사람들에게 좋지 않은 말 듣는 것에 대해 민감하게 반응하지 마십시오. 우리는 죄인들의 세상에 살고 있습니다. 우리는 사람들에게 부당한 취급 받는 것을 당연하게 여길 줄 알아야 합니다. 사람들이 우리에게 악한 말을 할지라도 당연한 것처럼 받아들일 줄 알아야 합니다.

제가 교회사를 공부해 보면 교회가 세상의 지지를 받는다고 힘이 생기는 것이 아닙니다. 오히려 교회가 세상의 지지를 택하면 망합니다. 타락하고 부패합니다. 지난 역사에서 교회가 강성했을 때는 교회가 핍박을 통과했을 때입니다. 세상에서 부당한 대우를 받고 나쁜 말을 들었을 때 교회는 더 강건하고 튼튼했습니다. 그러므로 우리도 구주를 정죄하고 못 박아 죽인 이 땅을 살아가면서 좋은 말 듣는 데 목숨 걸지 않아야 합니다.

우리가 성도로서 부당한 대우 받고 욕 듣는 것에 대해 싫어하면 안 됩니다. 우리 구주도 이 땅에서 그런 악한 대우를 받고 가셨는데 우리가 어떻게 그런 대우를 받지 않을 수 있겠습니까?

언제나 그런 것은 아니지만 우리 삶에서 이 땅의 안락과 편안함과 행복을 포기해야 될 때가 있음을 잊지 말아야 합니다. 만일 하나님이 여러분에게 그것을 요구하시는 때가 오면 아낌없이 내려놓으십시오. 세상은 기쁨이 없으면 안 되는 것처럼 여기고 고난을 당하는 것에 대해 심각하게 생각하지만 성도의 삶에 고난은 필연적인 요소입니다.

"그리스도를 위하여 받는 수모를 애굽의 모든 보화보다 더 큰 재물로 여겼으니 이는 상 주심을 바라봄이라"(히 11:26).

모세는 애굽의 모든 보화와 재물을 포기했습니다. 물질이 주는 풍성함과 안락함을 내려놓았습니다. 여러분도 자식들에게 재산을 물려줄 생각 하지 말고 하나님 나라를 위해 기꺼이 내놓으시기 바랍니다. "목사님, 나이 들어서 돈이 있어야 자식들이 부모 대접 해 줘요."라고 말한다면 거꾸로 한번 생각해 보십시오. 자녀들이 여러분 손에 쥔 돈 때문에 여러분을 선대하는 그런 비참한 인생을 살고 싶으십니까? 제발 움켜쥐고 있지 말고 하나님 나라를 위해 흘려보내십시오. 몸이 다 쇠약해져서 오늘내일할 때까지 있다가 내지 말고 여러분의 기력이 팔팔할 때 그렇게 하십시오. 성도의 삶에 있어 돈은 하나님의 은혜 가운데 우리가 땀 흘려 번 것이기도 하지만 때로 그 돈을 내려놓아야 할 때도 있습니다.

여러분이 부모의 도리를 위해 자녀들에게 10개를 주고 싶을 때, 그중 6개만 자녀들에게 주고 나머지 4개는 다른 자녀들에게 줘 보십시오. 그 분량만큼 하나님의 손이 여러분의 자녀들에게 공급되는 믿음의 경험들을 할 수 있도록 자녀들을 양육해 보십시오.

믿음으로 살아가는 우리의 삶에 포기하고, 버리고, 잃고, 내려놓고, 더 낮은 길을 선택해야 될 때가 있음을 잊어서는 안 됩니다. 오늘 조국 교회가 약해지고 비난 받는 이유는 교회 안에 있는 많은 사람들이 작은 불편 때문에 하나님의 말씀에 순종하려 하지 않기 때문입니다.

많은 교회와 성도들이 아주 작은 유익 때문에 악과 타협합니다. 마땅히 욕을 먹어야 할 자리에서 욕을 먹는 것이 아니라, 부당한 취급을 받아야 할 자리에서 부당한 취급을 받는 게 아니라 사람들에게 욕 먹고 비난 받는 것이 두려워서 하나님께 끝없이 "excuse me"를 하고 있습니다. 이제 이런 삶을 뒤집어야 합니다. 사람들에게 욕을 먹더라도 하나님 앞에 충성하고, 사람들이 뭐라고 하든지 하나님이 기뻐하시는 길을 선택해야 합니다. 높은 자리에 있는 것이 나쁜 일은 아니지만 하나님의 부르심이 다른 곳에 있음을 알고, 때로는 지위와 신분을 내려놓고 종 되고 낮은 자리를 선택할 줄 아는 믿음이 우리에게 있어야 합니다.

주를 위한 버림은 상실이 아니다

모세가 많은 것을 포기했다는 것보다 더 중요한 것이 있습니다. 모세는 자신의 신분과 지위를 내려놓고 고난 받는 것을 "더 좋아했고" 그리스도를 위하여 받는 수모를 애굽의 모든 보화보다 "더 큰 재물로 여겼다"는 것입니다.

믿음 있는 성도들의 모습도 마찬가지입니다. 마지못해서, 해야 하니까 억지로, 겨우겨우 하는 것이 아니라 기뻐하고 즐거워하고 행복해하면서 고난과 낮아짐과 버림을 선택하는 것입니다. 구주께서 이 땅에 오셔서 비유로 가르쳐 주시지 않았습니까? 한 농부가 밭에 감추인 보화를 발견하고 즐거워하면서 가진 소유를 다 팔아 그 밭을 샀습니다. 그 농부는 무엇이 더 중요한 것인지, 무엇이 더 진짜 보물인지 알았던 것입니다. 성도들 역시 무엇이 더 중요하고 무엇이 더 진짜 보물인 줄 알기에 기꺼이 포기하고 낮아지는 것입니다.

히브리서 저자는 모세가 그리스도를 위해 고난을 기꺼이 받고 낮아진 것에 대해 그가 상 주심을 바라봤기 때문이라고 말합니다. 주를 위한 버림은 상실이 아닙니다. 얻음입니다. 하나님은 우리에게 이렇게 말씀하셨습니다.

"너는 네 떡을 물 위에 던지라 여러 날 후에 도로 찾으리라"(전 11:1).

세상은 표가 나고 흔적이 남는 곳에 물질을 쓰고 싶어 합니다. 그런데 주님은 우리의 떡을 물에 던지라고 하십니다. 물에 떠내려가면 흔적도 없고 누구에게 갔는지 알 수도 없는데 물에 던지라고 말씀하십니다. 때가 되면 도로 찾는다는 것입니다. 하나님은 우리를 다 보고 계십니다. 우리가 주님 때문에 낮아지고 포기하고 버리고 좁은 길을 선택하면 주님은 반드시 기억하시고 상을 주십니다. 우리는 작은 수고라고 생각했는데 주님이 하나하나 다 보고 계셨다면 그 얼마나 감격스럽고 영광스러운 일입니까?

모두가 믿음 안에 있는 내려놓음, 포기, 버림, 낮아짐, 종 됨을 잘 감당하는 신실한 성도들이 되기를 바랍니다. 그래서 그 하나하나를 다 기억하시고 하늘의 모든 좋은 것들을 상으로 주기 원하시는 하나님의 풍성한 은혜를 모두가 경험하게 되기를 바랍니다.

15

믿음은 두려움의 대상을 명확히 아는 것이다
우리에게 그리스도의 피가 묻어 있지 않으면

히 11:27-31

믿음의 중요한 요소 중 하나는 사람을 두려워하지 않는 것입니다. 믿음을 따라 살아가다 보면 사람이 부담스럽고 두려워지는 상황을 만나게 되는데 모세의 상황이 그랬습니다. 그러나 성경은 모세가 사람을 두려워하지 않았다고 기록하고 있습니다.

"믿음으로 애굽을 떠나 왕의 노함을 무서워하지 아니하고 곧 보이지 아니하는 자를 보는 것 같이 하여 참았으며"(히 11:27).

모세는 왕을 두려워하지 않았습니다. 왕의 무엇을 두려워하지 않았습니까? 왕의 분노입니다. 절대 권력을 가진 왕이 우리를 겨냥해서 분노를 쏟아내면 누구나 두려울 수밖에 없습니다. 그런데 말씀은 모세가 믿음으로 그것을 두려워하지 않았다고 표현했습니다. 오해하지 말 것은 여기서 사람을 두려워하지 않는다는 말의 의미가 사람을 무시하거나 아무렇게나 여긴다는 뜻이 아닙니다.

믿음을 가진 우리의 삶에서 한 생명은 천하보다 귀하고 소중한 존재입니다. 사람을 사랑하고, 존중하고, 배려하고 사람을 위해 희생하는 삶을 사는 자들이 바로 우리 성도들입니다. 그러나 그것과 동시에 성도들은 사람을 절대로 두려워하지 않습니다. 사람을 두려워해서 사람의 눈치를 보거나 비위를 맞추려 하지 않습니다.

사람을 두려워하지 않는 모세의 모습은 모세의 부모에게서 발견된 특징이기도 합니다. 성경은 부모가 모세를 낳았을 때 왕의 명령을 두려워하지 않았다고 했습니다. 부모가 그렇게 믿음으로 살아가니 아들의 삶 속에도 똑같은 믿음의 모습이 드러납니다.

성도들이 세상을 살아가다 보면 순간순간 '나 하나 믿음으로 사는 것이 무슨 의미가 있나' 하는 생각에 지칠 때가 있습니다. '무언가 혁신적인 변화가 일어나야지, 한 개인이 믿음으로 산다고 해서 무슨 의미가 있는가? 계란으로 바위 치기가 아닌가?' 싶을 때가 많습니다. 그러나 이스라엘 백성들이 노예로 고통을 당하고 있던 그 어두운 시대에 한 부모가 믿음으로 살자 그 백성들을 이끌어 낼 위대한 믿음을 가진 아들이 나오는 것을 보게 됩니다. 믿음으로 사는 사람은 그의 삶을 통해 똑같은 믿음의 삶이 재생산되는 영광을 보게 됩니다.

보이지 않는 하나님을 보는 것처럼 여기고

모세가 바로를 두려워하지 않았던 때가 언제였습니까? 애굽을 떠날 때였습니다. 모세는 애굽을 두 번 떠났습니다. 첫 번째는 애굽의 병사를 쳐서 죽이고 도망가면서 떠났고, 두 번째는 하나님의 명령에 따라 이스라엘 백성들을 데리고 애굽을 떠났습니다.

대부분의 학자들은 모세가 바로를 두려워하지 않았던 때를 두 번째 출애굽 사건과 연관 지어 해석합니다. 그런데 27~29절까지를 보면 시간 순서대로 기록되어 있습니다. 만일 27절을 출애굽 사건과 연관 짓게 되면 28절이 다루고 있는, 출애굽 이전에 있었던 열 번째 재앙 사건과 충돌이 일어나면서 해석의 어려움을 겪게 됩니다. 그래서 최근에는 적지 않은 학자들이 27절을 첫 번째 애굽을 떠난 사건으로 해석하는 경향들이 많아지고 있습니다.

그런데 그렇게 해석하게 되면 또 다른 문제가 생깁니다. 출애굽기 2장에서는 모세가 처음 애굽을 떠났던 때, 즉 사람을 죽이고 도망쳐 나오면서 두려워했다고 분명히 기록되어 있기 때문입니다. 그래서 저는 27절을 출애굽 사건 때로 해석하되 출애굽하는 그 시점만이 아니라 그 과정에서 바로를 만나야 했던 모든 상황까지 포함시켜 보면 해석에 무리가 없고 전체적인 맥락도 살아날 것이라 봅니다. 출애굽의 과정에서 모세는 여러 번 바로를 만나야 했는데 그때마다 바로를 두려워하지 않았다는 것입니다.

절대 권력을 가진 왕이 분노를 터트리고 있는데도 모세는 두려워하지 않았습니다. 모세가 처음 바로 앞에 갔을 때를 기억해 보십시오. 그는 바로 앞에서 "이스라엘의 하나님 여호와께서 이렇게 말씀하시기를 내 백성을 보내라 그러면 그들이 광야에서 내 앞에 절기를 지킬 것이니라 하셨나이다" 하고 여호와의 말씀을 대변했습니다. 생각해 보십시오. 평범한 사람에 불과한 모세가 여호와의 말씀을 빙자해서 바로에게 "내 백성을 보내라"고 말했습니다. 얼마나 어려운 일입니까? 게다가 그 말에 바로는 콧방귀를 뀌면서 이스라엘 백성들에게 더 고통스럽고 가혹하게 노동을 시킵니다. 이스라엘 백성들은 곧바로 모세에게 원망을 쏟아냈습니다.

바로와 대적하는 것은 대의명분도 있고 하니 비교적 나을지도 모릅니다. 하지만 앞으로 그가 섬기고 사랑해야 할 백성들의 원망과 불평을 감당하는 일은 쉽지 않았습니다. 절대 권력자로부터의 협박과 위협도 모자라 믿었던 사람들로부터의 원망과 손가락질로 모세가 느꼈을 압박감이 상당했을 테지만 그는 이 모든 것을 두려워하지 않았습니다. 바로 여기에 모세의 믿음이 있습니다. 여기서 모세가 믿음으로 두려워하지 않았다는 말은 그가 사람들의 적대만을 이겨냈다는 말이 아닙니다.

우리가 신앙생활을 할 때 정말 어려운 것 중 하나는 상대방이 우리에게 타협을 요구할 때입니다. 세상은 우리에게 타협안을 제시하면서 부분적으로만 하나님께 순종하기를 요구합니다. 그러나 구약에서 제사나 제물을 드릴 때 하나님이 늘 원하시는 것이 무엇이었습니까? 흠 없고

점 없고 온전한 제물과 순종이었습니다. 그러나 마귀와 세상은 우리가 하나님께 온전한 제사를 드리지 못하도록 타협안을 제시하고 사람을 두려워하도록 만듭니다.

바로는 파리 재앙이 끝나자 모세를 불러 한 가지 타협안을 제시합니다. "너희들의 요구를 들어주겠다. 하나님께 제사를 드려라! 대신에 나가지 말고 이 땅에서 드려라!"

이런 타협안들은 현재 우리들에게도 늘 제시되는 것들입니다. 저는 우리 교회 성도들이 직장이나 그 밖의 이유들로 인해 먼 곳으로 이사를 갈 때 그곳에서도 우리 교회를 꼭 와야 한다고 생각하지 않습니다. 가능하면 자신의 집 가까운 곳에서 신실하게 신앙생활 하는 것이 정상적이라고 봅니다. 그런데 현대인들은 예배를 너무나 주관적으로 합리화합니다. TV나 컴퓨터를 틀어놓고 설교와 예배를 대체하려고 합니다. 저는 그런 편법적인 선택을 예배라고 동의하고 싶지 않습니다.

예배는 어떤 방법으로든 형식만 갖추면 되는 그런 것이 아닙니다. 귀한 지체들과 몸 된 교회의 한 부분으로 함께 지어져 가고 주님 한 분을 섬기면서 함께 기뻐하는 것이 예배의 중요한 부분인데 요즘의 사람들은 너무나 자기 소견에 옳은 대로 예배를 드립니다. '할 일이 많아 바쁜데 꼭 교회 가서 예배 드려야 하나?', '시간을 좀 자유롭게 효율적으로 활용하면 안 되나?' 하고 자기 소견대로 판단합니다. 이런 것은 세상이 제시하는 타협안에 굴복하는 것입니다. 우리는 절대로 그렇게 예배해서는 안 됩니다.

모세는 바로가 제시한 이 타협안에 대해 어떻게 말했습니까? "아닙니다. 우리는 가야 합니다."

바로는 자신의 타협안에 모세가 굴복하지 않자 또 다른 절충안을 제시합니다. 여덟 번째 재앙이 끝나고 바로는 긴급히 모세를 불러 애굽을 떠나라고 말합니다. 대신 장정들만 데려가라고 말합니다. 현실에서도 이와 비슷한 상황들이 있습니다. 어떤 가정에서는 "교회는 가되 너 혼자만 가고 배우자 혹은 자식들은 데려가지 말라"고 반대합니다.

모세는 어떻게 대답했습니까? "안 됩니다. 남자와 여자, 노약자와 어린아이까지 다 함께 떠날 것입니다."

우리는 믿지 않는 자들이 내미는 절충안에 절대로 양보하면 안 됩니다. 나 혼자 신앙생활 한다고 해서 충분한 게 아닙니다. 저는 여러분의 마음에 "자식들은 그냥 두고 절대 우리만 교회 못 갑니다." 하는 절박함이 있기를 기대합니다.

너무나 많은 부모들이 때가 되면 자식들이 돌아올 것이라 생각합니다. 그때가 언제입니까? 황금 같은 20대 다 보내고, 금싸라기 같은 30대 다 보내고 온다는 말입니까? 인생의 기초를 다지고 설계하는 20-40대를 세상에 붙들려서 세상 방식으로 살다가 50-60세가 넘어서 그때 교회 온다는 말입니까?

절대 양보할 수 없습니다. 20-40대 그 황금 같은 시기를 말씀의 진리 안에 거하면서 생명이 무엇인지, 주님의 은혜와 그 부르심이 무엇인지 아는 일은 인생에서 너무나 중요합니다. 우리의 귀한 자녀들을 향한 하나님의 계획과 뜻이 무엇인지 듣고 자녀들이 그 말씀에 반응하며 자신의 인생을 보는 일에 대해 우리가 어떻게 양보할 수 있습니까? 그런데 오늘 조국 교회는 부모들이 앞장서서 타협안을 제시합니다.

우리는 절대 그렇게 하면 안 됩니다. 내가 가서 주님을 섬기는 것은 말할 것도 없고, 내 자녀와 연로하신 부모님을 포함한 온 가족이 함께 나가서 말씀에 순종하는 삶을 살아야 합니다.

모세는 바로가 제시한 두 번째 절충안에 절대 양보하지 않았습니다. 애굽에 내린 아홉 번째 재앙이 끝나고 두려워진 바로는 또 모세를 불러들였습니다. "좋다! 다 데리고 가라. 대신에 양과 소는 남겨 놓아라!" 모세가 말합니다. "왕이라도 만군의 여호와께 드릴 제물로 소와 양을 우리에게 주어야 마땅한데 우리의 소유마저 가져가지 못하게 하면 안 됩니다. 남녀노소와 소와 양과 목축이 다 함께 가야 합니다."

모세가 한 치의 양보도 없자 바로는 "네가 다시 내 앞에 나타나는 날에는 죽을 것이다"라고 분노를 쏟아 냅니다. 그럼에도 불구하고 모세는 이스라엘 백성들과 그들의 소유 모두를 데리고 애굽을 떠났습니다.

우리는 이 땅을 살면서 바로가 분노하는 것과 같은 상황을 자주 경험합니다. 대부분의 사람들은 분노를 당할 바엔 절충안을 선택합니다. 많은 직장인들이 상사를 두려워합니다. 줄을 잘 서야 성공한다고 말하는 이 사회에서 '줄도 빽도 없는 우리가 상사의 분노까지 산다면 어떻게 하나?' 하는 두려움이 있습니다. 부모들에게는 '자식을 믿음으로 기르는 거 너무 좋지만 세상에서도 살 도리를 만들어 줘야 부모 역할을 하는 것이 아닌가?' 하는 마음이 끝없이 생겨납니다.

믿음으로 자녀를 기르겠다고 수없이 다짐하다가도 다른 학부모들을 만나고 나면 '저렇게 열심히 자식 뒷바라지 하는 부모도 있는데, 나 같은 부모 만나서 내 자식 미래가 망쳐지는 것은 아닌가?' 싶어 불안과 두려움이 엄습해 옵니다. 이것이 현재 우리 삶의 실존입니다. 여러분은 어떻게 반응하고 있습니까?

성경은 "모세의 기질이 특출해서 바로를 두려워하지 않았다." 라고 말하지 않습니다. 모세도 우리와 똑같은 인생에 불과합니다. 그러나 그는 "믿음으로" 사람을 두려워하지 않았고 보이지 않는 자를 보는 것같이 하며 참았습니다. 보이지 않는 하나님을 보는 것처럼 여기고 참았다는 것입니다.

믿음은 바라는 것들의 실상이요, 보지 못하는 것들의 증거입니다. 모세는 바로의 타협과 절충과 위협이 거듭되는 가운데서도 눈에 보이지 않는 하나님을 보는 것처럼 믿음을 사용해서 하나님을 인정하고, 의지하면서 현실을 인내하고 이겨 냈습니다. 우리는 끝없이 우리를 위협하고 온갖 형태로 타협을 요구하는 이 세상에서 모세처럼 타협하지 않고, 믿음으로 보이지 않는 하나님을 보이는 것처럼 신뢰하며 살아야 합니다. 주님은 우리에게 이렇게 말씀하셨습니다.

"악인은 쫓아오는 자가 없어도 도망하나 의인은 사자 같이 담대하니라"

(잠 28:1).

"하나님이 우리에게 주신 것은 두려워하는 마음이 아니요 오직 능력과 사랑과 절제하는 마음이니"(딤후 1:7).

"그가 친히 말씀하시기를 내가 결코 너희를 버리지 아니하고 너희를 떠나지 아니하리라 하셨느니라 그러므로 우리가 담대히 말하되 주는 나를 돕는 이시니 내가 무서워하지 아니하겠노라 사람이 내게 어찌하리요 하노라"(히 13:5-6).

우리 삶에 끝없는 어려움들이 반복되는 가운데 세상은 사람을 두려워하게 만들고 타협안을 제시하면서 은근히 우리를 협박해 옵니다. 그때 사람을 두려워하지 않고 정말 두려워해야 할 여호와를 믿고 의지하는 믿음의 삶을 살아야 합니다.

믿음으로 정한 유월절

28절에는 모세의 또 다른 믿음의 행위가 나옵니다.

"믿음으로 유월절과 피 뿌리는 예식을 정하였으니 이는 장자를 멸하는 자로 그들을 건드리지 않게 하려 한 것이며"(히 11:28).

열 번째 재앙을 앞두고 모세는 믿음으로 유월절과 피 뿌리는 예식을 정합니다. 당시 상황 속으로 들어가 보면 이것은 결코 쉽지 않은 행위입니다. 바로는 아홉 번이나 재앙을 당하고도 마음이 바뀌기는커녕 더 악해졌습니다. 게다가 이스라엘 백성들은 기다리다 못해 점점 지쳐가고 있었습니다.

이런 상황에서 하나님은 모세에게 열 번째 재앙을 말씀하시며 일 년 된 양을 잡아 그 피를 대문 설주와 인방에 바르라고 명령하십니다. 거듭되는 재앙에도 패역한 애굽이 뜻을 돌이키지 않자 하나님은 준엄한 심판을 예고하셨습니다.

"내가 그 밤에 애굽 땅에 두루 다니며 사람이나 짐승을 막론하고 애굽 땅에 있는 모든 처음 난 것을 다 치고 애굽의 모든 신을 내가 심판하리라 나는 여호와라 내가 애굽 땅을 칠 때에 그 피가 너희가 사는 집에 있어서 너희를 위하여 표적이 될지라 내가 피를 볼 때에 너희를 넘어가리니 재앙이 너희에게 내려 멸하지 아니하리라"(출 12:12-13).

하나님은 피를 바른 뒤 남은 고기는 구워서 먹되 누룩을 넣지 않은 딱딱하고 맛없는 떡과 쓴 나물을 함께 먹고, 손에 지팡이를 들고 띠를 띠고 신을 신고 있다가 하나님의 사인이 떨어지면 바로 뛰쳐나갈 수 있게 하셨습니다. 그런데 이스라엘 백성의 입장에서 이 모든 말씀이 믿어졌을까요? '정말 그런 일이 일어나겠는가' 하고 조롱할 수도 있지 않을까요?

그러나 이스라엘 백성들은 여호와께서 모세와 아론에게 명하신 말씀 그대로 순종했습니다. 백성들이 말씀대로 양의 피를 문설주와 인방에 바르자 그날 밤 멸망케 하는 자, 곧 하나님의 심판을 집행하는 자가 손도 대지 않고 그들을 지나갔습니다.

성경에서 유월절을 믿음으로 정했다고 말한 이유는 이 유월절이 구약에 나오는 예식 중에서 우리 구주가 하실 일을 상징적으로 잘 보여 주기 때문입니다. 구주께서 살아 계실 때 그분의 별명이 무엇이었습니까? 세례요한은 예수님을 바라보면서 "보라 세상 죄를 지고 가는 하나님의 어린 양"(요 1:29)이라고 말했습니다. 이 양은 어떤 양을 말합니까? 멸망케 하는 자가 문설주와 인방에 바른 피를 보고 하나님의 백성들을 지나쳐 가도록 그 피를 제공해 준 양입니다.

우리는 이 땅을 어떻게 살아가야 할 것인지 그 정금 같은 교훈을 말씀을 통해 배웁니다. 우리가 듣는 말씀 안에는 산상설교와 같은 탁월한 메시지도 있고, 사랑이 메마른 땅에 필요한 수많은 사랑의 권면들도 있습니다. 다 너무나 귀한 말씀입니다. 그러나 그 모든 것보다 먼저 우리 안에 있어야 할 것은 어린 양의 보혈입니다.

우리가 아무리 훌륭한 윤리와 도덕을 실천하는 자라도, 우리가 세상 모든 사람들이 존경하는 삶을 살고 있는 사람일지라도 저와 여러분의 집 문설주와 인방에 그리스도의 피가 묻어 있지 않으면 우리는 구원과 관계없는 자입니다.

우리가 교훈을 따라 살면 탁월한 윤리주의자가 될 수 있을지는 모르나 성도는 아닙니다. 윤리와 도덕이 성도를 성도되게 하는 것이 아니라, 남 못지않은 탁월한 삶이 성도를 성도되게 하는 것이 아니라 우리를 위한 예수님의 대속의 죽음, 십자가 위에서 몸이 찢기시고 피 쏟으셨던 그 주님의 귀한 보혈이 우리의 영혼 속에 있어야 성도인 것입니다.

여러분은 그런 면에서 구원을 받은 성도 맞습니까? 주님의 보혈이 여러분의 영혼에 뿌려져 있습니까? 저는 성도가 막연한 도덕성이나 종교성으로 생명을 잃는 것을 절대로 용납할 수 없습니다. 저는 여러분이 이런 말씀이 나올 때마다 전혀 주님을 모르는 것처럼 스스로를 돌아보고 바른 믿음 안에 서 있는지 점검하며 주님을 인격적으로 만나는 일이 일어나기를 기대합니다. 아무리 좋은 교회에서 오래 신앙생활을 했다 해도 그런 것들이 여러분을 보장해 주지 않습니다. 여러분의 삶에 주님의 피가 뿌려져 있어야 합니다.

모세 때를 생각해 보십시오. 예수님을 상징하고 예표하는 어린 양이 죽었습니다. 그 양의 피를 문설주와 인방에 바르자 하나님의 진노의 심판을 집행하는 자가 그 피를 보고 손도 대지 않고 넘어갔습니다. 하나님의 아들 우리 귀하신 구주께서는 우리를 위해 보혈을 흘리고 몸을 찢었습니다.

여러분과 제가 정말 그 예수를 믿는다면, 정말 그 보혈과 찢기신 살을 먹고 마신다면 멸하는 자가 손도 대지 않고 우리를 넘어갈 것에 대해 확신하고 믿고 의지해도 틀림없겠지요.

구주 예수 세상에 오셔서 우리를 위해 생명도 아끼지 않고 자신의 전부를 주어 우리의 죄와 악을 덮어 주셨습니다. 또한 우리를 생명이 있는 구원 안으로 부르시고 말로 다 할 수 없는 복락과 혜택을 값없이, 자격 없이 누리게 하셨습니다.

여러분 모두가 이 은혜를 받은 자로서 이 땅에서 사람을 두려워하지 않기를 바랍니다. 자신의 주관적인 판단을 따라 사는 어리석은 자 없이 성도를 성도되게 하는 그 복된 믿음을 가지고 주님 이 땅에 오실 때까지, 우리가 이 육신의 장막을 벗을 때까지 끝없이 믿음으로 신실하게 살아가기를 바랍니다. 눈에 보이지 않는 주님을 보이는 것처럼 믿음으로 하나님을 섬기고 사람을 두려워하지 않는 믿음의 참된 복락이 여러분 모두에게 있기를 바랍니다.

4부

결국엔 믿음이 이긴다

16

기생 라합이 기록된 성경, 이것이 기독교다
믿음의 사람, 라합

히 11:29-31

여러분 중에 혹시 이렇게 생각하는 분들 있습니까?

"목사님, 그러니까 모세죠. 그러니까 아브라함이죠. 저는 평신도입니다. 저는 모세 같은 사람이 되고 싶지 않습니다. 저를 너무 과대평가하지 마세요. 그러면 목사님이 상처받으실 겁니다."

우리는 얼마나 편하게 사는지 모릅니다. '나는 목사나 선교사도 아닌데 뭐…'이러면서 그냥 지나갑니다. 성경 본문 볼 때마다 '아! 모세는 이랬구나' 하고 지나갑니다. 그러나 히브리서 11장 31절을 눈여겨보십시오. 기라성 같은 믿음의 인물들을 열거하는 가운데 여리고성 이야기가 나왔다면 그와 관련된 여호수아가 나와야 합니다. 그런데 여호수아의 이름은 거론조차 되지 않고 오히려 라합이 등장합니다.

성경에 반드시 기록으로 남겨야 할 이름, 라합

죄가 사람들을 왜곡시켜 놓을 때 사람들은 하나의 경향을 갖게 됩니다. 그것은 사람을 평가할 만한 근거를 개인이 가진 자질과 능력과 노력 등 그 개인의 어떠함에서 찾으려 한다는 것입니다. 그래서 우리 사회도 부모의 수고가 자식의 능력과 미래를 결정한다고 말합니다. 부모가 가난하면 자식이 좋은 대학에 못 들어가지만 부모가 능력 있고 탁월하면 중학교 때부터 좋은 학교를 다니고 결국은 좋은 대학, 좋은 직장까지 가더라는 것입니다. 이것이 세상이 사물을 보는 기준입니다. 그러다 보니 사람의 영혼 속에 분노와 고통이 생깁니다.

여러분 중에 혹시 이 땅에 태어날 때 "주님, 제가 세상으로 갈 날이 얼마 안 남았는데 제가 태어날 집이 적어도 OO평 정도는 돼야 되겠고 부모님은 적어도 '사'자가 붙은 직업을 가지신 분으로 주십시오."라고 기도해서 응답받고 태어난 분 있습니까? 우리 모두 그분이 주신 대로 세상에 왔습니다. 그런데 세상은 부모의 능력이 자식의 미래를 결정한다고 말하니 얼마나 마음이 아픈 일입니까?

그런데 세상만 그런 것이 아닙니다. 우리들도 성경 본문들을 대할 때 "믿음으로"라고 말로는 인정하면서 그 결과 앞에서는 믿음을 가진 그들의 특수한 자질, 그들 속에 있는 특별한 남다름에 초점을 맞추려 합니다. 하나님의 성품과 구주의 완전한 대속의 은혜로서 우리같이 자격 없고 보잘것없는 자들에게 귀한 선물이 주어졌다는 것을 믿으려 하지 않고 사람의 차질과 조건과 특수성을 말하고 싶어 합니다.

그런 우리들 앞에 성경은 라합을 등장시킵니다. 성령의 인도하심을 따라 성경을 기록한 저자의 관점에서 여호수아의 이름은 빼도 되지만 반드시 기록하고 남겨야 할 사람이 있었는데 그가 바로 라합이었던 것입니다. 이것이 복음이며 기독교입니다.

세상의 이론과 논리가 하고 있는 일을 보십시오. 그것 때문에 세상에 억울함이 그치지가 않습니다. 부모라는, 바꿀 수도 없고 선택할 수도 없는 원인을 제시함으로써 '왜 나는 능력 있는 부모를 못 타고 태어났나?' 하는 분노와 억울함을 갖게 합니다.

그러나 은혜와 믿음이 하는 일을 보십시오. 누구든지 믿기만 하면 믿음의 역사를 누리며 살 수 있습니다. 그래서 아무것도 없이 이 땅에 왔지만, 능력도 없이 약한 상태로 이 땅에 왔지만 하나님의 은혜를 더 온전히 누릴 기회가 주어지지 않습니까? 그로 인해 우리는 감사를 맛보게 됩니다. 좋은 부모님 밑에서 좋은 본을 배우며 잘 컸으니 얼마나 감사한 일입니까? 하나님이 주신 부모라 생각하면 감사한 부분이 훨씬 더 많습니다.

지위나 능력 면에서 특별한 것이 없는 나를 만인을 귀하게 여기시는 그 하나님께서 특별하게 부르시고 귀하게 여기시는 줄 믿고 살면 적으나 많으나 관계없이 주님을 향한 감사와 감격이 끊이지 않습니다. 남들 보기에 도드라지고 남들보다 많은 것을 가지고 있다면 그것으로 다른 사람을 섬길 수 있으니 그 또한 감사한 일입니다. 그런데 이 모든 것을 개인의 능력과 가문의 문제로 바꾸어 버리기 때문에 세상에 억울함과 분노와 비교의식과 열등감과 교만과 헛된 자랑밖에 없는 것입니다.

예수의 완전한 공로만으로

라합은 당시 수를 세지도 않았던 여자였습니다. 모든 족보와 언약이 남성 중심으로 흐르는 가운데 믿음 하나로, 보잘것없는 한 여자의 이름이 그리스도의 족보에 올랐고 믿음의 열조들 속에 기록되는 영광과 복된 역사가 나타난 것입니다.

라합은 믿음으로 말미암아 모두가 멸망할 때 구원을 받았습니다. 그녀의 가족들까지도 안전하게 보호받았습니다. 한 사람만 예수 잘 믿으면 모두가 구원받는다는 그런 얘기가 아닙니다. 한 가정에서 신실한 믿음의 사람이 나왔다면 그 가족 또한 하나님 은혜의 대상입니다. 하나님이 누구 한 명을 부르실 때 그가 속한 가족 전체를 부르신 것이고 그를 통해서 구원의 역사를 이루실 것이라는 것은 틀림없는 사실입니다.

라합의 과거는 사람에게 환영받을 만한 것이 아니었습니다. 그녀는 몸을 팔아 하루를 연명하는 창녀였습니다. 전혀 본이 되지 못하는 삶을 살아온 그녀도 하나님을 만났습니다. 그녀가 가진 자질, 능력과 관계없이 믿음이 그 삶에 열리자 그때부터 라합은 믿음의 역사를 누리기 시작합니다. 라합이 구원을 받은 이후에 무엇을 합니까? 살몬이란 남자와 결혼해서 아이를 낳습니다. 그 아이 이름이 보아스입니다. 보아스는 룻과 결혼해 오벳을 낳습니다. 오벳은 다윗의 할아버지입니다. 이것이 바로 구원이고 복음입니다.

세상이 만들어 놓은 운명과 고착화된 틀들을 다 깨뜨리고 주님을 인격적으로 만나는 그 순간, 과거에 어떤 삶을 살았든지 관계없이 그는 믿음의 역사 안으로 들어오게 됩니다. 라합은 그동안 기생으로 살아왔지만 주님을 만나자 구원을 받는 것은 말할 것도 없고 영광과 존귀함이 더해집니다.

라합의 이름은 예수님의 족보에도 등장합니다. 성경이 우리에게 말하고 싶어하는 구원이 바로 이것입니다. 그리고 우리가 믿음으로 살아야겠다고 생각하는 핵심적인 이유도 이것입니다. 믿음으로 사는 성도들에게는 개인의 자질이나 능력, 탁월함과 관계없이 하나님의 영원한 사랑과 예수의 완전한 공로만으로 믿음의 역사가 일어납니다.

이 시대는 능력 있는 부모 밑에서 태어나 좋은 학벌, 좋은 직장을 얻어야 경쟁에서 살아남는다고 생각하는 시대입니다. 그래서 부모들조차도 자식을 믿음으로 키우지 않고 우선 좋은 대학에 들어가야 된다고 생각합니다. 이런 시대에 믿음으로 사는 삶이 주는 영광과 믿음이 역사하는 힘이 무엇인지 알고 신실하게 믿음으로 살아가길 바랍니다. 그래서 믿음의 열조들의 삶에 임했던 역사와 영광이 여러분의 삶에도 충만하게 임하기를 바랍니다.

17

계속 넘어지고 실패하는 시대에도
우리에겐 소망이 있다
사사를 통한 하나님의 구원

히 11:32, 삿 3:1-7:23

사사 시대는 여호수아가 가나안을 정복한 시기와 사무엘을 통해 사울이라는 왕이 세워지는 시기의 중간에 위치합니다. 성경에는 총 12명의 사사들이 등장합니다. 아비멜렉이라는 독특한 인물이 있는데 그를 사사로 취급하면 13명이 되지만 아비멜렉은 사사에서 제외하는 게 좋을 것 같습니다. 그중 6명(옷니엘, 에훗, 드보라, 기드온, 입다, 삼손)은 우리가 잘 아는 유명한 사사들로서 '대사사'라 부릅니다. 그리고 나머지 6명(삼갈, 돌라, 야일, 입산, 엘론, 압돈)은 한두 절에 걸쳐 아주 간략하게만 소개되는 '소사사'들입니다.

사사들은 이방 민족으로부터 이스라엘을 구원해 낸 군사적 혹은 정치적인 지도자일 뿐 아니라 해방된 이스라엘을 하나님의 진리와 생명으로 이끌어 가는 영적 지도자이기도 합니다. 사사들이 활동했던 시기는 청동기 말기와 초기 철기 시대입니다. 우리가 앞으로 살펴보게 되겠지만 이 시대는 사람들이 자주 넘어지고 실패하는 시대였습니다. 세월이 갈수록 그 경향은 더 심해졌는데 사사기의 저자는 그것에 대해 이렇게 설명합니다.

"그때에 이스라엘에 왕이 없으므로 사람이 각기 자기의 소견에 옳은 대로 행하였더라"(삿 21:25).

하나님의 주인 되심을 인정하지 못하고 각기 자기 소견에 옳은 대로 행하였던 사사 시대는 성경에서 가장 어두운 시대로 남아 있습니다. 그도 그럴 것이 이들을 구원하고 이끌어야 할 사사들도 시간이 흐를수록 더 못한 사람들로 세워집니다.

우리가 앞으로 보게 될 옷니엘이 사사들 중에 최고의 사사라면 마지막 사사인 삼손은 사사들 중 가장 나쁜 예를 보여 줍니다. 그러나 참담하고 어두운 시대임에도 사사기는 우리에게 하나님의 공의가 통치하는 새로운 나라에 대한 소망을 가지도록 합니다. 많은 부패와 타락이 있던 시대였지만 동시에 세상을 보는 바른 눈을 가지고 이 땅을 통치하게 될 왕이 오실 것을 기대하도록 만듭니다.

주변은 전부 암흑이었지만 사사 시대에 그렇게 끝없는 소망이 흐를 수 있었던 이유가 무엇이었을까요? 하나님이 이스라엘의 진정한 사사

이기 때문입니다. 사사기는 결국 역사가 하나님의 손에 의해 움직여진 다는 것을 역설적으로 가르쳐 줍니다. 그래서 우리가 낙심하거나 좌절하지 않고 살아계신 하나님으로 인해 소망의 끈을 견고히 붙들고 이 땅을 살도록 격려합니다.

사사 옷니엘

제가 오랫동안 청년 사역을 하면서 가장 마음 아팠던 것은 청년들 안에 여호와를 아는 지식이 없다는 것이었습니다. 주님을 인격적이고 경험적으로 알지 못하기 때문에 주를 위해 생명도 아끼지 않아야 하는 것이 무엇인지 모릅니다. 그런 면에서 사사 시대의 모습은 우리에게 시사하는 바가 큽니다. 이런 세대를 위해 하나님이 하신 일이 무엇입니까? 하나님은 다음 세대를 위해 문제와 시련과 고난을 남겨 두십니다. 하나님은 이방 민족들을 가나안 땅에 남겨 두사 전쟁을 알지 못하는 이스라엘의 다음 세대들이 하나님을 경험할 수 있게 하셨습니다.

이스라엘을 중심으로 북서쪽으로는 시돈, 남서쪽으로는 블레셋, 북동쪽으로는 히위 족속, 남동쪽으로는 가나안 족속들이 있었습니다. 하나님은 이스라엘 사방에 있는 이 적들을 통해 이스라엘 백성이 하나님의 백성다운 정체성을 가지고 말씀에 순종하기를 기대하셨습니다. 그런데 결과는 어떻게 되었습니까?

"그들의 딸들을 맞아 아내로 삼으며 자기 딸들을 그들의 아들들에게 주고 또 그들의 신들을 섬겼더라 이스라엘 자손이 여호와의 목전에 악을 행하여 자기들의 하나님 여호와를 잊어버리고 바알들과 아세라들을 섬긴지라"(삿 3:6-7).

이스라엘 자손이 하나님을 잊어버렸다고 나와 있지만 그들이 하나님을 잊은 적은 없습니다. 그들은 하나님을 섬기면서 동시에 이방신인 바알과 아세라도 섬겼습니다. 오늘날로 치면 종교란에 '기독교'라고 쓰고 교회도 다니는데 세상의 옷을 입고 세상의 방식을 따라 산다는 것입니다. 바로 이 점이 이스라엘의 문제이자 오늘날 조국 교회의 문제입니다. 이스라엘은 가나안의 풍요와 안전 속에 살면서 하나님이 가나안 땅을 왜 주셨는가 하는 소명도 잃어버렸고 하나님의 백성이라는 정체성도 상실했습니다.

이스라엘의 정체성이 무엇입니까? 하나님을 드러내고 선포하는 것입니다. 어떤 방식으로요? 세상과 다르게 하나님의 말씀을 따라 삶으로 드러내는 것입니다. 세상은 부와 명예, 사람들에게 인정받고 지지받는 것을 중심으로 돌아갑니다. 그러나 하나님의 백성들은 그런 방식으로 살지 않습니다. 하나님을 드러내기 위해 말씀을 붙들고 삽니다. 그런데 이스라엘 백성들은 어떻게 살았습니까? 그렇게 사니까 너무 힘들어서 하나님의 말씀을 내려놓고 세상과 비슷하게 살아갑니다. 이방인들과 결혼하고 이방 종교까지 받아들입니다. 성경은 이것을 가리켜서 이스라엘 자손이 "여호와의 목전에 악을 행하였다"라고 말합니다.

이스라엘 백성은 이방 민족들과 어울리며 그들과 평화롭게 살기를 원했습니다. 그들과 달라지는 것, 그들과의 평화가 깨지는 것을 두려워했습니다. 그 결과 어떻게 되었습니까?

"여호와께서 이스라엘에게 진노하사 그들을 메소보다미아 왕 구산 리사다임의 손에 파셨으므로 이스라엘 자손이 구산 리사다임을 팔 년 동안 섬겼더니"(삿 3:8).

하나님의 진노와 징계가 이스라엘에 임했습니다. 하나님이 이스라엘을 심판하시는 도구로 사용했던 이방 왕 구산 리사다임은 '두 배로 악한 구산'이라는 뜻을 가지고 있습니다. 가나안과 평화롭게 지내며 어려움을 면해 보려고 했는데 두 배나 나쁜 구산을 만났습니다.

성도들은 세상과 타협하며 살면 절대로 편할 수 없는 인생을 살게 되어 있습니다. 여러분이 죄를 지으면 좋을 수가 없습니다. 믿음으로 살아야만 우리도 복되고 남도 바르게 섬길 수 있습니다. 가나안과 평화롭게 사는 길은 그들의 방식대로 사는 것이 아닙니다. 말씀대로 하나님을 드러내며 살 때 비로소 성도들은 가나안 사람들을 축복하며 그들과 진정한 평화를 누리며 살게 됩니다.

타협이 아닙니다. 성도의 정체성을 선명하게 드러낼 때에만 이 세상 사람들과 바르게 살 수 있습니다. 그러나 너무나 많은 사람들이 어리석게도 자기 방식과 자기 지혜대로 세상과 타협하며 살아갑니다.

인생의 지혜가 승리하는 것 같지만 그렇지 않습니다. 결국은 하나님의 뜻이 서게 돼 있습니다. 우리가 믿음으로 살아야 세상과의 바른 관계도 열리는 것이지, 세상적인 방법으로 살면 이스라엘 백성들처럼 더 나쁜 구산을 만나게 됩니다. 이스라엘은 구산 리사다임의 지배를 받으며 8년 간 죽을 고생을 합니다. 이런 하나님의 징계로부터 벗어날 수 있는 유일한 길이 무엇일까요?

"이스라엘 자손이 여호와께 부르짖으매 여호와께서 이스라엘 자손을 위하여 한 구원자를 세워 그들을 구원하게 하시니 그는 곧 갈렙의 아우 그나스의 아들 옷니엘이라"(삿 3:9).

하나님의 백성들이 하나님의 징계를 만났을 때 피할 수 있는 유일한 길은 기도의 권능을 회복하는 것입니다. 이스라엘 백성들은 하나님의 징계 앞에서 기도로 부르짖었습니다. 안전과 평화가 있는 시대가 되면, 전쟁이 없는 시대가 되면 사람들은 이성적이고 합리적이고 세련된 모습으로 삽니다. 신앙도 그런 모양으로 바뀌어 갑니다.

우리 부모님 세대들은 일제 치하와 6.25전쟁을 겪으며 정말 절박하게 기도했습니다. 아무것도 의지할 것이 없었기 때문에 하나님만 바라며 간절히 기도했습니다. 그런데 평화의 시대가 되면 기도가 여유로워집니다. "도와주시면 정말 좋겠는데 주님 바쁘시지요?" 하면서 여유가 넘치는 기도를 합니다. "주님이 도와주시면 금상첨화이지만 안 도와주셔도 조금은 버틸 수 있습니다." 이러면서 기도가 간절해지지 않습니다.

이스라엘 백성은 두 배나 나쁜 구산 리사다임의 지배를 받으면서도 8년이나 버팁니다. 빨리 하나님 앞에 엎드러지는 것이 생명을 얻는 길인데, 어린아이처럼 하나님을 찾고 의지해야 하는데 세련되고 교양 있는 모습으로 버티며 "하나님이 도와주실 수 있으면 좋은데…" 하고 있습니다. 만일 우리 교회 성도들이 저에게 "목사님, 정말 뵙고 싶은데 바쁘시죠?" 이렇게 말한다면 어떻게 되겠습니까? 저를 배려해 주는 것은 좋으나 그렇게 해서는 아무 일도 일어나지 않습니다.

"하나님, 정말 도와주셔야 합니다. 어디에도 붙들 사람이 없고 하나님 밖에 없습니다." 하고 하나님 앞에서 절박하게 기도해야 합니다. 고함치고 무조건 큰소리로 기도해야 한다는 말이 아닙니다. 언제나 눈물로 기도해야 한다는 것도 아닙니다. 작은 소리로 중얼거려도 하나님은 다 들으십니다.

그러나 그렇다고 해서 기도를 언제나 그렇게만 할 수도 없습니다. 때로는 가슴을 찢으며 부르짖어야 합니다. 혼자만의 골방에서 하나님을 간절히 찾고 불러야 합니다. 그 자리가 다 사라지니까 하나님을 인격적이고 경험적으로 아는 지식도 상실되고 부르짖지 못하는 세대가 되고 말았습니다.

이스라엘 백성들은 8년이나 압제를 당하면서도 그동안 하나님께 부르짖지 않았습니다. 그러다 견디다 못해 부르짖자 하나님은 그들을 위해 구원자를 일으키십니다. 옷니엘은 유다 가문의 소생으로 난공불락 같은 도성을 점령하여 갈렙의 딸 악사를 아내로 맞은 자였습니다. 또한 그는 어디 내놔도 손색없을 정도로 탁월한 믿음의 사람이었습니다.

> "여호와의 영이 그에게 임하셨으므로 그가 이스라엘의 사사가 되어 나가서 싸울 때에 여호와께서 메소보다미아 왕 구산 리사다임을 그의 손에 넘겨 주시매 옷니엘의 손이 구산 리사다임을 이기니라"(삿 3:10).

하나님은 옷니엘을 이스라엘의 사사로 세우셨습니다. 여기서 강조하는 내용은 "여호와의 영이 그에게 임하셨다"는 것입니다. 옷니엘을 옷니엘되게 하고 이스라엘 백성을 구원하게 만든 원동력은 여호와의 성령의 임재에 있었습니다. 우리 구주께서 공생애를 시작하실 때도 하나님의 성령이 비둘기처럼 그 위에 임하는 것을 보게 됩니다.

하나님의 아들이 하나님의 일을 하는데도 성령의 충만과 도우심이 필요했습니다. 세속화를 비판하지만 정작 자기 자신도 세속을 이기지를 못하고 타협을 거듭하는 이 시대에 옷니엘을 옷니엘되게 하고 우리 구주를 구주되게 만들었던 그 귀한 성령이 모든 진실한 성도들 위에 임하여 있습니다.

우리 구주께서 몸을 찢으시고 피를 쏟으신 공로로 하나님께 성령을 선물로 받아서 모든 진실한 성도들에게 주셨습니다. 그 성령이 성도들에게 이미 임하여 있기 때문에 언제든지 깨닫고 돌이킬 수 있는 때가 지금입니다. 그러므로 실패가 보편화되어 있는 이 시대에 하나님의 성령의 도우심을 따라 이기고 싸워서 여러분 자신뿐 아니라 교회와 언약 백성을 살려 내는 놀라운 은혜가 우리의 삶 구석구석에 있어야 합니다.

왼손잡이 사사 에훗

사사기가 우리에게 주는 너무나 중요한 교훈은 문제를 만났을 때 비록 그 문제가 우리의 죄와 허물로 인한 것일지라도 하나님을 찾고 부르면 하나님이 도우시고 역사하신다는 것입니다. 이스라엘이 고통 가운데 하나님을 찾자 하나님이 어떻게 역사하십니까?

"이스라엘 자손이 여호와께 부르짖으매 여호와께서 그들을 위하여 한 구원자를 세우셨으니 …"(삿 3:15).

사람을 세우십니다. 하나님은 이스라엘을 돕기 위해 한 구원자를 세우셨는데 그는 아주 독특한 이력을 가진 사람이었습니다.

"… 그는 곧 베냐민 사람 게라의 아들 왼손잡이 에훗이라"(삿 3:15).

에훗은 왼손잡이였습니다. 왼손잡이라 해서 그저 왼손이 익숙한 사람이라고 생각하면 안 됩니다. 한글 성경에는 "왼손잡이"라고 나와 있지만 원문 성경을 그대로 번역하면 "오른손에 장애가 있는", "오른손이 묶여 있는", "오른손을 제대로 쓸 수 없는"이란 뜻입니다. 한마디로 에훗은 누가 봐도 오른손 장애 혹은 기형을 가진 사람이었습니다.

당시 사회는 모두 오른손 중심의 문화였습니다. 사람들은 여호와의 오른손은 원수를 무찌르고 하나님의 오른편은 특별한 영광이 있다고 여겼습니다. 이처럼 모든 것이 오른편으로 통하는 사회에서 오른손에 장애를 가지고 있다는 것은 용사로서 큰 결격사유였습니다. 왼손이 아무리 발달되었다 해도 그 사회에서 보편적으로 통하는 기준에 부합하지 못하기 때문에 그는 전쟁에도 나갈 수가 없었습니다. 게다가 에훗은 베냐민 지파입니다. "베냐민"은 "오른손의 사람"이란 뜻입니다. 오른손의 사람 지파에 속해 있는 자가 오른손에 장애가 있다는 것은 그의 인생에 어쩌면 치명적인 일입니다.

이러한 사실은 요즘처럼 치열한 경쟁 사회를 살아가는 우리들에게 많은 위로를 줍니다. 우리는 보통 하나님이 쓰시는 일꾼을 생각할 때 옷니엘처럼 가문이 출중하고 믿음이 탁월하고 용맹스러운 엘리트를 떠올립니다. 한국 사람들일수록 이런 경향은 더 심합니다. 한국 사회의 기준이 너무나 높기 때문입니다. 공부도 잘해야 하고 외모도 출중해야 하고 재능도 많아야 합니다. 그러다 보니 사람들 안에 쉼이 없습니다. 이런 엘리트 중심의 사회에서 하나님은 에훗을 세우십니다. 그는 눈에 띄게 장애를 가진 자였습니다. 하나님은 고사하고 사람들도 별로 쓰고 싶어 하지 않을 것 같은 사람이었습니다.

획일적인 세상의 눈으로 보면 에훗은 열등한 자였지만 능하신 하나님은 그를 강하고 존귀한 자로 세우셨습니다. 에훗의 오른손에 장애가 있었기 때문에 모압은 그가 어떤 위협도 되지 못한다고 생각했을 것입니다. 그래서 이스라엘이 점령 국가인 모압에게 공물을 바치러 갈 때 에훗이 대표로 함께 갑니다. 에훗은 공물을 바치고 돌아가던 중 일행을 먼저 보내고 홀로 에글론을 찾아갑니다.

"자기는 길갈 근처 돌 뜨는 곳에서부터 돌아와서 이르되 왕이여 내가 은밀한 일을 왕에게 아뢰려 하나이다 하니 왕이 명령하여 조용히 하라 하매 모셔 선 자들이 다 물러간지라"(삿 3:19).

모압 왕 에글론은 비둔한 자였습니다. 비둔하다는 것은 장대하다는 뜻입니다. 칼을 쓰던 시대에 에글론처럼 장대한 몸과 체력을 가진 자는 싸움에 유리했습니다. 반면 상대는 오른손에 장애가 있는 에훗이었습니다. 에글론과 신하들은 한눈에 봐도 장애가 있는 에훗을 전혀 신경 쓰지 않고 통과시켰을 것입니다.

물론 혹시 무기가 있지 않은지 몸수색을 했을지 모릅니다. 하지만 충성스럽게 공물을 바친 데다 오른손에 장애가 있는 것을 보았기 때문에 그가 어떤 무기를 사용할 것이라 생각지도 못한 채 형식적으로 대충 했을 것입니다. 그런데 에훗은 그의 오른쪽 허벅지 옷 속에 칼을 차고 있었습니다. 그는 왕이 있는 다락방에 들어가 에글론을 독대합니다.

"에훗이 그에게로 들어가니 왕은 서늘한 다락방에 홀로 앉아 있는 중이라 에훗이 이르되 내가 하나님의 명령을 받들어 왕에게 아뢸 일이 있나이다 하매 왕이 그의 좌석에서 일어나니"(삿 3:20).

여기에 나오는 "서늘한 다락방"은 외부 인사를 맞이하는 응접실이 아닙니다. 왕이 홀로 휴식을 취하는 사적인 공간입니다. 그런 곳까지 에훗을 불러들였다는 것은 에글론이 에훗을 얕잡아 보고 있다는 증거입니다. 에글론은 에훗이 은밀한 일을 말하겠다고 했을 때 아마도 또 다른 공물, 혹은 반역이나 음모에 대한 얘기를 기대했을 것입니다. 그런데 에훗은 하나님의 명령을 전하러 왔다고 말합니다. 그러면서 에글론이 일어서자 왼손으로 재빨리 칼을 뽑아 그를 죽였습니다. 하나님은 이렇듯 장애가 있어서 아무도 두려워하지 않는 에훗을 이스라엘의 구원자로 쓰셨습니다.

세상이 흔히 말하는 실패자들(없는 사람, 못 배운 사람, 약한 사람들)을 무시하면 안 됩니다. 하나님은 자신의 형상대로 사람을 만드셨습니다. 예수님의 보혈이 값없이 우리를 위하여 뿌려졌습니다. 사람 한 명을 천하보다 귀하게 여기셨던 예수님처럼 우리도 사람을 무시하거나 차별하면 안 됩니다. 그것은 하나님 앞에서 악한 죄를 짓는 일입니다. 하나님은 사람들을 향한 측량할 수 없는 아름다운 계획을 가지고 계십니다.

여자 사사 드보라

사사기 4-5장은 드보라를 통한 이스라엘의 구원 사건에 대해 다루고 있습니다. 하나님이 옷니엘처럼 잘 갖추어진 사람을 사사로 쓰시는 것도 보았고 에훗처럼 장애가 있는 사람을 쓰시는 것도 보았습니다. 그런데 이번에 하나님이 부르신 사람은 여선지자 드보라였습니다.

"그때에 랍비돗의 아내 여선지자 드보라가 이스라엘의 사사가 되었는데"
(삿 4:4).

지금으로부터 3천 년 전의 이스라엘은 강한 남성 중심의 사회였는데 하나님이 여자를 세우신 것입니다. 이것이 복음이고 기독교입니다. 기독교는 사람을 절대로 외모로 차별하지 않습니다. 사람들은 성경을 단순하게 해석해서 하나님이 드보라를 세우셨다고 하니까 단순히 드보라가 칼도 잘 쓰고 어깨도 좀 벌어지고 부리부리하게 생긴 여자일 것이라고 생각합니다. 그러나 성경은 드보라를 랍비돗의 아내로 소개합니다. 그녀는 평범한 가정주부였습니다. 하나님은 평범한 가정주부였던 드보라를 이스라엘을 구원할 사사로 세우신 것입니다.

우리들은 성경을 읽을 때 세상적인 가치 기준으로 읽는 경향이 있습니다. 그러다 보니 드보라도 하나님이 세우실 만한 어떤 조건을 가지고 있었다고 생각합니다. 세상은 자격과 조건과 재능을 중요하게 여깁니다. 세상은 자원이 제한되어 있기 때문에 자격과 재능을 가진 사람들을 우대합니다. 그러나 하나님은 다릅니다.

먼저는 하나님 자신이 무한하신 분이십니다. 또한 하나님은 은혜로우신 성품을 가지신 분이십니다. 은혜로우시다는 말이 무슨 의미입니까? 하나님은 은혜를 받는 사람 편에서의 자질, 조건, 공로와 관계없이 하나님 자신이 가지고 계신 넘치는 부요와 은혜를 베풀기 좋아하신다는 것입니다. 그래서 일꾼을 세우실 때 에훗 같은 자도 세우시고 여자인 드보라도 부르십니다.

성경을 읽을 때 이런 하나님의 깊은 은혜와 뜻까지도 읽어낼 수 있어야 합니다. 제가 조국 땅에 살면서 제일 마음 아픈 것은 조국 사회가 상위 3%만 살아남게 돼 있는 구조라는 것입니다. 어떤 대학을 나와야 하고 어떤 직장에 취업해야 하고 돈은 얼마만큼 벌어야 하는 개념으로 똘똘 뭉쳐 있는 사회가 오늘의 조국 사회입니다. 그런 통계에는 늘 소수만 포함되기 때문에 소수는 소수대로 불행하고 다수는 다수대로 불행합니다. 그래서 사람들 안에 긴장이 멈추어지지 않습니다.

하나님의 눈앞에 상위 3%, 물론 좋은 일꾼입니다. 그러나 하나님은 그런 사람들만 쓰시지 않습니다. 오른손이 묶여서 제대로 쓸 수 없었던 에훗 같은 사람, 가정을 꾸미고 사는 평범한 여자 드보라도 하나님은 존귀하게 쓰십니다. 하나님이 특별하시기 때문에 하나님이 부르신 모든 사람들이 특별한 일꾼입니다.

저는 성경을 연구하면 할수록 상위 3%로만 살아남도록 만드는 이 조국 사회의 구조가 하나님 앞에 얼마나 악한지 깨닫게 됩니다. 상위 3%도 귀한 인물들이라는 것을 부정하고 싶지 않지만 나머지 97%, 심지어 하위 3%도 하나님께는 얼마나 귀한 일꾼인지 모릅니다. 하나님의 눈앞에서 인생의 차이는 너무나 작은 것일 뿐입니다.

하나님이 은혜로우시고 특별한 분이시기 때문에 하나님이 부르시는 사람도 특별한 일꾼이 됩니다. 이 땅에서 누구도 평범한 사람은 없습니다. 하나님의 눈에 여러분 한 명 한 명이 얼마나 특별한지 알고 살아야 합니다.

저는 목회로 부름 받은 지난 30년 동안 이 부름을 감당할 수 없어서 두려워하고 마음 아팠던 적이 많습니다. 목사라는 이 부름이 제게 너무나 부적합하다는 것을 시간이 갈수록 느끼고 좌절한 적도 있었지만 한편으로 '하나님이 불량품 같은 나도 불러서 쓰시는구나'라고 느끼고 있습니다.

세상이 보는 방식으로 자신을 평가하며 실패자처럼 머물러 있지 마십시오. 하나님은 예수님의 그 귀한 보혈을 값으로 치르고 우리를 부르셨습니다. 세상이 우리를 어떻게 평가하든지 하나님이 부르시는 그 사람이 일꾼인 줄 알고 부르실 때 조금도 두려워하지 말고 그분 앞에 전인격으로 반응하기 바랍니다.

드보라는 여자이기 때문에 전투를 할 수 없었습니다. 그래서 하나님은 바락이라는 장수를 붙여주십니다. 드보라는 바락에게 하나님의 말씀을 전합니다.

"드보라가 사람을 보내어 아비노암의 아들 바락을 납달리 게데스에서 불러다가 그에게 이르되 이스라엘의 하나님 여호와께서 이같이 명령하지 아니하셨느냐 너는 납달리 자손과 스불론 자손 만 명을 거느리고 다볼 산으로 가라 내가 야빈의 군대 장관 시스라와 그의 병거들과 그의 무리를 기손 강으로 이끌어 네게 이르게 하고 그를 네 손에 넘겨 주리라 하셨느니라"(삿 4:6-7).

하나님은 어떤 일을 하시기 전에 먼저 말씀과 약속을 주십니다. 그리고 그 말씀에 인격적으로 반응하기를 기대하십니다. 하나님의 말씀 앞에서 바락은 어떻게 반응합니까?

"바락이 그에게 이르되 만일 당신이 나와 함께 가면 내가 가려니와 만일 당신이 나와 함께 가지 아니하면 나도 가지 아니하겠노라 하니"(삿 4:8).

조금 극단적으로 표현하면 바락은 지금 드보라에 치마 뒤에 숨고 있습니다. 전쟁터에 나가 적을 궤멸시켜야 하는 장수가 여자 치마를 붙들고 같이 가자고 졸라대고 있는 것입니다. 어떤 면에서 보면 하나님이 드보라를 통해 말씀하셨으니까 그럴 수 있습니다. 바락은 자신보다 더 성숙한 신앙을 가진 드보라와 함께 가면 하나님의 도우심이 올 거라고 생각했을 것입니다. 그러나 이미 약속해 주신 하나님의 말씀을 붙들기보다 사람을 붙드는 그의 모습은 안타까움을 자아냅니다.

바락은 용사이긴 했지만 믿음이 없었습니다. 그는 하나님을 신뢰하는 것이 무엇인지 몰랐습니다. 이것은 기독교의 모습이 아닙니다. 마치 이방 종교에서나 볼 법한 샤머니즘적인 모습입니다. 이방 종교의 특징은 좀 더 신령해 보이는 사람을 통해 신에게 기도하면 더 잘 응답된다고 생각합니다. 기독교는 그런 종교가 아닙니다.

기독교는 어떤 한 사람의 영성이나 수준 때문이 아니라 넘치는 은혜와 사랑을 가지신 하나님의 성품으로 인해 역사가 일어나는 종교입니다. 하나님이 그리스도 안에서 열어 놓으신 그 생명의 길에 거하는 자는 누구나 기도하면 응답받는 것이 기독교입니다. 하나님은 자신의 말씀에 믿음으로 반응하는 그 한 사람을 붙들어 쓰십니다. 우리에게 "겨자씨 한 알만큼의 믿음만 있어도 이 산을 명하여 저기로 옮겨지라 하면 옮겨질 것이라"(눅 17:6)고 주님은 말씀하셨습니다.

바락은 기독교를 이방 종교처럼 생각하고 있습니다. 드보라가 가야 하나님이 응답하실 것처럼 생각합니다. 그렇지 않습니다. 사람이 아니라 하나님의 약속을 믿고 신실하게 나아가는 사람에게 하나님은 역사하십니다. 우리 안에 어떤 자질이 있어서가 아니라 예수의 공로 때문에, 예수를 통해 보이신 하나님의 그 선하심 때문에 우리의 기도가 응답되고 열매를 맺는 것입니다.

그런데 바락은 자신의 하나님이 아니라 드보라의 하나님을 붙들고 있습니다. 말씀이 아니라 사람을 의지하고 있습니다. 이러한 바락의 모습은 당시 이스라엘의 보편적인 모습을 보여줍니다. 또한 오늘날 조국 교회 남성들의 모습을 보여주기도 합니다. 조국 교회의 많은 남성들이 신앙을 아내한테 맡깁니다. 성경은 교회 생활의 연조와 관계없이 남자들을 영적인 가장이라고 부릅니다. 하나님의 복과 약속이 남성 리더십을 통해 흐르도록 되어 있습니다. 그런데 결혼해서 남편 데리고 살아보니 어떻습니까? 한 주먹도 안 됩니다. '이런 사람 믿고 내가 어찌 사나?' 이런 말이 절로 나옵니다. 저는 아내와 30년 가까이 살면서 하나님이 여자를 얼마나 특별하게 지으셨는지 많이 느낍니다. '이건 제품이 정말 다르구나!' 느낄 때가 한두 번이 아닙니다. 그런 면에서 여성들을 존경합니다.

하지만 하나님은 탁월함이 많은 여성들의 머리로 남편을 세워 두셨습니다. 우성과 열성을 따지는 세상의 기준이 아니라 강한 자가 약한 자를 섬기고, 높은 자가 낮은 자를 섬기는 성경의 질서와 똑같이 가정의 질서를 세워 놓으셨습니다. 하나님의 축복과 언약이 남편들을 통해 흐르는 것이 하나님의 질서이며 원리인 것입니다.

그런데 남편들이 아내 치맛자락을 붙들고 "신앙은 당신이 더 좋으니까 기도도 당신이 해!" 이렇게 말합니다. 옳지 않은 모습입니다. 신앙의 연조가 1-2년밖에 안 되었을지라도 하나님이 남편을 가정의 리더로 세우신 줄 알고 순종하면 하나님의 역사가 임합니다.

남자들이 가정에서 중심을 잡아야 합니다. 가정에서 신실하고 신령한 가장의 역할은 남편의 몫입니다. 아내가 은혜를 많이 받아서 용광로처럼 흐른다 해도 하나님의 질서는 남편을 통해 하나님의 은혜가 흘러

가는 것입니다. 아내들에게 부탁합니다. 남편들을 잘 세워주십시오. 남편들을 존경하기 쉽지 않은 순간들이 있겠지만 그럼에도 주님을 대하듯 남편을 대하는 훈련들을 하시기 바랍니다.

남편의 머리됨을 통해서 은혜가 가정으로 흘러 들어오도록 남편을 세우고 격려하고 존중해 주십시오. 제가 교회에서 주일날 출석 통계보고를 받아보면 남녀 출석의 차이가 상당합니다. 남자들이 더 많아야 하는데 여자들이 훨씬 더 많습니다. 교회가 바뀌어야 합니다. 좋은 남성들의 리더십이 자꾸 세워져야 합니다. 교회와 가정과 일터에서 남성들이 영적인 리더십을 잘 사용해서 희생하고 봉사하는 모습을 보여야 합니다. 남성들은 바락처럼 가나안 군대와 자신을 비교하며 두려워하는 것이 아니라 말씀을 붙잡고 믿음으로 나가야 합니다.

경험상 아무리 계산해 봐도 답이 안 나오는 일이지만 하나님이 말씀하시고 약속하셨기 때문에 주저하지 않고 나아가는 것입니다. 그렇게 순종함으로 나아갈 때 하나님의 말씀이 능력이 되는 것을 경험하게 될 것입니다. 그분의 말씀과 약속은 우리의 인생을 바꾸어 놓는 힘과 승리의 근원입니다.

사사 기드온

이스라엘은 다른 사사들 때와 똑같이 기드온이 등장할 즈음에도 하나님 앞에 또 죄를 짓습니다. 사람들은 어리석게도 살 만해지면 죄지을 궁리를 합니다. 죄는 죄만으로 존재하는 것이 아니라 짧고 제한된 기쁨을 주기 때문에 사람들이 자꾸 죄를 선택합니다.

이스라엘이 또 죄를 범하자 하나님은 다른 때처럼 그들을 이방 민족에게 넘기셨는데 이번에는 미디안의 지배를 받게 하셨습니다. 미디안은 7년 간 이스라엘을 지배했는데 다른 민족이 지배한 것에 비교하면 짧은 시간입니다. 그러나 그 기간 동안 이스라엘이 겪은 고통은 어떤 때보다 크고 심각했습니다. 이스라엘 백성들은 하나님의 말씀을 듣지도 순종하지도 않았습니다. 그러나 하나님은 그런 자들의 부르짖음을 들으시고 죄를 깨닫게 하실 뿐만 아니라 늘 그러셨듯이 사사를 일으키십니다.

이때 세워진 사사 기드온은 300명으로 13만 5천 명을 궤멸시킨 하나님의 위대한 용사입니다. 이 정도의 사사라면 처음 등장할 때도 로빈 훗처럼 산속에서 병사들을 훈련시키고 있거나 임꺽정처럼 미디안으로부터 곡식을 탈취해서 이웃들에게 나눠 주고 있어야 할 것 같은데 기드온은 정 반대의 모습으로 성경에 등장합니다.

"여호와의 사자가 아비에셀 사람 요아스에게 속한 오브라에 이르러 상수리나무 아래에 앉으니라 마침 요아스의 아들 기드온이 미디안 사람에게 알리지 아니하려 하여 밀을 포도주 틀에서 타작하더니"(삿 6:11).

영웅의 등장치고는 너무나 생뚱맞은 모습입니다. 원래 밀을 타작하려면 넓은 공간에서 해야 합니다. 그런데 기드온은 좁은 포도주 틀에서 불편한 모습으로 밀을 타작하고 있습니다. 왜일까요? 미디안 사람들에게 괴롭힘을 받고 싶지 않아서 은밀하게 밀을 타작하는 것입니다. 그때 여호와의 사자가 찾아와 그에게 이렇게 말합니다.

"여호와의 사자가 기드온에게 나타나 이르되 큰 용사여 여호와께서 너와 함께 계시도다 하매"(삿 6:12).

사실 기드온은 큰 용사가 아니라 아주 소심한 사람이었습니다. 그는 용감하게 앞에 나서는 타입이 아니라 돌다리도 두드려서 건너야 하는 섬세한 타입의 사람이었고 자신감이 결여돼 있었습니다. 그런데 그런 사람에게 여호와의 사자는 "큰 용사"라고 부릅니다. 그리고 말만 그렇게 하는 것이 아니라 정말 기드온을 큰 용사로 빚어 가십니다.

자기가 가진 자질이나 능력과 관계없이 오직 하나님이 함께 하시므로 큰 용사가 되는 영광이 이 땅을 살아가는 성도들에게 있습니다. 주님이 말씀하신 포도원 비유에서 오후 5시에 와서 1시간밖에 일하지 않은 일꾼인데도 풍성한 하나님의 은혜를 경험했던 것처럼, 나이가 많든 적든 하나님이 함께하심으로 그분의 용사로 쓰여지는 영광이 바로 성도들이 가진 특권입니다. 만일 여호와의 사자가 여러분을 찾아와 "큰 용사여"라고 말한다면 어떻게 하겠습니까? 기드온은 자신을 큰 용사라 부르는 여호와의 사자를 향해 이렇게 말합니다.

"기드온이 그에게 대답하되 오 나의 주여 여호와께서 우리와 함께 계시면 어찌하여 이 모든 일이 우리에게 일어났나이까 또 우리 조상들이 일찍이 우리에게 이르기를 여호와께서 우리를 애굽에서 올라오게 하신 것이 아니냐 한 그 모든 이적이 어디 있나이까 이제 여호와께서 우리를 버리사 미디안의 손에 우리를 넘겨 주셨나이다 하니"(삿 6:13).

하나님이 용사라고 부를 정도면 이 국가적인 위기의 상황에 기도원에 가서 "이 모든 것이 저희의 죄 때문입니다." 하고 기도해야 하지 않겠습니까? 그런데 기드온은 도리어 하나님이 함께하시는 증거가 어디 있냐고 반문합니다. 지금의 상황을 보면 하나님이 이스라엘을 사랑하지도 않고 관심도 없고 버린 것이 아니냐는 것입니다. 명색이 하나님의 용사가 될 사람이 죄를 깨닫고 민족을 위해 중보해도 모자랄 판에 불평만 늘어놓고 있습니다.

저는 기드온을 보면서 '아! 기드온 정말 보통 답답한 사람이 아니다. 이 사람이 정말 미디안을 이긴 용사 맞나?' 하고 느꼈습니다. 지금 기드온이 하나님께 원망할 자격이 어디 있습니까? 그런데 하나님은 그런 기드온을 꾸짖지 않으십니다.

"여호와께서 그를 향하여 이르시되 너는 가서 이 너의 힘으로 이스라엘을 미디안의 손에서 구원하라 내가 너를 보낸 것이 아니냐 하시니라"(삿 6:14).

본문에 나오는 "이 너의 힘"이 무엇입니까? 하나님의 동행과 임재로 말미암은 권능을 말합니다. 하나님은 기드온과 함께하심으로 말미암는 능력을 그에게 주시며 그를 미디안의 구원자로 파송하셨습니다. 하나님이 그렇게 직접적으로 분명하게 말씀하시는데 당연히 긍정적인 반응을 보여야 하지 않겠습니까? 그러나 기드온은 독특한 반응을 보입니다.

"그러나 기드온이 그에게 대답하되 오 주여 내가 무엇으로 이스라엘을 구원하리이까 보소서 나의 집은 므낫세 중에 극히 약하고 나는 내 아버지 집에서 가장 작은 자니이다 하니"(삿 6:15).

옛날에는 이 말씀을 읽으면서 '기드온도 모세나 사울왕처럼 처음에는 자신을 작게 여기는 경건한 두려움이 있었구나' 라고 생각했습니다. 그런데 이번에 본문을 다시 보니 그런 것 같지 않습니다. 하나님이 사명을 주셨을 때 하나님을 크게 보고 자신을 작게 보는 데서 오는 경건한 두려움이 기드온에게 있어 보이지 않습니다. 문맥의 흐름상 기드온의 반응은 그저 그가 가진 육신적인 기질에서 나오는 일반적이고 습관적인 반응으로 보여집니다. 그러나 하나님은 그런 기드온을 그대로 인정하고 받아 주십니다.

"여호와께서 그에게 이르시되 내가 반드시 너와 함께 하리니 네가 미디안 사람 치기를 한 사람을 치듯 하리라 하시니라"(삿 6:16).

하나님은 메뚜기 떼처럼 많은 미디안 적들을 한 사람 치듯 할 것이라고 기드온을 격려하고 붙들어 주십니다. 제가 기드온에 관한 말씀을 묵상하며 여러 자료를 찾아보니 기드온을 지지하는 쪽과 비판하는 쪽, 이렇게 딱 두 부류가 있었습니다. 저는 둘 다 잘못 되었다고 봅니다.

성경을 보면 하나님은 불평하고 주저하는 기드온에 대해 지쳐하시거나 비판하시지 않습니다. 그렇다고 해서 부정적인 부분이 없는 것은 아닙니다. 기드온은 계속해서 그에게 말씀하시는 하나님께 건강한 반응을 보이기보다 본성적이고 기질적인 반응으로 일관하고 있습니다. 그럼에도 하나님은 조금도 지쳐하지 않으시고 기드온의 눈높이에 맞추어 대해 주십니다.

저는 여기에 기드온 사건의 중요한 복선이 들어있다고 봅니다. 그것이 무엇입니까? 하나님은 기드온의 사람 됨됨이에 대해 이미 다 알고 계신다는 것입니다.

우리 조국 사회는 너무나 정답에 익숙합니다. 조국 사회는 모든 것을 표준화하고 규격화하고 획일화시키려 합니다. 그래서 기드온 같은 사람을 보면 약간 지쳐합니다. 그런 사람이 있으면 "뭐 그리 겸손을 떠나?" 하거나 혹은 심할 경우 "너 아니면 할 사람이 없는 줄 아냐?" 하고 사람을 교체해 버립니다. 그런데 하나님은 기드온이 정답에 맞는 사람이 되도록 요구하지 않으시고 그의 눈높이를 계속 맞추어 주십니다.

하나님은 처음부터 그를 너무나 잘 알고 계셨습니다. 기드온이 어떤 일을 결정하고 선택하기까지 얼마나 많은 과정이 필요한지 아셨던 것입니다. 그렇기 때문에 그를 세상이 보는 것처럼 외적이고 규격화된 어떤 기준을 가지고 대하지 않으시고 그 모습 그대로 대해 주셨습니다. 하나님의 이러한 성품이 우리에게 얼마나 큰 위로가 되는지 모릅니다.

세상은 그들이 정한 규격과 답에 맞지 않는 사람을 폭력적으로 대할 가능성이 큽니다. 그러나 하나님은 그러지 않으십니다. 우리가 있는 모습 그대로 하나님 앞에 정직하게 반응한다면 주님은 기드온처럼 이렇게 여러 번 주저하고 고민하는 사람이라도 그대로 받아주시며 큰 용사로 빚어 가십니다. 하나님은 획일적이지 않으십니다. 하나님의 사람으로 빚어지는 과정에 하나의 길과 하나의 정답만 있는 것이 아닙니다.

죄를 짓고 나쁜 생각을 하고 있다면 고치는 것이 맞지만 그 외에 여러분의 기질과 모습 그대로를 하나님은 수용하시며 각자에 맞게 대해 주십니다. 이것이 제 삶에 얼마나 큰 자유를 가져다주었는지 모릅니다. 하나밖에 답이 없고 남들처럼 무엇이든지 다 잘해야 한다고 생각하는 이 조국 사회에서 하나님이 나를 나대로 받으신다는 이 사실이 느껴졌을 때 제 안에 엄청난 자유가 밀려왔습니다.

남들처럼 될 필요는 없습니다. 죄는 버려야 하고 세상의 가치관들은 피 흘려 가며 깨뜨려야 하지만 남들과 똑같이 살려고 애쓰지 마십시오. 하나님은 기드온처럼 주저하고 자신 없어 하는 자를 더 나은 사람과 바꾸지 않으시고 있는 그대로 받아주시며 모세와 여호수아에게 하셨듯이 "내가 반드시 너와 함께 할 것이다"라고 말씀해 주십니다.

모세와 여호수아도 주님이 주신 사명 앞에 자신 없어 했지만 하나님의 임재와 동행하심을 의지하여 나아갔을 때 어떻게 되었습니까? 절대 권력 바로도 모세를 이기지 못했고, 가나안 땅의 강력한 도성들도 여호수아를 이기지 못하고 무너졌습니다. 하나님은 그들에게 말씀하셨던 것과 똑같이 기드온에게도 거듭해서 분명하게 동행을 약속하시며 그를 위로하고 격려하십니다.

이 정도쯤 되면 아무리 고집이 센 사람도 "그럼 한 번 해 보겠습니다." 하고 마음을 열 만합니다. 그런데 기드온은 어떻게 반응합니까?

> "기드온이 그에게 대답하되 만일 내가 주께 은혜를 얻었사오면 나와 말씀하신 이가 주 되시는 표징을 내게 보이소서"(삿 6:17).

기드온의 대답인즉, 말씀으로 충분하지 않으니 눈으로 보고 손으로 만져봐야겠다는 것입니다. 참 뻔뻔한 사람입니다. 하나님이 기드온을 몇 번이나 참아 주셨는지 제가 한 번 세어 봤습니다. 5번입니다. 이미 16절 앞에서 하나님은 세 번에 걸쳐 기드온에게 말씀으로 확인시켜 주셨습니다.

주님의 말씀은 그냥 입에서 나오는 말이 아닙니다. 주님의 말씀은 순종하는 백성들에게 권세요, 능력입니다. 주님의 말씀은 점 하나도 땅에 떨어지는 법이 없이 반드시 이루어집니다. 그런데 기드온은 그 분명한 말씀을 믿지 못하고 증거를 보여 달라고 말합니다.

"내가 예물을 가지고 다시 주께로 와서 그것을 주 앞에 드리기까지 이 곳을 떠나지 마시기를 원하나이다 하니 그가 이르되 내가 너 돌아올 때까지 머무르리라 하니라"(삿 6:18).

하나님은 기드온이 돌아올 때까지 기다리겠다고 말씀하십니다. 하나님은 답이 필요한 것이 아니라 여러분 자신을 필요로 하십니다. 제가 목회하면서 보면 성도들은 자기 자신으로 하나님 앞에 서려고 하지 않고 자꾸 답을 말하려고 합니다. 그러나 주님께서는 여러분의 말이 중요한 것이 아니라 여러분의 존재 자체가 중요합니다. 그래서 기드온을 끝까지 참고 기다려 주신 것입니다.

기드온이 염소와 무교병과 국을 예물로 가져오자 여호와의 사자는 고기와 무교병을 바위 위에 놓고 국을 그 위에 부으라고 말합니다. 뜨거운 국을 붓게 되면 고기와 무교병은 다 젖게 될 것입니다. 그런데 어떤 일이 일어납니까?

"여호와의 사자가 손에 잡은 지팡이 끝을 내밀어 고기와 무교병에 대니 불이 바위에서 나와 고기와 무교병을 살랐고 여호와의 사자는 떠나서 보이지 아니한지라"(삿 6:21).

고기와 무교병이 이미 국물에 젖어서 도저히 불이 붙을 수 없는 상태인데 여호와의 사자가 지팡이 끝을 대자 불이 나와 예물을 태워 버렸습니다. 기드온이 구했던 대로, 기드온과 말씀하시는 이가 주님이라는 증거를 보여 주신 것입니다. 동시에 주님은 기드온이 드린 예물을 모두 받으셨습니다. 이보다 더 확실한 증거가 어디 있겠습니까? 기드온이 원하는 대로 다 되었으니 이제 '돌격 앞으로' 하기만 하면 됩니다. 그런데 기드온은 오히려 울고 있습니다.

"기드온이 그가 여호와의 사자인 줄을 알고 이르되 슬프도소이다 주 여호와여 내가 여호와의 사자를 대면하여 보았나이다 하니"(삿 6:22).

이스라엘 백성들은 여호와의 사자를 대면하게 되면 죽는다고 생각했습니다. 실제로 하나님과 가장 친밀했던 모세도 그분의 뒷모습밖에 보지 못했습니다. 기드온 역시 하나님이나 다름없는 하나님의 사자와 대면한 자신이 곧 죽을 것이라 여기며 슬퍼했습니다. 증거를 보여 달라 할 때는 언제고 보여 줬더니 죽는다고 울고불고 하는 모습이 너무나 안타깝습니다.

하나님은 그런 기드온에게 "안심하라 두려워하지 말라 죽지 아니하리라" 하고 위로해 주십니다. 기드온의 작은 것 하나하나까지 세심하게 배려해 주시는 하나님의 성품을 볼 수 있습니다. 하나님은 자신이 원하는 방식으로 휘두르고 꺾어서 틀 안에 넣으려 하지 않으시고 기드온의 모습 그대로 품어 주시며 큰 용사로 빚어 가십니다.

이처럼 자기 소견대로 행하며 죄를 반복하는 시대에도 하나님께서는 이스라엘을 구원하시기 위해 여러 사사들을 세우셨습니다. 하나님이 옷니엘처럼 잘 갖추어진 사람을 사사로 쓰시는 것도 보았고 에훗처럼 장애가 있는 사람을 쓰시는 것도 보았습니다. 기드온처럼 소심한 사람도 큰 용사로 만들어 주셨습니다. 이 뿐만 아니라 강한 남성 중심 사회에서 여자인 드보라를 사사로 세우시기도 했습니다. 이것이 복음이고 기독교입니다. 기독교는 사람을 절대로 외모로 차별하지 않습니다.

그리고 어머니가 기생이며, 배 다른 형제들에게 쫓겨나 돕이라는 땅으로 피신해야만 했던 입다도 사사로 세우셨습니다. 고향을 떠나 눈물 많은 삶을 살아야 했던 입다는 하나님의 능력을 힘입어 이스라엘을 구원하는 놀라운 역사를 써 내려 갑니다. 저는 여기서 은혜의 역설을 말하고 싶습니다. 기생의 아들로 태어나 멸시 받고 쫓겨나 지도자가 되는 은혜의 역설이 입다의 삶에 있습니다.

교회와 복음이 선포하는 은혜라는 것이 얼마나 특별한 질서인지 모릅니다. 세상은 은혜의 역설을 가르치지 않습니다. 이 세상이 가르치는 것은 가문과 학벌과 돈과 능력과 신분입니다. 세상이 보는 방식으로 자신을 평가하며 실패자처럼 머물러 있지 마십시오. 하나님은 예수님의 그 귀한 보혈을 값으로 치르고 우리를 부르셨습니다. 세상이 우리를 어떻게 평가하든지 하나님이 부르시는 그 사람이 일꾼인 줄 알고 부르실 때 조금도 두려워하지 말고 그분 앞에 전인격으로 반응하기 바랍니다.

18

스스로 믿음의 싸움을 감당하라
싸우지 않는 백성들, 홀로 싸우는 삼손

히 11:32, 삿 13:1-16:31

삼손은 참 유명한 사람입니다. 이스라엘의 사사 시대는 삼손을 끝으로 왕정 시대로 넘어갑니다. 사무엘도 사사이긴 했지만 사사기에서 다루는 마지막 사사는 삼손입니다. 삼손 이야기는 논란이 분분해서 해석하기가 쉽지 않은 부분들이 있습니다. 그러나 그의 시대 역시 다른 사사들의 시대와 마찬가지로 언약 백성들의 죄와 악에 대한 이야기로 시작됩니다.

사사기 14~16장에 등장하는 삼손의 모습을 보면 우리가 흔히 생각하는 하나님의 일꾼의 모습과 거리가 있습니다. 그래서 학자들 간에는 삼손을 어떻게 해석해야 하는가에 대해 많은 논란이 있습니다. 나실인으로 부르신 하나님의 뜻과 관계없이 여자를 좋아하고 방탕한 삶을 살

왔다고 보는 부정적인 해석이 있고, 히브리서 11장 32절에 삼손을 대표적인 사사들 중 한 명으로 등장시킨 것을 예로 들어 긍정적으로 보는 해석이 있습니다. 우리가 삼손뿐만 아니라 성경을 해석할 때 배경 안에서 해석하는 노력이 필요합니다. 삼손을 현재의 시각에서 해석하지 않고 삼손이 살았던 시대 안에서 해석한 후에 우리 삶에 적용해야 바른 교훈을 얻을 수 있습니다.

우리가 싸워야 할 대상

사사 시대 전체가 특별했지만 그중에서도 삼손의 시대는 다른 시대와 다른 특수한 상황이 있었습니다. 보통 사사들이 이스라엘을 구원하기 위해 이방 민족과 전쟁을 벌이면 이스라엘 백성들도 함께 일어나 싸웠습니다. 그런데 삼손은 이스라엘 백성들이 동참하지 않는 가운데 홀로 싸워야 하는 어려움이 있었습니다.

성도는 이 땅에 화평케 하는 자, 곧 피스메이커로 남겨져 있습니다. 성도는 이 땅에 살면서 다른 어떤 것보다 사람을 사랑하고 아끼며 영혼을 살려 내도록 부름 받았습니다. 그러나 그와 동시에 성경이 우리를 향해 요구하고 있는 것은 믿음의 선한 싸움을 싸우는 것입니다. 성도는 이 땅을 살아가면서 끊임없이 믿음을 위한, 믿음에 의한 선하고 바른 싸움을 싸워 나가야 합니다. 우리가 싸워야 할 대상은 세 가지가 있습니다.

첫 번째는 '자기' 또는 '자아'입니다. 우리는 모태로부터 죄를 가지고 태어났기 때문 모든 것이 자기중심적입니다. 자기를 높이려 하고 자기를 기쁘게 하려는 죄 된 본성이 우리 안에 가득합니다. 그렇기 때문에 하나님을 높이고 다른 사람을 나보다 더 낫게 여기는 믿음의 싸움을 싸우지 않으면 자아라는 견고한 아성에 사로잡히고 맙니다.

두 번째는 세상입니다. 여기서의 세상이란 하나님이 지으신 아름다운 하늘과 땅, 별 같은 것이 아닙니다. 믿지 않는 사람들이나 다른 종교를 의미하는 것도 아닙니다. 성도들은 모두를 귀하게 여기고 섬겨야 합니다. 세상과 싸워야 한다고 말할 때 여기에서 의미하는 세상은 지금 이 세상을 지배하고 있는 가치관과 세계관입니다.

세상은 돈이 중요하다고 가르칩니다. 돈이 많은 사람이 힘 있고 성공한 사람이라 평가되기 때문에 사람들은 할 수만 있으면 돈을 많이 벌려고 합니다. 그러나 성도들은 돈을 가지고 성공과 실패를 나누려 하지 않습니다. 하나님의 형상을 따라 지음 받은 우리는 사람 한 명에 절대적인 가치를 둡니다. 그래서 돈과 신분과 지위와 명성으로 사람의 가치를 평가하는 세상과 싸우며 살아갑니다. 우리의 평가 기준은 '하나님이 보내신 그 자리에 서서 하나님의 부르심에 반응하며 살아가고 있는가?'입니다. 어떤 사람은 건강한 몸으로 부르심에 합당한 삶을 살고, 어떤 사람은 장애를 가진 몸으로 그런 삶을 살아갑니다. 어떤 사람은 높은 신분을 가지고 그런 삶을 살고, 어떤 사람은 낮은 모습으로 하나님의 부르심에 합당하게 살아갑니다. 우리는 이처럼 세상과 다른 잣대를 가지고 세상과 피 흘려가며 싸움으로써 하나님을 드러내야 합니다.

세 번째는 세상을 움직이는 공중의 권세 잡은 자, 곧 마귀입니다. 우리의 싸움은 혈과 육에 대한 싸움이 아니라 실존하는 영적 존재인 마귀와 싸우는 것입니다. 그래서 성도들은 이 땅을 살아가며 마귀와 치열한 영적 싸움을 해야 합니다. 삼손 시대 가장 큰 문제 중의 하나는 이 싸움을 멈추었다는 것입니다. 언약 백성들이 블레셋의 지배 아래 있으면서도 그들과 싸우려 하지 않습니다. 세상인 블레셋과 짝하여 있는 것입니다. 교회는 세상과 평화롭게 지낼 수 없습니다. 교회는 세상의 화평을 위해 존재하지만 교회가 가진 복음 때문에 세상의 가치관과 늘 충돌하게 되어 있습니다. 그런데 교회가 세상과 평화를 누린다면 그것은 타락하는 것입니다.

교회는 세상의 가치관을 따라 살지 않고 그것과 전투하며 살아갑니다. 기드온이 사사로 있을 때 이스라엘은 기드온 외에 300명의 용사가 함께 일어나 싸웠습니다. 그런데 삼손은 처음부터 끝까지 혼자입니다. 그런 관점에서 삼손의 삶을 보지 않으면 해석의 오류를 범할 수 있습니다. 마땅히 싸워야 할 싸움을 싸우지 않는 세대에 홀로 고독하게 싸워야 하는 삼손의 삶에 주목하기 바랍니다.

"그의 부모가 그에게 이르되 네 형제들의 딸들 중에나 내 백성 중에 어찌 여자가 없어서 네가 할례 받지 아니한 블레셋 사람에게 가서 아내를 맞으려 하느냐 하니 삼손이 그의 아버지에게 이르되 내가 그 여자를 좋아하오니 나를 위하여 그 여자를 데려오소서 하니라 그때에 블레셋 사람이 이스라엘을 다스린 까닭에 삼손이 틈을 타서 블레셋 사람을 치려 함이었으나 그의 부모는 이 일이 여호와께로부터 나온 것인 줄은 알지 못하였더라"(삿 14:3-4).

사사기에 등장하는 삼손의 첫 번째 모습은 블레셋 여인을 좋아해서 결혼하고 싶어 하는 모습입니다. 어떤 학자들은 삼손이 나실인으로서의 부르심을 무시하고 일반 성도들에게도 금하였던 이방 여인을 탐하는 것을 보고 부정적인 해석을 내립니다. 그러면서 삼손은 정욕대로 행했는데 하나님이 주권적으로 역사하신 것이라고 본문을 해석합니다.

그러나 저는 생각이 다릅니다. 삼손의 마음이 100% 순수하지 않았을지 모르지만, 저는 마땅히 싸워야 할 싸움을 하지 않고 있던 그 시대에 싸움을 위한 도구가 준비된 것이라 봅니다.

삼손은 틈을 타서 블레셋 사람을 치기 위해 이방 여인과의 결혼을 계획했습니다. 이스라엘에 피해를 주지 않으면서 블레셋 사람들을 칠 수 있는 방법은 블레셋 여인과 결혼해 그들 중에 있으면서 기회를 잡는 것이었습니다.

삼손이 결혼을 위해 딤나로 내려갑니다. 그러다 뜻하지 않은 일을 겪게 되는데 사자를 맞닥뜨린 것입니다. 그 순간 여호와의 영이 삼손에게 임하면서 사자를 염소 새끼 찢듯이 찢어 죽입니다. 우리는 여기서 삼손의 특징을 볼 수 있는데 삼손은 성령의 임재를 통해 엄청난 괴력을 발휘

하는 사람이었습니다.

딤나에 도착해 신부 될 블레셋 여인을 보고 마음에 든 삼손은 결혼을 합의하고 올라와서 결혼식을 위해 한 번 더 딤나로 내려갑니다. 가는 길에 지난 번 찢어 죽인 사자가 어떻게 되었나 가 보니 죽은 사자의 몸에 벌떼와 꿀이 있었습니다. 그는 그 꿀 먹고 부모님에게도 주되, 출처는 말하지 않았습니다.

당시 풍습에 의해 결혼식이 7일 동안 진행되었는데 풍습을 따라 무리들이 결혼 잔치를 기쁘게 해 줄 블레셋 친구 30명을 붙여줍니다. 삼손이 결혼식에 함께 한 청년 30명에게 수수께끼를 냅니다. "먹는 자에게서 먹는 것이 나왔고 강한 자에게서 단 것이 나왔다. 이것을 맞추면 내가 베옷 삼십 벌과 겉옷 삼십 벌을 너희에게 주겠다."

여기서 베옷은 이스라엘 사람들이 겉에 입었던 통으로 짠 옷을 말하고 겉옷은 두루마기나 코트처럼 고급스럽게 걸쳐 입는 외투를 말합니다. 다시 말해 삼손은 상당한 액수의 돈을 걸고 그들을 곤욕스럽게 하기 위해 낸 수수께끼입니다.

그러나 아무도 이 수수께끼를 풀지 못했습니다. 급기야 블레셋 청년들은 삼손의 아내를 괴롭히고 협박하며 수수께끼의 답을 알아내려 했습니다.

여인은 7일 동안 울고 원망하며 삼손에게 답을 알려 달라 간청했고 괴롭다 못한 삼손이 답을 알려주고 맙니다. 그리고 얼마 후 그들이 수수께끼의 정답을 말하자 삼손은 분노했습니다.

"일곱째 날 해 지기 전에 성읍 사람들이 삼손에게 이르되 무엇이 꿀보다 달겠으며 무엇이 사자보다 강하겠느냐 한지라 삼손이 그들에게 이르되 너희가 내 암송아지로 밭 갈지 아니하였더라면 내 수수께끼를 능히 풀지 못하였으리라 하니라 여호와의 영이 삼손에게 갑자기 임하시매 삼손이 아스글론에 내려가서 그곳 사람 삼십 명을 쳐 죽이고 노략하여 수수께끼 푼 자들에게 옷을 주고 심히 노하여 그의 아버지의 집으로 올라갔고"(삿 14:18-19).

그 수수께끼는 삼손의 독특한 경험에서 나온 것이었기 때문에 아무도 알 길이 없었는데 자신의 아내를 통해 그 답을 알아낸 것이 괘씸했던 삼손은 블레셋 땅 아스글론 사람 30명을 죽이고 그들의 옷을 빼앗아 약속한 대로 주고 집으로 돌아왔습니다.

이런 내용을 해석할 때는 윤리적으로 해석하면 안 됩니다. '아무리 화가 나도 그렇지 죄 없는 아스글론 사람들을 30명이나 죽이고 옷을 빼앗아도 되나?' 이런 식으로 해석하면 성경이 말하고자 하는 바를 잘못 이해한 것입니다.

이스라엘에게 있어 블레셋 사람들은 영적으로 싸워야 할 대상입니다. 삼손은 그들과 싸울 틈을 얻기 위해 딤나로 내려갔고 기회가 오자 블레셋 사람 30명을 죽인 것인데 이것은 본격적으로 삼손이 블레셋과의 싸움을 벌일 도화선이 된 사건입니다. 더 정확히는 이스라엘을 블레셋으로부터 구원해 낼 하나님의 징계와 심판이 시작된 것입니다.

본격적인 싸움

어느 정도 시간이 흐르고 삼손은 염소 새끼 하나를 들고 아내를 보기 위해 다시 딤나로 내려갑니다. 오늘날로 말하면 아내들이 좋아할 돈을 가지고 화를 풀기 위해 간 것입니다. 그런데 가 보니 아내는 이미 다른 남자의 아내가 되어 있었습니다.

"삼손이 그들에게 이르되 이번은 내가 블레셋 사람들을 해할지라도 그들에게 대하여 내게 허물이 없을 것이니라 하고"(삿 15:3).

삼손에게 블레셋을 칠 확실한 명분이 생겼습니다. 그는 여우를 300마리 잡아 두 마리씩 꼬리를 묶고 홰를 달아 불을 붙인 뒤 곡식밭으로 몰아 곡식은 물론 포도원과 감람나무들까지 다 불태웠습니다. 그러자 딤나 온 땅에 난리가 났습니다. 블레셋의 신이 다곤인데, 다곤은 추수의 신입니다. 삼손의 이 도발은 블레셋의 추수만 망친 것이 아니라 그들의 신 다곤을 징계하는 것이기도 했습니다. 블레셋 사람들은 그 화재를 일으킨 자가 누구인지, 왜 그런 일을 했는지 알게 되었고 분노하며 곧 바로 삼손의 아내와 장인을 불태워 죽였습니다.

"삼손이 그들에게 이르되 너희가 이같이 행하였은즉 내가 너희에게 원수를 갚고야 말리라 하고 블레셋 사람들의 정강이와 넓적다리를 크게 쳐서

죽이고 내려가서 에담 바위 틈에 머물렀더라"(삿 15:7-8)

그 일을 계기로 삼손은 또 다시 명분을 얻게 되고 본격적으로 블레셋 사람들을 치기 시작했습니다. 그는 닥치는 대로 블레셋 사람들을 죽이고 유다 땅에 있는 에담 바위 틈에 숨었습니다. 블레셋 사람들은 삼손을 찾는다는 명목 하에 레히로 올라가 유다 사람들을 괴롭혔습니다. 자신들이 괴롭힘 당하는 이유가 삼손 때문임을 알게 된 유다 사람들은 삼손을 블레셋 사람들에게 넘겨주기 위해 그를 찾아갑니다.

"유다 사람 삼천 명이 에담 바위 틈에 내려가서 삼손에게 이르되 너는 블레셋 사람이 우리를 다스리는 줄을 알지 못하느냐 네가 어찌하여 우리에게 이같이 행하였느냐 하니 삼손이 그들에게 이르되 그들이 내게 행한 대로 나도 그들에게 행하였노라 하니라"(삿 15:11).

삼손 한 명을 잡기 위해 유다 사람 몇 명이 왔습니까? 3천 명입니다. 아무 무기도 없는 삼손, 게다가 자신들을 괴롭힌 블레셋 사람들을 죽인 같은 동족 삼손을 잡기 위해 3천 명이라는 사람들이 동원된 것입니다.

유다 지파는 사사 시대가 처음 열릴 때 이방 민족인 블레셋과 가장 먼저 싸워서 이긴 지파입니다. 이스라엘 지파 중에 가장 용맹스러웠던 그 지파가 가장 겁쟁이가 되어 있습니다. 3천 명으로 블레셋을 치지는 못할망정 자신들이 누리고 있는 현재의 평화를 깨지 않으려고 그들에게 삼손을 넘겨주려는 유다 지파의 모습은 이스라엘의 영적 현주소가 어떠했는지를 극적으로 보여주는 것입니다.

유다 지파가 싸워야 할 대상은 블레셋인데 오히려 그들과의 평화를 유지하려고 그들과 유일하게 싸우고 있는 삼손을 공격하고 있습니다. 참 어처구니없는 일입니다. 성도들이 신앙생활을 제대로 하지 못하면 이렇게 추해집니다.

조국 교회는 세상과 싸우려고 하지 않고 자기들끼리 싸웁니다. 직장에서 상사와 싸우면 상사가 목을 뗐다 붙였다 하니까 말도 못하다가 제일 만만하고 잘 들어주는 교회 와서 나쁜 말과 나쁜 행동들을 합니다. 원수가 누구인지, 누구와 싸워야 하는지도 모르는 채 함께 연합해야 할 같은 성도들을 공격합니다.

성도들을 보면 하나님의 법이나 진리에 관심이 없습니다. 세상과 평화를 누릴 수만 있다면 하나님의 진리야 어떻게 되든 아무 문제없다는 생각이 가득합니다. 설교 잘하는 목사들을 찾지만 정작 성도 자신이 말씀에 순종하고 싶어 하지 않습니다. 말씀이 선포되면 "하겠습니다." 하지 않고 말씀에 자꾸 토를 답니다. 믿음으로 세상 사는 게 얼마나 어려운지, 하나님의 방법대로 자식 키우는 게 얼마나 힘든지 자꾸 설명만 하려고 합니다. 영적 전쟁터로 나가려 하지 않고 삼손을 묶어서 블레셋에 넘겨주는 유다 사람들처럼 자신들의 안위만 생각하는 것이 오늘 이 시대를 살아가는 사람들의 정서입니다.

은혜와 위기

어리석은 시대에도 하나님은 역사하십니다. 이스라엘은 패역하고 신실하지 못한데 하나님은 여전히 살아계시고 신실하십니다.

"삼손이 레히에 이르매 블레셋 사람들이 그에게로 마주 나가며 소리 지를 때 여호와의 영이 삼손에게 갑자기 임하시매 그의 팔 위의 밧줄이 불탄 삼과 같이 그의 결박되었던 손에서 떨어진지라"(삿 15:14).

이스라엘은 삼손을 넘겨줬지만 홀로 싸우는 삼손 위에 신실하신 하나님이 함께하십니다. 유다 사람들에 의해 튼튼한 새 밧줄 두 개로 묶여 붙잡혀 온 삼손을 블레셋 사람들이 모여들어 치려 하자 성령이 그에게 임해 밧줄이 풀어지면서 중무장한 블레셋 병력 천 명을 죽이는 역사가 일어납니다. 아무 무기도 없이 묶여 있던 그가 나귀 턱뼈를 발견하고 그것으로 블레셋 사람을 죽여서 두 더미를 쌓았습니다.

정말 기가 막힌 장면입니다. 그때라도 이스라엘 사람들이 합세해서 전쟁을 일으켰다면 더 큰 결과를 낳았을지도 모르는데 3천 명의 유다 지파 사람들이 함께 싸웠다는 내용은 기록에 없습니다. 그들은 여전히 전쟁에 참여하지 않았습니다.

"삼손이 심히 목이 말라 여호와께 부르짖어 이르되 주께서 종의 손을 통하여 이 큰 구원을 베푸셨사오나 내가 이제 목말라 죽어서 할례 받지 못한 자들의 손에 떨어지겠나이다 하니"(삿 15:18).

천 명의 블레셋 사람을 쳐 죽이고 탈진한 삼손이 하나님께 간구하자 하나님이 레히에서 물을 터트리셔서 그에게 먹이시고 회복시키십니다. 사사기에 나오는 믿음의 사사들을 보며 느끼겠지만 그들 중에 싸울 만해서 싸운 사람은 없습니다.

모든 것이 불가능해 보이는 싸움이었지만 하나님을 인정하고 믿음으로 나아갔을 때 승리를 거두었습니다. 그런데 많은 성도들이 말씀 앞에서 변명만 하며 살아갑니다. "믿음으로 살아보려고 했는데 잘 안 됩니다." 하고 설명만 하면서 싸우려 하지 않고 남들이 대신 싸워 주기만을 바랍니다.

세상과의 싸움은 여러분과 저 혼자 싸울 수 없는 싸움이기에 당연히 어렵습니다. 그렇다고 해서 어쩔 수 없이 물러서라는 말이 아닙니다. 우리가 싸워야 할 자리에 바르게 서서 믿음으로 나아가야 할 것은 우리가 혼자 싸우는 것이 아니라 여호와의 영이 우리에게 임함으로 함께 싸우실 것이기 때문입니다.

또한 우리가 싸움으로 인해 기진맥진해 있을 때 생수를 주심으로 우리를 다시 회복시키시고 믿음의 싸움을 계속하는 힘을 주실 것입니다. 성도의 삶에는 이런 간증이 있어야 합니다.

생명보다 더 많은 일을 하는 죽음

사사기 16장은 삼손이 몰락하는 모습을 담고 있습니다. 하나님께 쓰임 받는 일꾼으로서 엄청난 힘을 가지고 있는 삼손이었지만 여자에게는 약했던 것 같습니다. 마음이 세상에 빼앗기고 쾌락에 빼앗기자 어두움이 그에게 찾아왔습니다. 삼손의 능력의 근원은 무엇입니까? 머리카락이 아닙니다. 머리카락이 잘린다고 해서 힘이 사라지는 것이 아닙니다. 삼손의 머리카락이나 우리 머리카락이나 똑같습니다. 다른 점이 있다면 그의 머리카락은 나실인으로 부르심의 상징이라는 것입니다. 그 머리카락을 밀자 여호와의 임재가 거두어졌습니다.

삼손의 힘의 근원은 하나님의 임재였습니다. 약점과 한계가 많은 삼손을 하나님이 능력으로 붙드시고 동행해 주셨는데 그가 여자와 세상에 마음을 다 빼앗기고 반복되는 죄를 이기지 못하고 넘어지자 결국 임재를 거두십니다. 더 두려운 것은 삼손이 그것을 모르고 있다는 것입니다.

하나님의 권능과 은혜가 다 떠났는데도 삼손은 들릴라의 외모와 달콤한 유혹에 마음이 멀어 눈이 열리지가 않습니다. 삼손은 자신의 마음이 얼마나 부패해졌는지, 얼마나 큰 위험이 코앞에 와 있는지 깨닫지 못한 채 들릴라의 무릎을 베고 잠들어 있습니다. 이것이 바로 죄가 하는 일입니다. 죄가 우리 삶에 들어오면, 돌이켜야 할 때 돌이키지 못하고 끝까지 어두움에 머물러 있게 됩니다.

삼손은 하나님의 임재가 떠난 줄도 모르고 예전처럼 적을 궤멸시킬 수 있을 거라 생각합니다. 그의 능력은 여호와의 임재 안에 있었는데, 하나님이 그에게 주신 선물이었는데 마치 자신에게서 나오는 것처럼 의기양양하게 나아갔습니다. 그러나 그를 기다리고 있는 것은 완전한 패배였습니다. 삼손은 블레셋 사람들에게 붙잡혀 눈이 뽑히고 가사로 끌려가 맷돌을 돌리는 고통과 수모를 당합니다. 맷돌을 돌리는 일은 짐승이나 노예가 하는 일이었습니다.

돌이킬 수 있을 때 돌이켜야 합니다. 그렇지 않으면 짐승이나 노예처럼 가장 밑바닥의 자리로 굴러 떨어질 때까지 죄는 쉬지 않고 여러분을 사로잡아 끌고 내려갈 것입니다. 죄를 끊으시기 바랍니다. 죄에게 기회를 주지 않고 죄가 반복해서 여러분을 다스리지 않도록 죄를 다루는 것만이 우리가 살아남을 수 있는 방법이며 하나님의 존귀를 누릴 수 있는 방법입니다.

죄를 돌이키지 못하고 죄를 끊어내지 못한 삼손은 눈 뽑히고 노예가 되어 맷돌을 돌릴 뿐만 아니라 블레셋 사람들의 잔치에 불려 나가 재주까지 부리며 그의 원수들 앞에서 조롱거리로 전락합니다. 그러나 성경은 삼손의 아픔과 실패와 넘어짐만을 기록하고 끝내지 않습니다.

"그의 머리털이 밀린 후에 다시 자라기 시작하니라"(삿 16:22).

삼손은 두 눈이 뽑히고 감옥에 갇히고 나서야 눈이 열리고 있습니다. 두 눈이 있을 때는 들릴라의 미모와 유혹에 막혀서 보지 못했는데 모든 것을 잃고 나락으로 떨어지고 나서야 자신의 악함을 보기 시작했습니다. 하나님이 주신 엄청난 은혜를 가지고 자신이 무엇을 했는지가 비로소 보였습니다. 하나님이 주신 은혜와 복을 그분께 돌려 드리지 못하고 얼마나 방종하며 살아왔는지, 하나님 없는 삶을 선택하고 하나님이 없는 관계를 선택했던 자신의 모습이 적나라하게 보였습니다. 그 순간 하나님이 다시 찾아오십니다.

자신의 인생에 유일한 사랑이라고 믿었던 여자는 자신을 배반했는데 하나님은 변함없이 삼손과 함께하고 계십니다. 들릴라를 사랑했을 때는 그분의 사랑이 버거웠습니다. 그런데 그 여자에게 배반당하고 세상에서 내침을 당하자 하나님의 사랑이 그의 마음에 들어왔습니다. 삼손이 그분의 사랑을 경험하며 중심에서부터 다시 하나님을 찾고 부르짖자 머리카락이 다시 자라나기 시작합니다. 하나님의 임재와 권능이 조금씩 회복되고 있는 것입니다. 이것이 기독교입니다.

기독교는 부활의 종교입니다. 기독교는 생명이 있는 누구를 향해서도 "너는 안 돼"라고 말하지 않습니다. 생명이 끊어지기 전까지 하나님의 사랑을 깨달은 모든 사람은 다시 회복할 수 있습니다. 하나님의 부활의 권능과 예수의 완전한 대속의 은혜가 삶에 적용되는 순간, 우리가 어떤 삶의 자리에 있을지라도 다시 시작할 수 있습니다.

"삼손이 이르되 블레셋 사람과 함께 죽기를 원하노라 하고 힘을 다하여 몸을 굽히매 그 집이 곧 무너져 그 안에 있는 모든 방백들과 온 백성에게

덮이니 삼손이 죽을 때에 죽인 자가 살았을 때에 죽인 자보다 더욱 많았더라"(삿 16:30).

삼손은 다시 시작합니다. 과거 하나님의 은혜로 너무나 존귀해졌을 때는 마땅히 해야 할 블레셋 치는 일을 온전하게 행하지 못했습니다. 그런데 하나님의 사랑과 권능을 힘입고 다시 일어난 삼손은 두 눈이 없음에도 블레셋 사람들이 모여 있는 곳의 기둥을 밀어 무너뜨려서 살았을 때보다 더 많은 블레셋 사람들을 죽이게 됩니다. 그는 블레셋 사람들과 함께 그 자리에서 죽었지만 사사로서의 부르심을 죽는 순간에 더 영화롭게 감당하는 영광을 누리게 됩니다.

우리는 하나님 앞에 충성스럽지 못한 존재들입니다. 하나님이 주신 복 때문에 하나님을 잃어버리고 내 자랑하기 바쁘고 악하며 부패하고 변덕스러운 자들입니다. 그러나 우리가 믿는 하나님은 변함없이 진실하고 참되십니다. 그 하나님을 신실하게 바라보며 여러분이 혹시 넘어졌을지라도 절대로 그 자리에 머물러 있지 않고 다시 일어나서 하나님의 부르심을 충성스럽게 감당해 내시기를 바랍니다. 조국 교회 또한 하나님의 은혜로 다시 일어서서 하나님이 주신 사명을 신실하게 감당해 내는 복을 누릴 수 있기를 바랍니다.

19

결국엔 믿음이 이긴다
세상이 감당치 못하는 사람들

히 11:32-40

히브리서 저자는 11장에서 대표적인 믿음의 인물들에 대해 다루고 있습니다. 그러나 성경에 등장하는 믿음의 사람들을 일일이 다 다루자면 지면이 부족하기에 마지막 후반부에는 믿음으로 사는 삶 속에 일어나는 역사들을 요약적으로 기술하면서 히브리서 11장을 마무리하고 있습니다.

우리가 앞서 살펴봤던 믿음의 사람들은 모두 완전한 사람들이 아닙니다. 아무리 훌륭한 아브라함이나 모세나 다윗 같은 자라도 우리와 똑같은 사람들입니다. 그들에게는 우리와 다른 뭔가 특별한 것이 있었다고 생각하면 안 됩니다. 성경이 강조하는 것은 그들의 자질이나 됨됨이가 아니라 그들이 범사에 하나님을 인정하고 그분의 말씀을 마음에 담고 믿음으로 살았던 삶에 있습니다.

믿음은 오늘날 조국 교회에 팽배해 있는 것처럼, 마음을 위로하기 위한 내면의 추상적인 개념이 아닙니다. 성경은 믿음이 종교적인 영역에만 국한되어 있는 것이라 말하지 않습니다. 믿음은 하나님께서 우리에게 주신 귀한 선물입니다.

이 선물을 우리 마음 중심에 받게 되면 어떤 일이 생길까요? 살아계신 하나님의 능력을 우리 삶 속에서 경험하며 살게 됩니다. 하나님을 믿고 기다리며 살아가는 백성들 속에 하나님의 능력과 권능이 임하게 됩니다. 단순히 종교적인 영역에서만이 아니라 우리의 구체적인 삶 속에서 그 말씀이 이루어지는 것을 보는 것입니다. 그래서 믿음은 역사하는 능력이 있습니다.

여러분과 제가 이 땅을 살아가면서 하나님을 바르게 신뢰하고 생명의 말씀을 의지하면 믿음이 역사하는 힘과 권능을 경험할 수 있습니다. 우리 구주께서 세상 계실 때 이렇게 말씀하셨습니다.

"진실로 너희에게 이르노니 만일 너희에게 믿음이 겨자씨 한 알 만큼만 있어도 이 산을 명하여 여기서 저기로 옮겨지라 하면 옮겨질 것이요 또 너희가 못할 것이 없으리라"(마 17:20).

겨자씨 한 알 만큼의 아주 작은 믿음이라도 우리 안에 있기만 하면 이 산을 명하여 옮기라 하여도 옮겨질 것이라고 주님은 말씀하십니다.

세상을 이기는 믿음

요한일서에서는 믿음에 대해 "무릇 하나님께로부터 난 자마다 세상을 이기느니라 세상을 이기는 승리는 이것이니 우리의 믿음이니라"(요일 5:4)라고 기록하고 있습니다. 성경 말씀처럼 믿음은 역사하는 능력을 가지고 우리 삶 속에 들어와 세상을 거슬러가고 이기게 하는 힘을 줍니다. 우리는 이 땅에서 실패와 약함과 한계를 많이 경험하며 살아가지만 그것이 우리 삶의 전부가 아니라 우리가 하나님을 믿고 의지할 때 하나님의 권능이 역사하면서 세상을 이기는 이김이 있다는 것입니다. 히브리서 저자는 그 믿음이 역사하는 능력들이 무엇인지 우리에게 구체적으로 말해 줍니다.

> "내가 무슨 말을 더 하리요 기드온, 바락, 삼손, 입다와 다윗과 사무엘과 및 선지자들의 일을 말하려면 내게 시간이 부족하리로다 저희가 믿음으로 나라들을 이기기도 하며…"(히 11:32-33).

성경은 전투 능력이 출중해서 이겼다거나 장비가 출중해서 이겼다고 말하지 않고 믿음으로 이겼다고 말합니다. 실제로 사사기에 나오는 기드온은 3백 명으로 13만 5천 명을 이겼습니다. 당시 하나님은 이스라엘이 자기 힘으로 이겼다고 할까봐 수를 3백 명까지 줄이셨습니다. 객관적으로 보면 도무지 이길 수 없는 숫자인데 "믿음으로" 이기게 되는 사건을 기드온이 보여 주고 있습니다.

이스라엘의 사사 바락은 시스라와 전쟁하여 승리를 거두었습니다. 당시 시스라는 철병거 900승을 가진 자였습니다. 철병거는 오늘날로 치면 기갑부대인데 기갑부대와 보병은 전쟁 상대가 될 수 없습니다. 그런데 시스라의 기갑부대를 이스라엘의 보병이 이겼습니다. 하나님의 말씀을 의지하고 믿음으로 싸웠기에 가능한 승리였습니다.

믿음은 전쟁을 치르고 있는 백성을 위로하며 심리적으로 돕는 그런 것이 아닙니다. 성경은 믿음이 전쟁의 승패를 가른다고 말합니다. 자녀들의 앞길도 믿음에 의해 좌우됩니다. 정말 그렇습니다. 자녀들이 공부를 잘해서가 아니라, 좋은 직장을 들어가서가 아니라 믿음의 싸움을 싸울 때 자녀들의 앞길에 바른 이김이 있습니다. 믿음이 아니라면 좋은 대학 들어가도, 좋은 직장 들어가도 기쁨이 없습니다.

"그들은 믿음으로 … 의를 행하기도 하며"(히 11:33).

히브리서 저자는 믿음으로 의를 행한다고 말합니다. 여기서의 '의'는 거룩과 정의를 합쳐놓은 것이라 생각하면 됩니다. 이 땅에서 바르고 성결하고 거룩하게 살아가는 길은 믿음밖에 없다는 것입니다. 물론 믿음이 없는데도 대쪽같이 바르게 살아가는 사람들이 있습니다. 그러나 '하나님이 보고 계신다.', '하나님이 살아 계신다.', '내 삶의 결과는 하나님이 평가하실 것이다.' 이렇게 믿는 사람이 아니라면 거룩하고 공의로운 삶은 불가능합니다. 세상이 난장판이 되지 않도록 하나님이 일반 은총으로 부어주셨기 때문에 사람들이 극단으로 가지 않을 뿐이지 하나님을 인정하지 않으면서 공의롭고 거룩할 수 있는 사람은 없습니다.

우리가 믿음으로 바르게 서서 이 땅의 삶을 공의롭고 거룩하게 살아야 합니다. 사회가 보편적으로 다 옳다고 해도 믿음을 거스르는 일이라면 성도들은 하지 않아야 합니다. 하나님이 다 보고 아시는데 세상의 기준 정도로 우리는 만족하지 않습니다. 우리는 주님 앞에 서서 믿음으로 거룩히 행하며 공의를 지켜 내는 자들임을 기억해야 합니다.

"그들은 믿음으로 … 약속을 받기도 하며"(히 11:33).

이 땅을 살아가는 성도들의 삶은 믿음으로 통해서 약속을 받는 삶입니다. 또한 그 믿음으로 받은 약속이 이루어지는 것을 경험하고 누리면서 사는 삶입니다. 여호수아는 여리고성을 하루에 한 바퀴씩 돌고 마지막 날 여섯 바퀴를 돌면 성이 무너질 것이라는 하나님의 약속을 받았습니다. 그가 그 약속을 믿고 그대로 행하자 여리고성이 무너지는 기적을 맛보았습니다.

다윗은 어떻습니까? 그는 기름 부음을 통해 왕이 될 것이라는 하나님의 약속을 받은 뒤 10년이라는 세월을 쫓겨 다녔습니다. 블레셋과의 전쟁을 마치고 돌아오는 길에 "사울이 죽인 자는 천천이요, 다윗이 죽인 자는 만만이다"라는 백성들의 환호를 들은 사울왕이 질투심 때문에 분노하여 다윗을 죽이려 했고 다윗은 그를 피해 도망자로 살아야 했습니다. 그 과정에서 사울왕을 죽일 수 있는 절호의 기회를 두 번이나 얻었지만 다윗은 죽이지 않습니다. 그는 10년이 넘도록 하나님의 때를 믿음으로 기다렸고 결국 하나님의 약속대로 왕위에 올랐습니다.

우리가 신앙생활 하면서 이런 것을 알아야 믿음으로 사는 맛이 있습니다. 하나님이 삶의 자리에서 말씀, 곧 약속을 먼저 주시고 하나님의 때에 약속을 이루어 주시는 감격을 누리는 것만큼 큰 기쁨은 없습니다.

"그들은 믿음으로 … 사자들의 입을 막기도 하며"(히 11:33).

이 말씀은 다니엘을 생각나게 합니다. 생명도 아끼지 않고 하나님을 선택하고 하나님만을 온 땅의 왕으로 인정하는 다니엘의 믿음을 보시고 하나님은 사자의 입을 막아 그를 죽이지 못하게 하셨습니다. 모든 사람이 다 다니엘과 같은 경험을 하며 사는 것은 아니지만 하나님이 원하신다면 모두에게 경험되어질 수 있는 역사이며 권능입니다.

"(믿음으로) 불의 세력을 멸하기도 하며"(히 11:34).

사자의 입을 막은 믿음의 사람이 다니엘이었다면 불의 세력을 멸한 것은 그의 세 친구, 사드락과 메삭과 아벳느고입니다. 바벨론 왕이 신상을 세워놓고 절하기를 요구할 때 이 세 사람은 절하지 않고 믿음을 지켜

냈습니다. 왕이 그들을 회유하려고 하자 그들은 "우리가 섬기는 우리 하나님이 우리를 극렬히 타는 풀무 가운데서 능히 건져 내시겠고 왕의 손에서도 건져 내시리이다 그리 아니하실지라도 왕이여 우리가 왕의 신들을 섬기지도 아니하고 왕이 세우신 금 신상에게 절하지도 아니할 줄을 아옵소서"(단 3:17)라고 대답하며 죽음의 길을 선택합니다.

보통 이런 상황에서 우리가 떠올리는 그림은 기도하자 비가 쏟아져서 불이 꺼지는 것입니다. 우리가 불에 던져지기 전에 불이 먼저 꺼지는 것을 원합니다. 믿음이 없는 것이죠. 그런데 하나님이 우리가 불구덩이로 던져지는 것을 허락하실 때가 있습니다.

사드락과 메삭과 아벳느고가 불의 세력을 만난 것처럼 우리도 살면서 정말 고통스럽고 불같은 시험을 통과해야 때가 있습니다. 하나님은 왜 이런 시험을 허락하시는 걸까요? 그것이 우리를 연단시키시는 하나밖에 없는 방법이기 때문입니다. 믿음의 연단을 위해 우리는 때로 이런 불같은 시험을 통과해야 합니다. 그럴 때 두려워하지 말고 한 번 믿음의 발을 내디뎌 보십시오.

믿음으로 불 같은 시험을 통과할 때 불의 세력은 우리를 해하려는 능력을 잃게 되고 오히려 우리를 정금처럼 빚어내는 축복의 도구로 바뀌게 됩니다. 그런 간증들을 우리가 얼마나 숱하게 들어왔습니까? 하나님은 특별한 사람들에게만 그런 경험들을 주시는 게 아닙니다. 예수의 공로 안에 있는 모든 사람들에게, 믿음으로 사는 모든 성도들에게 하나님은 이런 영광을 주십니다.

"(믿음으로) 칼날을 피하기도 하며"(히 11:34).

믿음은 우리로 하여금 칼날을 피하게 해 줍니다. 사울왕이 다윗을 죽이려고 군대까지 동원하며 그를 쫓아왔지만 다윗은 보호됩니다. 사실 이스라엘이라는 그 조그마한 땅 덩어리에 도망 다닐 곳이 어디 있습니까? 그런데도 하나님이 보호해 주시고 지켜 주시자 그는 안전하게 보호됩니다.

다윗이 헌신적으로 섬겼던 지역 사람들이 그를 배반하고 사울에게 팔려 했을 때도 하나님은 그를 보호해 주십니다. 엘리야는 영적으로 척박하고 고통스런 환경 가운데 있었지만 하나님의 보호하심으로 아합의 서슬 퍼런 칼날을 피합니다. 믿음으로 하나님의 은혜를 따라가는 그들의 삶에 역사가 일어나는 것입니다.

"(믿음으로) 연약한 가운데서 강하게 되기도 하며"(히 11:34)

믿음의 세계는 참 놀랍습니다. 자신의 한계를 깊이 체험한 사람들이 하나님을 제대로 믿습니다. 하나님을 제대로 믿는 사람들은 자신의 한계와 약함에 대한 깊은 깨달음을 얻게 됩니다. 세상은 온통 인간에 대한 찬미로 가득 차 있지만 성도들은 자신이 어떠한지 압니다. 그렇게 자신의 약함을 아는데도 강하여집니다. 이것이 믿음의 놀라운 역설이며 영광인 것입니다. 믿으면 우리가 강해지고 잘되는 것이 아닙니다. 우리가 하나님을 믿게 되면 가장 먼저 우리의 약함을 알게 됩니다. 우리가 얼마나 보잘것없는 존재인지 알게 됩니다. 약한 가운데 하나님을 믿음으로 강해지는 것입니다. 희한하게도 성도들 속에 사람의 약함과 하나님의 강함이 공존합니다.

그래서 사도 바울은 고린도후서를 통해 "내가 부득불 자랑할진대 나의 약한 것을 자랑하리라"(고후 11:30)라고 말합니다. 삼손은 약함 중에 하나님의 능력을 덧입어서 믿음으로 강해지지 않았습니까? 다 망하고 다 실패한 줄 알았는데 믿음을 통하여 역사하시는 하나님으로 인해 그는 살았을 때보다 죽는 순간에 더 영광스러운 일을 해냈습니다.

> "(믿음으로) 전쟁에 용감하게 되어 이방 사람들의 진을 물리치기도 하며 여자들은 자기의 죽은 자들을 부활로 받아들이기도 하며"(히 11:34-35).

기드온은 원수들의 숫자와 장비의 힘에 붙들리지 않고 믿음으로 이겼습니다. 유다 왕 여호사밧도 믿음으로 강력한 연합군들을 이겼습니다. 엘리사를 잘 섬겼던 수넴 여인은 아들이 죽었다가 다시 생명이 돌아오는 경험을 하게 됩니다. 믿음으로 아들을 돌려받은 것입니다.

이러한 믿음의 사람들을 통해 성경이 무엇을 강조하는지 눈여겨보십시오. 사람의 자질에 의해 모든 것이 결정된다고 가르치는 세상과 다르게 성경은 하나님의 능력과 권능에 의해 모든 역사가 일어난다고 가르칩니다.

히브리서 저자는 11장 35절부터 믿음으로 고난을 두려워하지 않은 사람들에 대해 말하고 있습니다. 믿음으로 실패와 죽음과 고통과 아픔을 감당해낸 사람들의 이야기들이 다 기록되어 있습니다. 만일 우리가 34절까지만 히브리서 11장을 다룬다면 우리는 반쪽밖에 보지 못하는 것입니다.

믿음의 엄청난 권능은 이기고 불의 세력을 막고 칼을 피하는 그런 역사 안에만 있는 것이 아니라 칼을 맞는데도 두려워하지 않는 성도들의 삶에도 역사합니다. 집에서 쫓겨나 유리하고 방황하는 수많은 고난 속에서도 믿음으로 두려워하지 않는 것이 믿음으로 사는 사람들의 중요한 특징입니다.

하나님의 은혜와 사랑은 불행이 없도록 만들어 주는 것이 아니라 시련과 고통과 아픔이 있는데도 하나님이 나를 사랑하시는 줄 알고 하나님의 말씀대로 이 땅이 통치되는 줄 믿는 것입니다. 그래서 고난을 당할 때 좌절하거나 낙심하거나 하나님을 원망하지 않고 하나님의 권능으로 고난을 감당해 내고 하나님의 말씀으로 시련을 재해석해 냅니다.

성경은 이런 사람들을 세상이 감당하지 못한다고 말합니다. 히브리서 저자는 35절부터 고난당하는 믿음의 사람들을 열거하면서 그 한 가운데에 "이런 사람은 세상이 감당치 못하도다"라는 말을 기록해 놓았습니다. 고난도, 아픔도, 죽음도, 실패도, 질고도 믿음으로 받아 내는 그 사람들이야말로 세상이 감당하지 못하는 사람들입니다.

성도들이 통과하게 되는 고난과 시련들

히브리서 저자는 11장을 마무리하면서 신실하게 믿는데도 불구하고 고난을 받는 사람들에 대해 말하고 있습니다.

"(믿음으로) 어떤 이들은 더 좋은 부활을 얻고자 하여 심한 고문을 받되 구차히 풀려나기를 원하지 아니하였으며"(히 11:35).

본문이 가리키는 믿음의 사람들은 심한 고문을 당하고 매를 맞았지만 구차히 풀려나려고 하지 않았습니다. 더 좋은 부활에 참여하기를 믿고 사모하면서 고난을 받은 것입니다. 믿음을 버리면, 하나님을 향한 충성을 버리면, 진리와 반대인 것을 선택하면 고난을 면할 수 있지만 주님께 순종하고 말씀을 따라 살고 믿는 바를 행하기 위해 고난을 받습니다. 이로써 믿음으로 고난이 면해지는 것만이 아니라 고난당하는 것도 믿음의 중요한 요소임을 알 수 있습니다.

하나님께 순종하기 위해, 하나님을 배도하지 않기 위해 기꺼이 악형과 죽음을 선택하는 것은 우리의 신앙생활 속에서도 일어나는 일입니다. 예수 믿어서 복 받고 좋은 일만 있는 것이 아니라 예수 믿어서 고난을 선택해야 하는 경우도 있습니다.

"또 어떤 이들은 조롱과 채찍질뿐 아니라 결박과 옥에 갇히는 시련도 받앉으며"(히 11:36).

타협하면 피할 길이 있겠지만 믿음의 사람들은 타협하지 않고 조롱과 채찍질과 결박과 옥에 갇히는 시련을 감당하며 살아갑니다. 오늘 조국 교회는 예수 잘 믿어서 모범이 되는 것만 자꾸 생각합니다. 부모들이 믿음 좋은 자녀들로 기르고 싶다고 자꾸 말하는데 이 말 속에는 세상의 일도 잘하고 믿음도 좋아서 사람들에게 본이 되고 널리 인정받는 자녀로 키운다는 의미가 담겨 있습니다. 믿음으로 살면 사람들에게 본이 되고 존경받는 일도 분명 있습니다. 그러나 그것만큼 조롱과 손가락질도 당합니다. 믿음으로 살면서 조롱과 손가락질 당하는 일이 없다면 그것이 이상한 것입니다.

여러분이 이 땅을 살아가면서 예수 믿는 것 때문에 조롱당하고 손가락질 당하게 된다면 이상하게 여기지 마십시오. '나도 예수님처럼 조롱과 손가락질 당하는구나' 하고 지나가면 됩니다. 예수님이 살아계실 때 얼마나 사람들에게 조롱당하셨습니까? 많은 사람들이 예수님을 싫어하고 대적했습니다. 심지어 주님이 십자가에 달려 돌아가실 때도 사람들은 "그가 남은 구원하였으되 자기는 구원할 수 없도다 그가 이스라엘의 왕이로다 지금 십자가에서 내려올지어다 그리하면 우리가 믿겠노라"(마 27:42) 하고 주님을 조롱했습니다. 군병들은 가시를 엮어 만든 관을 예수님의 머리에 씌우고 "유대인의 왕이여 평안할지어다"(마 27:29) 하고 희롱하면서 침을 뱉고 뺨을 때렸습니다. 그런데 우리가 어찌 주님이 가신 이 길을 따라가지 않을 수 있습니까?

우리도 주님 믿는 것 때문에 침 뱉음 당하고 뺨 맞을 수 있다는 것을 잊어서는 안 됩니다. 예수 믿는 것 때문에 가슴 찢어지는 얘기를 듣게 된다면 억울해하지 말고 '주님 먼저 가신 길 나도 따라가는구나' 하면서 함께 가면 됩니다.

"(믿음으로) 돌로 치는 것과 톱으로 켜는 것과 시험과 칼로 죽임을 당하고" (히 11:37).

성경을 보면 간음하다 잡힌 사람들이 주로 돌로 침을 당했습니다. 그런데 믿음의 사람들도 그런 파렴치한 사람들처럼 돌로 침을 당했다고 말합니다. 구주께서 십자기에 달려 돌아가시기 위해 예루살렘으로 올라가실 때 탄식하시며 하시는 말씀이 있습니다.

"예루살렘아 예루살렘아 선지자들을 죽이고 네게 파송된 자들을 돌로 치는 자여 … "(마 23:37).

말씀을 떠나 믿음으로 살지 못하는 예루살렘을 보시고 너무나 마음 아파하시는 내용이 무엇입니까? 믿음으로 사는 자들을 파렴치한 죄를 지은 자들처럼 돌로 쳐서 죽인다는 것입니다. 위대한 선지자 예레미야가 돌에 맞아 죽었습니다. 교회가 아는 첫 번째 순교자인 스데반이 돌에 맞아 죽었습니다. 교회가 아는 가장 위대한 하나님의 사람 바울도 돌에 맞아 거의 죽게 되었다가 다시 살아났습니다. 만일 우리가 이 땅을 살아가면서 이런 모습들을 모르고 살아간다면 우리는 문제가 있을 가능성이 큽니다. 우리가 예수 믿을 때, 파렴치한 죄를 지은 사람들처럼 세상이 우리를 돌로 칠 수 있다는 것을 잊으면 안 됩니다.

믿음의 사람들은 또한 톱으로 켜서 죽임을 당하기도 합니다. 유다 역사상 가장 악한 왕 중에 하나가 므낫세 왕입니다. 성경에는 나타나 있지 않지만 구약 시대 가장 탁월한 복음 설교자 중의 하나였던 이사야를 므낫세 왕이 톱으로 켜서 죽였다는 이야기가 유대인들에게 전승되어져 내려옵니다. 뿐만 아니라 믿음으로 시험을 당합니다.

믿음 없이 적당히 살면 시험당할 일이 없을 텐데 믿음으로 살려고 하면 세상이 내버려두지 않습니다. 기회만 있으면 찾아와 온갖 것으로 우리를 시험하며 타협을 요구합니다. 세상적인 부나 안일이나 쾌락들을 약속하면서 우리로 하여금 믿음에서 떠나게 만듭니다.

"(믿음으로) 양과 염소의 가죽을 입고 유리하여 궁핍과 환난과 학대를 받았으니 …그들이 광야와 산과 동굴과 토굴에 유리하였느니라"(히 11:37-38).

믿음으로 살지 않았다면 굶거나 학대를 받는 일이 없었을 텐데 믿음으로 살다가 궁핍과 학대를 당합니다. 믿음으로 살면 핍박과 공격의 대상이 되기 때문에 집에 거하지 못하고 광야와 산과 동굴과 토굴에 유리하며 살아갑니다. 이런 모습은 우리에게도 동일합니다. 우리가 이 땅에서 믿음으로 살아가려고 할 때 전처럼 못 먹는 시대는 아니지만 남들보다 덜 먹을 수 있습니다. 너무나 풍성한 이 시대에 믿음으로 인해 덜 먹는 삶을 살아야 하는 것입니다.

우리 조국 사회를 한마디로 표현하면 열심히 일해서 집 사는 나라입니다. 등골이 휘도록 일해서 집 하나 장만하면 뿌듯해합니다. 우리 믿음의 선배들 중에는 믿음으로 인해 쫓겨나고 집에서 잠도 못 자는 자들도 있었는데 그때와 비교하면 하나님이 우리처럼 자격 없는 자들에게 엄청난 부요를 주신 것입니다.

그런데 우리는 하나님보다 하나님이 주신 편안함, 안일, 부요, 안락함에 집중하며 그것을 빼앗기고 싶어 하지 않습니다. 하나님이 주신 복이니 좋은 것을 먹고 좋은 집에서 자야 한다고 생각합니다. 자신의 이름으로 된 집을 가져야만 그것이 행복일까요? 일확천금을 노리고 부동산을 투기하는 이 시대에 여러분은 세상 사람들처럼 그렇게 살지 마십시오.

믿음으로 광야에 유리하며 살았던 믿음의 선배들처럼, 능력이 가능하지만 낮추어서 살 줄 아는 여러분이 되시기를 바랍니다. 자신에게 있는 소유들을 다 누리기보다 그렇게 낮추면서 이웃들에게 흘려보내고 믿음으로 세상 사람들과 다르게 사는 삶을 살아가십시오. 믿음으로 살면서 당하는 수고와 어려움을 당연하게 여기면서 이 시대를 거슬러 가는 성도가 되시기를 바랍니다.

20

구름같이 많은 증인들이 응원하는 삶
인내로써 믿음의 경주를 계속하라

히 12:1

히브리서 저자는 11장을 통해 수많은 믿음의 사람들을 열거하면서 우리의 삶에 무엇을 적용하길 원했을까요? 히브리서 12장에 등장하는 말씀을 통해 그 적용점들이 무엇인지 살펴보려고 합니다. 히브리서 12장은 "이러므로"라는 단어로 시작합니다. 이 단어는 12장 1-3절까지의 말씀을 아우르는 가장 핵심적인 말로 '우리가 11장에서 믿음의 사람들을 보았으므로'라는 의미입니다.

"이러므로 우리에게 구름 같이 둘러싼 허다한 증인들이 있으니 모든 무거운 것과 얽매이기 쉬운 죄를 벗어 버리고 인내로써 우리 앞에 당한 경주를 하며"(히 12:1)

히브리서 저자는 우리에게 인내로서 믿음의 경주를 계속하라고 말합니다. 우리가 이 땅을 살아가는 동안 이런 격려와 권면이 얼마나 반복적으로 필요한지 모릅니다. 왜냐하면 우리 됨됨이 자체가 너무나 변덕스럽기 때문입니다. 또한 우리가 믿음의 경주를 계속하지 못하도록 방해하고 낙심시키는 일들이 너무나 많기 때문에 우리는 이러한 격려와 권면을 꾸준히 반복해서 들어야 합니다. 히브리서 저자의 말처럼 이 땅을 살아가는 우리의 삶은 믿음의 경주를 하는 것과 같습니다. 바울 역시 성경 곳곳에서 우리의 신앙생활을 '달음질', '경주'에 비유했습니다.

"운동장에서 달음질하는 자들이 다 달릴지라도 오직 상을 받는 사람은 한 사람인 줄을 너희가 알지 못하느냐 너희도 상을 받도록 이와 같이 달음질하라"(고전 9:24).

"너희가 달음질을 잘 하더니 누가 너희를 막아 진리를 순종하지 못하게 하더냐"(갈 5:7).

"생명의 말씀을 밝혀 나의 달음질이 헛되지 아니하고 수고도 헛되지 아니함으로 그리스도의 날에 내가 자랑할 것이 있게 하려 함이라"(빌 2:16).

"나는 선한 싸움을 싸우고 나의 달려갈 길을 마치고 믿음을 지켰으니"(딤후 4:7).

오랜 인내와 참음으로

성도인 우리의 삶은 한 번 힘주어 뛰다가 끝나는 단거리 경주가 아닙니다. 성도가 된 다음부터 죽을 때까지 혹은 구주께서 우리를 데리러 오실 때까지 오랜 시간 하나님이 허락하신 그 길을 꾸준히 달려가야 하는 장거리 경주입니다. 그럼 달음질에서 제일 중요한 것이 무엇일까요? 멈추지 않고 꾸준히 달리는 것입니다. 그래서 이 달음질에는 반드시 인내가 필요합니다. 오랜 인내와 참음은 우리 신앙의 본질이자 핵심 중 하나입니다.

우리가 달려가는 이 신앙의 경주는 속도가 중요하지 않습니다. 주님이 우리에게 달려가라고 말씀하신 그 목표 지점까지 완주하는 것이 중요합니다. 그래서 인내가 중요한 것입니다. 예수님은 세상에 계실 때 많은 열매를 맺는 좋은 밭에 대해서 이렇게 말씀하셨습니다.

"좋은 땅에 있다는 것은 착하고 좋은 마음으로 말씀을 듣고 지키어 인내로 결실하는 자니라" (눅 8:15).

오래 견디고 기다리는 과정이 없이 우리가 좋은 열매를 맺는 것은 불가능합니다. 성도의 신앙생활은 인내로서 계속해야 바르게 할 수 있습니다. 우리는 한 번 열심히 뛰었다가 그다음부터 되는 대로 사는 사람들이 아닙니다. 이런 면에서 과거의 신앙을 자랑하는 것은 아무 의미가 없습니다. 그것은 기독교를 일반 종교처럼 생각하는 논리이고 신앙의 핵심이 빠져 있는 삶입니다. 하나님이 우리에게 은혜를 주시는 때가 있다는 것을 부정하는 것은 아니지만 성도의 가장 중요한 특성 중의 하나는 믿음의 경주를 인내하면서 계속하는 것입니다.

히브리서 11장을 시작하기 전 10장에서도 "그러므로 너희 담대함을 버리지 말라 이것이 큰 상을 얻게 하느니라 너희에게 인내가 필요함은 너희가 하나님의 뜻을 행한 후에 약속하신 것을 받기 위함이라"(히 10:35-36)라고 기록되어 있습니다. 여러분이 하나님의 뜻을 행한 후에 약속을 그냥 받는 것이 아니라 인내를 거쳐서 받게 된다는 것입니다. 주님은 또 요한계시록에서 두아디라교회를 향해 "내가 네 사업과 사랑과 믿음과 섬김과 인내를 아노니 네 나중 행위가 처음 것보다 많도다"(계 2:19)라고 말씀하셨습니다. 만일 주께서 우리에게 "얘야, 너는 처음 것보다 나중 것이 더 많구나" 하고 말씀하신다면 그 믿음은 진짜입니다.

히브리서 저자는 왜 12장에서 인내하는 믿음의 경주를 강조했을까요? 당시 이 서신을 받고 있는 성도들은 믿음의 삶을 잘 출발한 성도들이었습니다. 그리고 처음으로 그들에게 고난과 시련이 찾아왔을 때 믿음으로 잘 이겨냈던 사람들이기도 합니다. 그러나 그들에게 또 다른 고난이 찾아왔을 때 많은 사람들이 흔들렸습니다. 어떤 이들은 믿음을 포기하려고 했습니다. 어떤 사람들은 너무 아프고 힘이 드니까 자기들이 살고 있던 삶의 자리를 떠나서 산 속으로 도피하려고 했습니다.

기독교는 어려움 중에도 삶의 현장을 떠나지 않습니다. 사람들의 삶의 현장인 시장을 떠나서 자기들끼리 모여서 신앙생활 했던 적이 없습니다. 그것은 기독교가 아닙니다. 그런데 이 서신의 수신자인 많은 사람들이 고통으로 인해 삶의 현장을 떠나려고 했습니다. 심지어 어떤 사람들은 상대적으로 고난을 면하고 있었던 유대교로 개종하려고 했습니다. 그런 무리를 향해 히브리서 저자는 인내로서 믿음의 경주를 계속하라고 권면하고 있습니다.

이것은 그 시대 사람들만의 이야기가 아닙니다. 지금 우리에게도 이런 권면이 얼마나 필요한지 모릅니다. 우리는 얼마나 자주 신앙의 담력을 잃어버리고 낙심합니까? 어지간히 믿었다고 생각하는데 변화가 너무 더딥니다. 하나님의 은혜를 받고 좀 변화된 것 같았는데 막상 돌이켜 보면 너무나 변화가 없는 것 같은 삶을 보면서 낙심합니다.

좋은 교회 가면 좀 낫다를 줄 알았는데 막상 와 보니 우리를 넘어뜨릴 제목들이 참 많습니다. 교회는 죄인들의 공동체입니다. 대부분의 사람들이 공사 중입니다. 그중의 어떤 사람들은 대형 공사 중입니다. 그래서 새로운 교회 왔다가 상처받는 사람들이 많습니다. 목사들은 좀 낫겠지 했는데 그들도 여러분에게 상처를 줍니다. 밖으로 나가면 방송과 언론이 틈나는 대로 교회를 공격하고 나쁜 이야기들을 쏟아 냅니다. 이처럼 '우리가 믿음으로 경주를 계속하는 것이 무슨 의미가 있을까' 하고 낙심하게 만드는 상황들이 참 많습니다.

그러나 그런 우리들에게 귀한 하나님의 말씀은 절대로 낙심하지 말라고 권면합니다. 절대로 삶의 자리인 시장을 떠나지 말고, 절대로 냉소와 자포자기에 지지 말고 믿음으로 인내의 경주를 끝까지 계속하라고 권면합니다. 우리가 주님을 믿고 사랑하는 제일 중요한 자세가 무엇입니까? 포기하지 않고 인내로서 믿음의 경주를 계속하는 것입니다. 하나님을 사랑하고 신뢰하기 때문에 낙심하지 않고 포기하지 않고 믿음의 삶, 이것이 주님께서 우리 모두에게 원하시는 믿음의 삶입니다.

모든 무거운 것을 벗어 버리라

믿음의 경주를 계속하려면 반드시 두 가지가 필요합니다. 하나는 속도를 늦추지 않고 꾸준히 달리는 것이고 또 하나는 꾸준히 달려갈 수 있도록 힘과 능력을 공급받는 것입니다. 우리가 믿음의 경주를 할 때 속도를 늦추지 않으려면 무엇을 해야 합니까? 히브리서 12장 1절을 다시 한 번 보겠습니다.

"이러므로 우리에게 구름 같이 둘러싼 허다한 증인들이 있으니 모든 무거운 것과 얽매이기 쉬운 죄를 벗어 버리고 인내로써 우리 앞에 당한 경주를 하며"(히 12:1).

믿음의 경주에서 속도를 늦추지 않으려면 첫 번째는 모든 무거운 것과 얽매이기 쉬운 죄를 벗어 버려야 합니다. 두 번째는 은혜를 통해서 능력을 공급받는 것입니다. 어떻게 그럴 수 있을까요? 이것 또한 두 가지로 살펴볼 수 있습니다. 먼저는 우리에게 구름같이 허다한 증인이 있다는 것을 기억하는 것입니다. 또 하나는 2절에 나오는 것처럼 믿음의 주요, 또 온전하게 하시는 이인 예수를 바라보는 것입니다. 여기서 예수를 바라본다는 의미는 "fix"라는 말로 여러분의 눈을 예수께 고정시킨다는 의미입니다. 이 내용은 다음 편에 다루기로 하고 먼저 믿음의 경주에서 속도를 늦추지 않는 법에 대해 살펴보겠습니다.

믿음의 경주에서 속도를 늦추지 않으려면 먼저 무거운 것을 벗어 버려야 합니다. 달리기할 때 치렁치렁한 옷을 입으면 어떻게 될까요? 달리면 달릴수록 몸이 불편하고 무거워질 것입니다. 최대한 가볍게 입고 달려야 할 텐데 옷의 호주머니마다 무언가 많이 넣고 달린다면 어떻게 될까요? 뛰면 뛸수록 달리기가 어려워질 것입니다. 그런 옷을 입고 뛴다해서 사람들에게 비난을 받는 것은 아니지만 그럼에도 여러분을 무겁게 만드는 것을 때로는 벗어야 신앙의 경주를 꾸준히 할 수 있습니다.

하나님은 우리에게 많은 것을 복으로 주셨습니다. 세상에 남편과 아내와 같은 귀한 선물이 어디 있겠습니까? 그리고 보면 아내와 남편 같은 벗도 없습니다. 30년, 40년 같이 살아 주고 매력과 아름다움이 다 사라졌는데도 "너밖에 없다"고 하면서 소중하게 여겨 줍니다. 그리고 자식들은 우리 인생길에 큰 위로입니다. 자식들 때문에 나이 먹는 것도 모르고 살았지만 그래도 자식들 때문에 행복한 세월들이 얼마나 많았습니까? 이뿐만이 아닙니다. 이 땅을 살아가면서 마음이 통하는 친구들은 또 얼마나 귀한 선물입니까? 세상은 업적이 중요하다고 말하지만 사람보다 가치 있고 귀한 것은 이 세상 어디에도 없습니다. 소중한 사람들과 맛있는 음식을 먹으면서 주님이 우리에게 주신 은택을 나누는 것보다 더 행복한 일이 뭐가 있을까요? 정말 너무나 귀한 선물들입니다.

그런데 그 귀한 복이 때로는 우리를 무겁게 합니다. 근심이 되어 우리를 짓누르고 때로는 우리 믿음의 경주를 방해합니다. 우리가 모태에서부터 죄를 가지고 태어났기 때문에 균형이 깨어져 있고 어리석게도 하나님이 주신 복을 바르게 누리지 못해 그 복이 짐이 될 때가 있습니다. 자녀를 위해 희생하는 것, 복되고 귀한 일이지만 신앙의 경주를 방해한다면 때로 없는 것처럼 벗어야 합니다.

여러분의 취미 생활 역시 문제될 것 없지만 그것이 여러분의 신앙의 경주를 방해할 때는 벗어 버려야 합니다. 그 자체가 죄는 아니지만 그보다 더 중요한 믿음의 경주를 방해한다고 여길 때는 내려놓을 각오를 하고 자유하며 살아야 합니다. 세상 사람들은 자유하지 못합니다. 남이 하면 꼭 해야 합니다. 그것을 하기 전까지는 쉼이 없습니다. 우리는 해도 되고 안 해도 되는 자유가 있습니다. 그러나 모든 것이 가능하지만 유익하지 않을 때는 하지 않습니다.

오늘 우리가 살아가는 이 시대는 너무나 많은 것이 무너지고 있습니다. 자유인이기 때문에 자유를 누려야 하는 지점이 있는가 하면 믿음의 경주에 방해가 되기 때문에 스스로 벗는 수고도 있어야 합니다. 하지만 남들 하는 거 다 하려고 하니까 조국 교회가 이렇게 아프고 어려운 것입니다. 믿음의 경주를 하는 이 길에 무겁게 하는 것들이 있다면, 신앙생활에 도움이 되지 않는다면 과감하게 벗어 버리십시오. 땅에 있는 지나친 욕심들, 자식에 대한 수많은 신화들 때문에 우리 믿음의 경주가 방해를 받아서는 안 됩니다. 사도 바울은 우리에게 이렇게 권면합니다.

"형제들아 내가 이 말을 하노니 때가 단축하여진 고로 이 후부터 아내 있는 자들은 없는 자 같이 하며 우는 자들은 울지 않는 자 같이 하며 기쁜 자들은 기쁘지 않은 자 같이 하며 매매하는 자들은 없는 자 같이 하며 세상 물건을 쓰는 자들은 다 쓰지 못하는 자같이 하라 이 세상의 형적은 지나감이니라 너희가 염려 없기를 원하노라 …"(고전 7:29-32).

이 땅을 살아가면서 때로 없는 것같이 내려놓아야 할 때가 있다고 바울은 말합니다. 신앙의 경주를 꾸준히 방해하는 것이 있다면 죄가 아니니 문제없다고 말하지 마십시오. 성도라면 죄가 아님에도 내려놓고 달려가는 것입니다.

얽매이기 쉬운 죄를 벗어 버리라

히브리서 기자는 믿음의 경주를 끝까지 하기 위한 두 번째 방법으로 얽매이기 쉬운 죄를 벗어 버리라고 말합니다. 죄는 여러분과 저의 발을 덫에 걸려 얽매이게 만듭니다. 그렇기 때문에 어떤 모양이나 형태로든지 죄는 타협하거나 합리화하면서 받아들이면 안 됩니다. 우리가 사는 이 조국 사회는 죄를 죄라고 말하지 않습니다. 죄를 상처와 실패와 부족함 등으로 대치해 놓았습니다. 그러나 우리는 절대로 그것에 동의할 수 없습니다. 우리는 모태에서부터 죄를 가지고 태어났고 죄를 좋아합니다. 또 그 죄를 좋아하는 자신을 끝없이 합리화합니다. 우리의 약함이 아닙니다. 어릴 때의 상처가 아닙니다. 그것은 죄입니다. 어릴 때의 상처 때문이라고 분류할 수 있는 부분도 있겠지만 이 시대는 너무나 무차별적으로 분류합니다. 이것은 틀린 것입니다. 분명히 죄입니다.

죄는 아무리 작은 것일지라도 절대로 용납해서는 안 됩니다. 조국 교회의 많은 사람들이 큰 죄는 중하게 여기면서 작은 죄는 무시합니다. 그러나 큰 죄, 작은 죄는 없습니다. 그저 죄만 있을 뿐입니다. 죄의 역할은 여러분을 넘어지게 하고 달려가지 못하게 함으로써 믿음의 경주를 멈추게 하는 것입니다. 그래서 바울은 데살로니가전서를 통해 우리들에게 이렇게 권면합니다.

"범사에 헤아려 좋은 것을 취하고 악은 어떤 모양이라도 버리라"(살전 5:21-22).

사회가 규정하고 있는 죄의 개념은 너무 낮은 것입니다. '사람으로서 이 정도도 안 하면 그는 사람도 아니다'라고 선을 그어서 죄라고 규정합니다. 그러나 사회가 규정하면 죄고 사회가 규정하지 않으면 죄가 안 되는 것이 아니라 하나님의 말씀 안에서 악이나 죄라면 그것이 어떤 형태이든지 우리는 벗어 버려야 합니다. 합리화하거나 핑계하거나 설명하려 하며 지나가서는 안 됩니다. 특별히 여러분의 생각을 주의하십시오. 구체적인 행실로 드러나지 않았기 때문에 죄가 아니라고 생각하면 안 됩니다. 우리의 생각에서부터 어떤 모양의 죄라도 버리라고 성경은 말합니다. 죄가 여러분의 인격을 지배하지 않도록, 말로 표현되지 않도록, 손발로 드러나지 않도록 생각에서부터 죄를 다루어야 합니다.

구름같이 허다한 증인들이 있다

우리가 믿음의 경주를 계속하기 위해서 무거운 것과 얽매이기 쉬운 죄를 벗어 버려야 하지만 그것만 가지고는 안 됩니다. 무엇이 필요합니까? 은혜가 반복해서 가져다주는 힘의 공급이 필요합니다. 그 힘은 어떻게 공급받을까요? 우리의 눈을 예수님께 고정시킴으로써 공급받게 됩니다. 히브리서 저자는 우리에게 "구름같이 둘러싼 허다한 증인들"이 있다고 말합니다.

이 땅을 살아갈 때 우리를 제일 많이 넘어뜨리는 것이 무엇입니까? "왜 나만…."이라는 말이 나올 때입니다. 주변 사람들을 보면 그들의 자식은 의젓하고 학교도 좋은 데 다니고 신앙생활도 열심히 하는데 내 자식은 교회를 안 옵니다. 나도 애써서 자식 낳고 길렀는데 참뜻대로 되지 않습니다. 간혹 돌연변이처럼 내 뜻대로 잘 자라주는 자식들도 있지만 대부분은 잘 안 됩니다.

마귀는 믿음으로 경주하고 있는 우리에게 와서 끝없이 마음을 꼬드깁니다. "남들은 자식도, 아내도, 남편도 다 저렇게 반듯한데 왜 너만 그렇게 고생해야 하니?" 그러면서 우리로 하여금 자기 연민과 절망에 빠지도록 만듭니다. 그러나 여러분, 마귀의 꼬드김에 속지 마십시오. 나만이 아닙니다. 그 길을 갔던 사람이 우리만이 아닙니다. 우리 앞에는 구름같이 둘러싸여 있는 헤아릴 수 없는 수많은 증인들이 있습니다. 성경은 남들이 가지 않는 길을 나만 가고 있는 것이라고 말하지 않습니다.

우리에게는 수많은 증인들이 있습니다. 그들 모두 내가 가는 그 길을 갔던 증인들입니다. 나와 똑같은 기질과 정서를 가지고 아파하고 넘어지고 낙심하면서 그 길을 갔던 허다한 증인들이 구름처럼 우리를 둘러싸고 지켜보며 이렇게 응원하고 있습니다. "너 혼자 이 길을 가는 것이 아니야. 우리가 같이 울었고 우리가 같이 넘어졌고 우리가 같이 상했지만 인내하고 몇 걸음 더 갔을 때 어떤 일이 있었는지 한 번 봐!"

오늘 이 시대를 살아가는 많은 사람들이 입버릇처럼 "믿음으로 살기 어렵다", "믿음대로 안 된다"라고 말합니다. "이 시대는 물질만능의 시대이고 치열한 경쟁의 시대이고 상대주의 가치관이 너무나 팽배해서 믿음으로 살기 어렵다. 세상이 이런데 어떻게 나 혼자 믿음으로 살 수 있나?" 이렇게 말합니다. 그런 사람들에게 성경은 우리가 혼자가 아니라고 말합니다. 우리 옆에는 구름같이 둘러싼 허다한 증인들이 있습니다.

히브리서 기자가 11장에서 믿음의 사람들을 다 소개하고 난 후 우리에게 어떤 말을 하고 있습니까? "봤지? 너희도 이렇게 살아!" 하고 말하지 않습니다. 그는 "봤지? 이 엄청난 기라성 같은 사람들이 너희를 응원하고 있다. 너희가 달려가고 있는 이 믿음의 경주, 너희가 인내하고 계속해야 하는 이 믿음의 경주를 구름같이 둘러싸고 바라보면서 함께 한숨 쉬고, 함께 마음 아파하고, 함께 기뻐하면서 끝까지 달려가기를 원하는 믿음의 사람들이 이렇게 많다." 하고 그들을 우리에게 소개하고 있습니다. 우리가 그들에게 본받아야 하는 것도 분명 있지만 그들은 우리를 위한 증인들로서 우리와 함께 있는 자들임을 기억하라는 것입니다.

우리에게는 아브라함과 모세처럼 기라성 같은 믿음의 사람들, 17-18세기 영국 대부흥의 시대를 열었던 청교도들, 주기철 목사님과 손양원 목사님 등 허다한 믿음의 선배들이 있습니다. 그들이 구름처럼 우리를 둘러 진치고 우리가 믿음의 경주를 끝까지 달려갈 수 있도록 증인으로서 우리의 삶을 지켜보면서 격려하고 있습니다. 이것이 여러분과 저의 삶의 실존입니다.

21

예수를 바라보자
믿음의 경주를 계속할 수 있는 힘, 예수

히 12:2-3

　지금부터 다루고자 하는 내용은 성도의 경건생활에서 핵심적인 부분이라 할 수 있습니다. 청교도들은 이 말씀을 '만능 기독교 조언'이라고 말했는데 어디에서나 통용 가능한, 기독교가 할 수 있는 만능의 조언이라는 의미입니다. 그 말씀이 무엇일까요?

　"믿음의 주요 또 온전하게 하시는 이인 예수를 바라보자"(히 12:2).

　우리가 신앙의 경주를 꾸준히 달려가기 위한 가장 큰 비결은 예수께 눈을 고정시키는 것입니다. 우리가 이 땅에서 경험하는 이런저런 슬픔과 약함과 한계가 많은 환경들로부터 눈을 떼서 예수께 초점을 맞추는 것입니다. 이것은 거친 세상을 살아가는 성도들의 경건의 핵심입니다. 우리가 이 땅을 살면서 영혼이 고갈되는 이유가 무엇입니까?

눈을 잘못된 곳에 두고 있기 때문입니다. 성경은 눈을 예수께 묶어두라고 말합니다. 뗄래야 뗄 수 없을 것처럼 우리의 눈을 예수께 초점 맞추라고 권면합니다. 지난 시간들을 돌아보십시오. 주님을 얼마나 부르고 주님을 얼마나 생각했는지, 눈을 떼서 주님께로 얼마나 향했었는지 생각해 보십시오. 눈을 들어 주님을 찾고 부르며 주님을 사랑하고 주님을 거듭거듭 생각하는 것이 우리 신앙생활의 가장 중요한 요체이며 핵심인 것을 기억해야 합니다.

우리의 눈을 고정시킬 때 닮아간다

히브리서 기자는 우리가 눈을 맞추어야 할 예수를 어떻게 소개하고 있습니까? 그는 "믿음의 주요 또 온전케 하시는 예수를 바라보자"라고 말합니다. 이 본문은 세 가지 정도로 해석이 가능합니다.

첫 번째는 믿음의 대상인 예수를 바라보자는 해석입니다. 기독교를 한마디로 말하자면 예수라 할 수 있습니다. 하나님께서 예수 안에 모든 것을 다 넣어 놓으셨기 때문입 니다. 주님 안에 모든 것이 다 있습니다. 주님께서 걸어가신 십자가의 삶 안에 우리의 모든 보증과 모든 하나님의 약속이 다 들어있습니다. 그러므로 우리가 예수를 바라볼 때, '모든 은혜의 원천이시며 우리의 모든 필요를 공급하시고 능하게 하시는 그분을 바라보자'라는 해석이 가능합니다.

두 번째는 '예수를 본받는다'라는 해석입니다. "믿음의 주요"라는 대목에서 '주'를 '창시자', '선구자', '개척자'라고 번역할 수 있습니다. 예수님은 어떤 분이십니까? 믿음의 선구자이십니다. 또한 믿음을 완전하게 하신 분이십니다. 그러므로 우리는 믿음의 선구자이시고 믿음을 완전케 하셨던 예수의 본을 따라 이 땅을 살아가는 것입니다. 예수님은 우리가 가장 확실하게 본받아야 할 믿음의 본이십니다. 그분의 지상에서의 삶은 처음부터 끝까지 믿음생활입니다. 탄생하신 후부터 돌아가시고 부활하시기까지의 모든 삶이 믿음으로 사신 삶입니다. 믿음 없이 행하신 것이 아무것도 없습니다.

그분은 이 땅을 살아가실 때도 하나님이셨습니다. 하늘의 영광과 권능을 다 가지신 하나님이시지만 절대로 그것들을 사용하려 하지 않으시고 다 비우십니다. 그리고 사람인 우리들과 똑같이 하나님을 신뢰하고 하나님을 의지하고 하나님을 믿으며 이 땅을 사셨습니다. 그것의 대표적인 예가 기도입니다. 스데반은 예수님을 향해서 기도하지 않았습니까? 그런데 그 예수님이 아버지 하나님을 철저하게 의지하며 온전히 순종하는 삶을 사셨습니다. 그분은 믿음의 본이시자 그 믿음을 따라 끝까지 살아가셨던 우리의 완전한 모델이십니다.

우리가 11장에서 보았던 믿음의 사람들은 장점을 많이 가진 훌륭한 사람들이지만 죄인입니다. 그래서 완전하지가 않습니다. 허물이 있고 실패가 있고 죄가 있는 것이 그들의 모습입니다. 그래서 성경은 한국 교회가 하는 것처럼 그런 사람들을 믿음의 본으로 제시하지 않습니다. 사람은 한계와 약함이 있고 아무리 훌륭한 사람도 죄인이기 때문입니다.

세 번째는 우리 안에 믿음을 시작하시고 우리의 믿음을 완전하게 하시는 분인 예수를 바라보자는 것입니다. 저는 이 해석을 가장 좋아합니다. 우리가 주님을 믿었을 때 우리 속에 무언가 있었던 것이 아닙니다. 예수님께서 우리 바깥으로부터 그 귀한 믿음을 선물로 주셨습니다. 뿐만 아니라 우리가 그 믿음에서 떨어지지 않고 약하여지지 않도록 우리를 위해 기도하시고 붙들어 주십니다.

필요할 때만 은혜를 주시며 하나님의 말씀이 성경 안에만 기록되어 있는 것이 아니라 우리의 실제적인 삶으로 체험되고 경험되도록 그 말씀을 이루어 주심으로써 우리의 신앙이 자라도록 도와주십니다. 때로는 실패와 아픔을 통해서 우리의 신앙을 정금같이 빚어내기도 하십니다. 많은 사람들이 고난이 없는 삶을 좋아하지만 고난이 없으면 따뜻한 은혜도 없습니다.

고난을 거치지 않으면 만들어지지 않는 요소가 있습니다. 주님은 우리의 믿음을 잘 자라게 하기 위해서 우리를 고난의 자리에 두기도 하십니다. 그렇게 해서 어디를 데려가십니까? 믿음을 온전하게 하는 자리까지 우리를 데려가십니다. 우리가 믿는 이 귀한 하나님은 믿음의 씨앗들을 주시고 도중에 멈추시는 법이 없습니다. 빌립보서 1장에서 바울은 우리 주님을 이렇게 묘사하고 있습니다.

"너희 속에 착한 일을 시작하신 이가 그리스도 예수의 날까지 이루실 줄을 우리가 확신하노라"(빌 1:6).

주님은 일을 시작하시면 반드시 그 일을 완전케 하십니다. 주님은 우리에게 믿음을 주시고 이 믿음을 붙들어 주실 뿐 아니라 복을 주시고 격려하시고 고난으로 연단하셔서 마침내 믿음의 온전한 자리까지 데려가시는 분이십니다.

주님이 보여 주시는 우리의 모습은 약함과 한계와 어리석음과 부패가 가득합니다. 주님이 우리의 이런 모습을 보여 주실 때 정직하게 그 모습을 직시하는 것은 너무나 중요합니다. 우리는 세상 사람들이 말하는 것처럼 밝은 면만 보고 문제를 긍정적으로만 생각하면서 살지 않고 우리 전체를 예수 안에서 다시 보아야 합니다.

주님은 우리가 11장에서 보았던 믿음의 사람들처럼 역사에 있었던 한 인물로 끝나는 분이 아닙니다. 우리가 왜 예수께 초점을 맞추어야 합니까? 그분은 그 시절에만 살았다 사라지신 분이 아니기 때문입니다. 주님은 여전히 살아계셔서 우리에게 믿음을 주시고, 그 믿음이 떨어지지 않도록 붙들어 주시고 마침내 완성된 자리에까지 이끌어가실 것입니다. 그분께 초점을 맞출 때 우리는 이 거친 세상에서 마음을 다치지 않고 낙심하지 않고 믿음의 경주를 계속할 수 있는 힘을 얻게 됩니다.

저는 요즘 들어 문득문득 눈물이 납니다. 제 안에 보이는 한심한 모습들, 사랑하는 사람들의 모습에서 발견되는 마음 아픈 모습들, 어지간히 예수를 믿었는데도 참 더디 바뀌는 모습들을 보면 눈물이 납니다. 그렇게 슬픔이 있고 낙심이 되다가도 골방에 쪼그리고 앉아 나를 위해 피 흘리시고 대속해 주신 주님을 묵상하고 그 주님이 나를 온전한 자리에까지 데려가실 것이라 생각하면 희한하게 다시 소망이 생기는 것을 경험합니다. 여러분의 눈을 들어 구주를 바라보시기 바랍니다.

부부들을 보십시오. 맨처음 부부가 만나서 살다가 보면 대부분 '내가 이런 사람과 살게 되다니 큰 실수를 했구나' 생각합니다. 그러나 20-30년 함께 지내고 나면 어떻습니까? 희한하게 닮아 있습니다. 둘이 거의 비슷합니다. 외모뿐 아니라 말투, 심지어 손짓 발짓도 비슷해져 갑니다. 부부라는 구조는 참 기가 막힌 구조입니다. 어떻게 이런 일이 일어납니까? 많이 보기 때문입니다. 자기 전에 보고, 자고 나면 또 거기 있고, 또 아침도 같이 먹고, 어떤 사람들은 점심까지 같이 먹으러 들어옵니다. '내가 저 성격 닮아야지' 이렇게 한 번도 생각해 본 적 없는데 오래 함께 있다 보니 어느덧 닮아 있습니다. 이런 것처럼 우리의 눈을 주님께 고정시킬 때 질그릇 같은 우리의 삶이 그분을 닮아갑니다.

성도가 경건한 삶을 살아가는 데 있어 제일 중요한 핵심은 예수를 바라보는 것입니다. 우리 안에 믿음을 일으켜 놓고 도중에 멈추는 법이 없으며 마침내 완전한 자리까지 우리를 데려가고 마실 주님께 우리의 눈을 딱 맞출 때 이 거친 세상을 믿음으로 꾸준히 살아갈 용기와 힘을 반복해서 공급받게 되는 것입니다.

기쁨을 위해 십자가를 참으셨다

성경은 우리에게 "예수를 바라보자" 하면서 그분이 가지신 특별한 두 가지 모습에 대해 말해 주고 있습니다.

"… 그는 그 앞에 있는 기쁨을 위하여 십자가를 참으사 부끄러움을 개의치 아니하시더니 하나님 보좌 우편에 앉으셨느니라"(히 12:2).

우리가 사는 세상은 참 만만하지 않습니다. 매사가 자동적으로 될 것 같지만 삶을 살아보면 주님의 손길이 없는 곳이 없습니다. 자연스러운 것 같지만 많은 과정이 그 안에 있고 아픔과 수고가 있습니다. 인생살이가 이렇게 수고롭다 보니 신앙생활이 자꾸 멈짓거리게 됩니다. 삶이 잘 닦여진 도로를 달리는 것 같지 않고 고난이 있습니다. 고난을 근근이 버티고 잘 이겨냈는데 또 고난이 있고 이제 됐겠지 싶었는데 또 다른 문제가 생깁니다. 그때 사람들이 낙심하고 마음이 무너지고 하나님이 정말 계실까 좌절합니다. 그런 우리에게 성경은 무엇이라 말합니까?

예수께서 십자가를 참으실 때 그 앞에 있는 기쁨을 위하여 참으셨다고 말합니다. 아직 눈에 보이지 않지만, 눈에 보이고 손에 잡히는 것은 십자가이고, 모진 고난이고, 사람들로부터 당하는 부끄러움이고, 수치이고, 만물의 찌꺼기같이 여겨지는 것이지만 앞에 있는 기쁨으로 인해 십자가를 참습니다. 참을성이 많아서 참은 것도 아니고 부끄러움이 없어서 개의치 않았던 것이 아니라 주님조차도 앞에 있는 기쁨 때문에 참으셨으니 그 주님을 바라보라는 것입니다. 여러분과 제가 십자가 같은 고난을 경험하고 사방이 다 막힌 사망의 음침한 골짜기를 통과할 때 그 십자가를 참으신 예수를 보라는 것입니다.

주님 앞에 있던 기쁨이 무엇이었습니까? 주님은 아버지 하나님의 뜻을 완수하는 기쁨이 앞에 있다는 것을 알고 계셨습니다. 십자가를 통해 아버지의 뜻이 이루어진다는 것을 알고 있습니다. 그래서 십자가를 지시기 전 겟세마네 동산에서 "내 뜻대로 마옵시고 아버지의 뜻대로 하옵소서"라고 기도하셨던 것입니다. 주님이 수가성에 계실 때 먹을 것을 얻으러 마을에 갔다 온 제자들이 주님께 먹을 것을 내놓자 "내게는 너희가 모르는 양식이 있다"라고 말씀하셨습니다. 그 양식이 무엇입니까?

"예수께서 이르시되 나의 양식은 나를 보내신 이의 뜻을 행하며 그의 일을 온전히 이루는 이것이니라"(요 4:34)

주님은 양식이라고 말씀하신 그 아버지의 뜻을 이루는 것이 목전에 가까웠다는 것을 아셨습니다. 주님이 십자가를 지고 돌아가실 때 뭐라고 말씀하셨습니까? "다 이루었다"고 하셨습니다. 제가 목회를 시작하고 나서 복음을 너무나 모른다는 생각에 복음을 연구하기 시작했을 때 제 가슴에 '쿵' 하고 다가왔던 말씀이 이 말씀이었습니다. 모두가 조롱하고 손가락질하는 실패자의 자리에서 주님이 하신 이 말씀을 보고 눈이 번쩍 열렸습니다.

저는 사랑하는 귀한 성도들이 막연하고 일반적인 삶을 살기를 원치 않습니다. 여러분들이 남들 보기에 성공하고 남들 보기에 인정받는 그런 형태의 삶을 살기를 절대로 원치 않습니다. 저는 여러분 모두가 그분이 부르신 삶이 뭔지를 알고 그것을 순종해 가는 기쁨이 있는 삶을 살아 주기를 기대합니다.

주님 앞에는 또 어떤 기쁨이 있었습니까? 주님은 최고의 선물인 아버지 하나님을 마음껏 누리는 기쁨이 앞에 있다는 것을 아셨습니다. 주님은 사람의 몸을 입고 이 땅에 오셔서 기도를 통해 하나님과의 친밀한 교제를 나누셨지만 원래만큼은 충분히 누리지 못하셨습니다. 이제 육체의 장막이 무너지고 십자가에서 대속의 제물로 드려지면 하나님을 예전처럼 마음껏 기뻐하고 즐거워하게 됩니다. 저는 여러분이 나이를 먹고 때가 되어서 주님 품으로 돌아갈 때 주님이 가지신 이 기쁨이 여러분 안에도 있기를 기대합니다.

미국의 지미 카터 대통령은 정치가로서는 그렇게 훌륭한 대통령이 아닙니다. 그러나 그분은 신앙인으로서는 존경할 만한 많은 요소를 가진 분입니다. 아흔이 넘은 그분이 암에 걸리자 대부분의 사람들은 그분이 병상에서 일어나지 못할 거라고 생각했습니다. 그러나 그분은 너무나 담담하게 "이 땅에 아무 미련도 없고 그분을 뵈올 기대로 마음이 가득 채워져 있다."라고 말했습니다. 그 기사를 읽으면서 참 마음이 기뻤습니다. 우리도 그런 기쁨을 가지고 주님처럼 십자가를 참을 수 있기를 기대합니다.

주님은 이 십자가를 통과하고 나면 그 열매와 결과를 얻게 될 것을 기뻐하면서 십자가를 참으셨습니다. 어떤 열매와 결과입니까? 우리 같은 죄인이 죄를 용서받게 되는 것입니다. 주님의 그 귀한 대속의 은혜로 우리가 영원한 생명과 영원한 유익을 평생토록 이 땅과 저 땅에서 누리게 됩니다. 하나님께서 천지와 만물을 창조하실 때 가지고 계셨던 계획이 이루어지기 시작합니다. 아브라함과 다윗과 수많은 믿음의 사람들에게 말씀하셨던 언약이 완성되어지기 시작합니다. 이러한 모든 것들이 십자가를 통과하는 과정을 거쳐서 풍성하게 드러날 것을 아시기에 앞에 있는 기쁨을 붙들고 십자가를 참으신 것입니다.

우리 구주께서 앞에 있는 기쁨을 붙들고, 십자가를 참으시고 부끄러움을 개의치 않으시고 이 땅을 살아가셨다면 우리는 말할 것도 없습니다. 세상이 얼마나 거짓말하는지 한 번 보십시오. 세상은 고난 없는 영광을 이야기합니다. 수고가 따르지 않는 성공을 이야기합니다. 부모를 잘 만나면 되고 좋은 대학을 나오면 되고 좋은 직장에 들어가면 된다고 말합니다. 그러나 그런 것들은 다 가짜입니다. 십자가를 참아야 기쁨과 영광이 있습니다.

우리 앞에 아직 일어나지 않았고 머리로 다 계산되지 않기 때문에 못 믿는 것이 아니라, 그렇기 때문에 믿는 것입니다. 눈에 보이고 머리로 다 계산되면 그것이 무슨 믿음입니까? 그것은 논리이고 그냥 사건일 뿐입니다. 믿어지지 않고 보이지 않고 손에 잡히지 않기 때문에 하나님의 신실함과 구주의 대속의 은혜를 붙들고 믿는 것입니다.

믿음으로 살면 안 되는 것 같고 부끄러움을 당하는 것 같아도 반드시 영광이 있습니다. 눈에 보이지 않지만 앞에 있는 기쁨을 믿음으로 붙들고, 부끄러움과 수치를 개의치 않으시고 십자가를 참으시다가 하나님의 보증을 얻으셨던 예수의 그 영광처럼 우리의 삶에도 그런 일이 있는 줄 알고 지칠 때마다 주님을 바라보아야 합니다.

낙심할 때 그 찢겨진 마음을 싸매주실 분

2절이 환경과 상황에 대한 내용이라면 3절은 관계에서 오는 아픔과 시련에 대해 말하고 있습니다.

"너희가 피곤하여 낙심하지 않기 위하여 죄인들이 이같이 자기에게 거역한 일을 참으신 이를 생각하라"(히 12:3).

우리는 고난과 시련이 반복되는 환경, 실망과 좌절을 반복해서 경험하는 관계 때문에 주로 넘어집니다. 우리는 관계 때문에 자주 마음을 다칩니다. 믿었던 사람에게 배반을 당하고 상처를 받습니다. 부모들이 자식들 잘 기르려고 얼마나 애씁니까? 그런데 그렇게 애쓰고 나면 자식들이 부모들을 만족시켜 줍니까? 자식은 부모를 만족시키지 못하도록 되어 있습니다. 그러니 제발 자식에 대한 헛된 신화들을 내려놓으십시오. 우리가 믿고 신뢰하던 사람들로부터 자꾸 상처를 받게 되면 신앙의 용기를 잃게 됩니다. 그런 우리에게 성경은 자기에게 거역한 일을 참으신 주를 생각하라고 말합니다.

주님은 병자들과 죄인들을 위해서 오셨다고 말씀하셨습니다. 그런데 그 병자와 죄인들이 주님을 알아주지 않았습니다. 틈만 나면 거스르고 손가락질하고 모욕을 안겨줍니다. 그들을 위해 이 낮고 천한 땅에 많은 대가를 지불하고 오셨는데도 그들은 주님의 마음을 자꾸 상하게 했습니다. 성경은 우리에게 그 예수를 바라보라고 권면합니다. 여러분이 배반당하고 버림받고 고통당할 때 여러분의 방식대로 해소하려 하지 말고 우리와 똑같이 죄인들에게 배반당하고 고통당하셨지만 십자가를 지심으로 그 죄인들을 축복하셨던 그분을 바라보라는 것입니다.

1907년 조국 교회에 대부흥이 오기 전 1903년에 선교사님들 안에 대부흥이 먼저 일어났습니다. 그 부흥의 촉매제 역할을 했던 분이 '하디'라는 선교사입니다. 그는 강원도 지역을 섬겼던 선교사로서 20대의 새파란 나이에 은둔의 나라 조선 땅에 와서 자신의 인생 전부를 드려 사람들을 섬겼습니다. 그런데 정성을 다해 섬겼던 그들이 자신을 등쳐먹고 이용해먹고 눈 색깔, 머리 색깔 다르다고 온갖 조롱과 손가락질을 해대자 마음에 분노가 일었습니다. 어느 날 주님께서 성령으로 그의 마음을 만지셨습니다. 그때 그는 이 사람들 때문에 왔는데 이들을 미워하고 있는 자신을 보게 되었습니다. 그래서 선교사 모임에서 그런 자신의 모습을 고백했고 그날 많은 선교사들 위에 성령의 역사가 임했습니다. 다른 선교사들도 거의 비슷한 경험을 하고 있었기 때문입니다.

우리가 만약 사람들에게 상처받고 실망했을 때 세상 사람들처럼 관계를 포기해 버리고, 상처 받지 않기 위해서 적당히 형식적인 관계를 맺고, 공동체 안에 깊숙이 들어가지 않고 자유롭게 신앙생활하려 한다면 아무 일도 일어나지 않을 것입니다.

사람들 때문에 상처받고 쓴뿌리가 나서 낙심하고 넘어져 있을 때 그 찢겨진 마음들을 싸매어 주실 뿐 아니라 그런 여러분을 통해서 놀라운 부흥의 은혜를 조국 땅 구석구석에 부어주실 주님을 바라보시기 바랍니다. 우리의 어리석음과 패역함을 아시고도 끝까지 십자가의 길을 가심으로 우리에게 은혜의 단비를 내려주신 구주를 바라보면서 신실하게 믿음의 길을 가시는 여러분이 되어주시길 바랍니다. 그래서 지금 조국 교회에 시급하게 필요한 부흥의 영광이 조국 땅 구석구석에 임하도록 믿음의 경주를 끝까지 신실하게 해 주시기를 부탁하고 축복합니다.

사명선언문

너희가 흠이 없고 순전하여……세상에서 그들 가운데 빛들로
나타내며 생명의 말씀을 밝혀 _ 빌 2:15-16

1. 생명을 담겠습니다
만드는 책에 주님 주신 생명을 담겠습니다.
그 책으로 복음을 선포하겠습니다.

2. 말씀을 밝히겠습니다
생명의 근본은 말씀입니다.
말씀을 밝혀 성도와 교회의 성장을 돕겠습니다.

3. 빛이 되겠습니다
시대와 영혼의 어두움을 밝혀 주님 앞으로 이끄는
빛이 되는 책을 만들겠습니다.

4. 순전히 행하겠습니다
책을 만들고 전하는 일과 경영하는 일에 부끄러움이 없는
정직함으로 행하겠습니다.

5. 끝까지 전파하겠습니다
모든 사람에게, 땅 끝까지, 주님 오시는 그날까지
복음을 전하는 사명을 다하겠습니다.

서점 안내

광화문점 서울시 종로구 새문안로 69 구세군회관 1층
02)737-2288 / 02)737-4623(F)

강남점 서울시 서초구 신반포로 177 반포쇼핑타운 3동 2층
02)595-1211 / 02)595-3549(F)

구로점 서울시 동작구 시흥대로 602, 3층 302호
02)858-8744 / 02)838-0653(F)

노원점 서울시 노원구 동일로 1366 삼봉빌딩 지하 1층
02)938-7979 / 02)3391-6169(F)

일산점 경기도 고양시 일산서구 중앙로 1391 레이크타운 지하 1층
031)916-8787 / 031)916-8788(F)

의정부점 경기도 의정부시 청사로47번길 12 성산타워 3층
031)845-0600 / 031)852-6930(F)

인터넷서점 www.lifebook.co.kr